Fritz Lietzmann

Als freiwilliger Jäger bei den
Totenkopfhusaren
Siebzehn Jahre Leutnant
im Husaren-Regiment
"Blücher"

Erzählungen aus Kolberger Ruhmestagen,
aus dem deutschen Befreiungskrieg,
aus einer kleinen pommerschen Garnison
und von der Grenzwacht gegen den
polnischen Aufstand 1831

Engelskirchen

2008

Bibliografische Information der Deutschen Nationalbibliothek:
Die Deutsche Nationalbibliothek verzeichnet diese Publikation in
der Deutschen Nationalbibliographie; detaillierte bibliografische
Daten sind im Internet unter http://dnb.d-nb.de abrufbar

Alle Rechte vorbehalten
Nachdruck, auch nur auszugsweise, verboten
Kein Teil dieses Werkes darf ohne schriftliche Einwilligung des Verlages in
irgendeiner Form (Fotokopie, Mikrofilm oder ein anderes Verfahren), auch nicht für
Zwecke der Unterrichtsgestaltung, reproduziert oder unter Verwendung elektronischer
Systeme verarbeitet, vervielfältigt oder verbreitet werden.
Paperback Ausgabe 05/2008
Copyright © 2008 by Fachverlag AMon
Printed in Germany
Herstellung und Verlag: Books on Demand GmbH D-22848 Norderstedt
AMon 00004
ISBN 978-3-940980-03-8
http: // www.FachverlagAMon.de

Vorwort des Herausgeber 1909

„Anno 1792 den 27.Juny Morgens um 3 Uhr, am Mittwoch, ist mein liebster Sohn gebohren und Mittwochs den 4.July getaufft worden, da er die Nahmen erhalten Friderich Christian Johann. Gott sey dir gnädig, mein Sohn!"

Also ist die Geburt unseres freiwilligen Jägers Fritz Lietzmann in einer alten Familienbibel durch seinen Vater beurkundet. Dieser hieß Christian Friedrich Jakob und war Kolberger Bürger, Kaufmann und "Seglerhausverwandter", das heißt Mitglied des aus Kaufleuten und Schiffern bestehenden "Kollegiums der Älterleute", das alle bei Handlung und Schifffahrt vorfallenden Streitigkeiten nach dem Seerecht und eigenen Satzungen zu entscheiden hatte; auch war er Hauptmann im Kolberger Bürger-Grenadierbataillon und ist bei der berühmten Verteidigung von Kolberg in wackerer Mitarbeit tätig gewesen.

Der Großvater unseres Fritz war Syndikus am Domstift zu Kammin in Pommern, der Urgroßvater Amtmann. Weiter zurück aber führt der lückenlose Stammbaum zu jenem tapferen Gildemeister der Neuruppiner Tuchmacherinnung, Hanß Litzmann, der durch sein mannhaftes Auftreten im November 1539 der Reformation in der Stadt und im Land Ruppin Bahn gebrochen hat.

Von den zahlreichen, noch heute blühenden Linien des dem Gildemeister entstammenden, vielverzweigten Geschlechts hat diejenige, von der hier die Rede ist, die beiden Bürgermeister von Kölln an der Spree und Berlin, Kaspar und Johann Joachim, hervorgebracht, ferner jene Anna Elisabeth Lietzmann, in der wir Geschlechtsgenossen die Ahnfrau des Eisernen Kanzlers verehren. Sie ist nach Feststellung des Herrn Dr. Walther Gräbner in Danzig, die Urgroßmutter von Wilhelmine Luise Mencke, der Mutter Bismarcks, gewesen.

Fritz Lietzmann hat umfangreiche Aufzeichnungen aus seinem Leben hin- terlassen, die bis zu seinem Austritt aus dem Militärdienst, das heißt bis zum Jahre 1831, reichen. Durch die Freundlichkeit eines seiner direkten Nachkommen gelangten ich in ihren Besitz. Ich las sie und gewann die Überzeugung, dass sie vieles enthalten, was für einen größeren Leserkreis von Interes- se sein kann. Der Vergleich mit anderen guten Quellen, unter anderem der "Geschichte der Stadt Kolberg" von H. Riemann, der "Geschichte der Leib- Husaren-Regimenter" von Mackensen und von Schönings "Geschichte des 5.Husaren-Regiments", ergab ihre vollkommene Zuverlässigkeit.

Einige im November 1908 von mir in der "Täglichen Rundschau" veröffentlichte Abschnitte fanden vielfachen Beifall, wurden von anderen Blättern aufgenommen und sollen in den amtlich herausgegebenen Schullesebüchern Verwendung finden. Alles dies ermutigte mich, eine zusammenhängende Bearbeitung vorzunehmen, die gegen das Original allerdings wesentlich gekürzt ist, aber in dem, was sie gibt, möglichst treu am Charakter der Urschrift festhält. Es wäre sicherlich keine Verbesserung gewesen, wenn ich an der frischen und anschaulichen Schreibweise des freiwilligen Jägers ohne Not etwas geändert hätte. Und nun möge er selbst erzählen!

Berlin im Jahre 1909   Karl Litzmann

Vorwort des Herausgebers 2008

Die hier vorliegenden Memoiren des Friedrich Lietzmann werden nun nach fast einhundert Jahren erneut dem Vergessen entrissen und der interessierten Leserschaft vorgestellt. Auch nach dieser langen Zeit haben sie von ihrer Herzlichkeit und Offenheit dem Menschen des 21.Jahrhunderts gegenüber nichts an Bedeutung verloren. Zeigen sie doch vielmehr, dass auch unsere Vorfahren, Menschen wie der Autor imstande waren, aus ihrer gewohnten Umgebung heraus, als kleines Teil eines großen Ganzen wahre Wundertaten zu vollbringen. Friedrich Lietzmann beschreibt hier sehr anschaulich wie man im 18. und dem kurz darauf beginnenden 19.Jahrhundert stritt, lebte, liebte und auch litt.

Der Text des vorliegenden Werkes wurde in die heutige Schriftform übertragen, nicht mehr gebräuchliche oder vergessene Ausdrücke, sowie - da wo Informationen in Form von weiteren Lebensbeschreibungen oder Regimentsgeschichten vorlagen - weitere Angaben über das fernere Schicksal der Mitwirkenden in der Art von erklärenden Fußnoten zugefügt.

Engelskirchen im Mai 2008   Der Herausgeber

1. Kapitel
Aus der Knabenzeit - Kolberg 1807

Der Mensch muss damit zufrieden sein, wo und unter welchen Verhältnissen er das Licht der Welt erblickt; ich aber bin von Herzen zufrieden, dass mein erstes Geschrei in Kolberg und im Hause meines lieben Vaters, eines angesehenen Kaufmanns, ertönt ist. Leider war meine Geburt die Todesursache für meine arme Mutter; gleich am Anfang meines Lebens wurde ich so ein halbverwaistes Kind.

Stadt und Festung Kolberg boten am Ausgang des 18. Jahrhunderts allerdings ein Bild, dessen Schatten die Seele eines kleinen Jungen wohl erschrecken konnten. In der Schule schwang Herr Bakkalaureus den Kantschu[1] mit der Übung und der Geschicklichkeit eines Kosaken. In den Gassen rasselten die Ketten der Baugefangenen über das Steinpflaster und aus einer gewissen Straße erscholl zuweilen das Geheul eines Spießruten laufenden Soldaten. Hierbei empfand mein Kinderherz die tiefste Empörung; gottlob, dass diese Zeiten hinter uns liegen!

Mein Vater heiratete nicht wieder und führte mit uns vier Kindern, drei älteren Schwestern und mir, ein recht zurückgezogenes, stilles Leben.

Da kam das furchtbare Jahr 1806. Der große Kriegskünstler Napoleon hatte schon die Welt mit seinem Siegesruhm erfüllt und nun schlug er auch die Preußen die doch unter König Friedrich II. unüberwindlich gewesen waren.

Unser Heer wurde vernichtet, die stärksten Festungen fielen dem Sieger mühelos in die Hände und im Frühjahr 1807 begann die Belagerung meiner Vaterstadt durch die Franzosen mit polnischen und deutschen Hilfstruppen!

In einem Halbkreise um die Stadt lag der Feind und grub sich mit unfreiwilliger Hilfe der Landbewohner jede Nacht näher an die Festung heran. Als sich die Aprilsonne eines Morgens erhob, begrüßten uns die feindlichen Batterien mit ihren ersten Kugeln und von nun ab gab es keine Ruhe mehr in der Stadt. Die Schule war geschlossen; ich war damals 14 Jahre alt und trieb mich mit meinen Kameraden umher, wo es etwas zu sehen gab. Schill war unser Held und Liebling und ich habe einmal die Ehre gehabt, ihm sein Schlachtross, einen schönen Brandfuchs, zu halten, als er vor der Marienkirche abstieg, um die dort untergebrachten blessierten Soldaten zu besuchen.

Als er wieder herauskam, gab er mir die Hand, dankte sehr freundlich, schwang sich in den Sattel und - dahin flog er. Wir waren begeistert für ihn und er machte beinahe täglich von sich reden.

---

[1] Kantschu - (türk.) Riemenpeitsche

"Die Schillschen bringen Gefangene ein", hieß es und dann ging es im vollen Lauf zur Kommandantur, wo sie aufmarschiert standen. Meist kleine, behände Leute; wir konnten nicht begreifen, wie man diese tapferen Preußen hatten bei Jena bezwingen können. Aber eine Haltung war in den Männern, die von großem Selbstbewusstsein zeugte.

Oft wurde von unserer Garnison Ausfälle gemacht und wenn dies bei Tage geschah, liefen wir Jungen den Soldaten nach. Bei einer Affäre am Wolfsberge versteckten wir uns hinter den Stranddünen und ließen die Kanonenkugeln über uns wegsausen. Ich wäre schon damals gern Soldat geworden; aber ich war noch zu jung und zu klein dazu.

Aus der Umgebung hatten die Gutsbesitzer alles Entbehrliche von ihren Viehbeständen in die Festung gebracht, um es vor der Wegnahme durch die Franzosen zu schützen. Mein Vater hatte zwei junge hübsche Pferde eines Gutsherrn in seinen Stall aufgenommen. Das eine war so zutraulich fromm; wenn ich ihm den Hals klopfte, legte es seinen Kopf auf meine Schulter.

Nun war ein schöner Morgen. Mein lieber Vater war ausgegangen. Sattel und Zaumzeug hingen im Stall; also - Reiten, Reiten! Sattel und Zaumzeug wurden aufgelegt. Ich saß hoch zu Ross; kein König konnte stolzer sein. Der Hof war ziemlich geräumig; die Evolutionen glückten im Schritt, im Trabe. Aber Galopp, dazu war kein Platz. Also ins Freie! Still durch die Hinterpforte und längs der Mauer, dann reite ich durch das gerade geöffnete Festungstor ins Freie und bis an die äußersten preußischen Posten, die mich nicht durchlassen.

Hier war eine schöne freie Fläche. Hinter der Postenkette reite ich hin und her - Galopp, endlich was das Pferd laufen will. Konnte ich nicht ein Schillscher Husar sein? Da - schon liege ich im Sande und das Pferd läuft auf das französische Lager zu! Mein Schreck ist grenzenlos; der Braune verschwindet hinter dem Walde; er ist sicher verloren und ich bin in Verzweiflung.

"Er kommt wieder", ruft da ein Posten.

Umhüllt von Staub, in der Karriere, kommt das treue Tier zurück und läuft an mir vorbei, direkt nach der Stadt. Der Atem geht mir aus, so schnell laufe ich hinterher. Am Tor hat ein Artillerist das Pferd aufgegriffen und bringt es mir. Ich habe es nie wieder bestiegen.

Eines Tages kam der Oberjäger Beier von der Kompanie von Dambrowolski[2] in unser Haus. Er war ein geschickter Zeichner und sollte für den

---

[2] Eigentlich Carl Friedrich von Dobrowosky. Er stand am 28.Juni 1786 als Lieutenant im Fußjäger-Korps und erhielt für den ersten Feldzug gegen die französische Republik am 17.August 1793 den Militär-Verdienst-Orden. Am 07.April 1795 wurde er

Kommandanten, Major von Gneisenau, einen Festungsplan anfertigen. Er bat um ein für seine Arbeit geeignetes Zimmer. Mein Vater war Patriot genug, um ihm sofort die beste Stube anzuweisen, eine Treppe hoch, mit drei Fenstern nach der Straße.

Beier arbeitete fleißig; ich war täglich stundenlang bei ihm und wurde von ihm im Planzeichnen unterwiesen, was mir später, als ich freiwilliger Jäger und Husarenoffizier war, sehr zustatten gekommen ist. Der Festungsplan war beinahe fertig, da kamen ein paar Kameraden zu Beier und neckten ihn; er könne wohl lachen; wenn sie des Nachts auf Feldwache lägen, dann schlief er im weichen Bette.

Augenblicklich schnallte er seinen Hirschfänger um und nahm den Tschako auf den Kopf und stand nun so vor seinen Freunden. Das ließe er sich nicht zweimal sagen! - Er ging, ihre Entschuldigungen nicht beachtend zum Feldwebel und bat, ein freiwillige Wache tun zu dürfen. Auf seinen besonderen Wunsch hin erhielt er einen der gefährlichsten Posten, wo schon mancher brave Soldat geblieben war. Es kam aber ganz anders, als wir befürchteten:

In derselben Nacht, wo Beier vor dem Feind auf Feldwache lag, schlug eine feindliche Bombe in unser Haus und - mitten durch sein Bett! Als er am nächsten Nachmittag vergnügt zu uns zurückkam, nahm ihn mein Vater bei der Hand und führte ihn schweigend in sein Zimmer und vor die verwüstete Lagerstelle. Beier war tief ergriffen und dankte Gott für seine wunderbare Erhaltung.

Die andauernde Beschießung forderte viele Opfer. Auch aus dem Bürgerstande; eine Frau wurde auf dem Markte von einer Bombe erschlagen, gerade, als sie vorbeimarschierenden Soldaten Erfrischungen reichte.

---

zum Premier-Lieutenant und am 10.November 1804 zum Stabs-Kapitän befördert. In den Jahren 1806/1807 war er Chef der provisorischen Jäger-Kompanie in Kolberg, wo er am 20.Mai 1807 auch verwundet wurde. Nach der Kapitulation der Festung wurde er am 25.Dezember 1808 zum Garde-Jäger-Bataillon versetzt, wo er am 04.Januar 1810 zum Kompaniechef avancierte. Unter dem Datum des 14.August 1811 wurde er verabschiedet und erhielt fünf Tage später für seine geleisteten Dienste den Rang eines Majors zuerkannt. Bei Beginn des Befreiungskrieges trat er wieder in den aktiven Armeedienst und wurde im August 1813 als Bataillonskommandeur in das 6. schlesische Landwehr-Infanterie-Regiment eingestellt. Er erhielt am 24.August 1814 erneut seinen Abschied und verstarb am 11.März 1817.

Bald darauf fand der tapfere Hauptmann von Waldenfels[3], von einer Kugel getroffen, den Heldentod. Bei seinem Grenadier-Bataillon stand auch mein Freund, der Leutnant von Roell[4]; am 23.April 1807, einem sonnigen Frühlingstage, besuchte er uns. Der sonst immer heitere Jüngling war diesmal sehr schweigsam und reichte uns beim Abschied traurig die Hand. Gibt es Ahnungen? - Am folgenden Tage riss ihm eine feindliche Kanonenkugel den Hinterkopf fort! Sein Gesicht war unbeschädigt. Ich weinte an seiner Leiche. Bei der Bestattung drängte ich mich durch die Grenadiere, um drei Hände voll Erde auf seinen Sarg zu werfen. Da sauste dicht bei uns eine feindliche Stückkugel vorüber, gleich darauf eine zweite und eine dritte. Sogleich marschierte die Leichenparade ab.

Die Kirche, bei der mein Freund ruhte, war zur Aufbewahrung von Pulver benutzt. Einige Tage später wurde sie von einer Bombe getroffen und flog in die Luft, wobei mehrere Leute umkamen.

Die Bedrängnis in der Festung wurde immer größer und in mancher Brust regten sich wohl schwarze Sorgen, obwohl das Vertrauen zu dem tapferen Kommandanten von Gneisenau ein unbegrenztes und die Stimmung bei der Garnison und den meisten Bürgern die allerbeste war. Sie wollten sich lieber unter den Trümmern der Stadt begraben lassen, als dem Feinde die Festung zu übergeben. Da das Bombardement immer heftiger wurde und niemand bei Tag oder Nacht mehr in seinem Hause sicher war, so flüchteten sich Frauen, Kinder und Greise nach einem sicheren Ort.

Es war dies eine Kasematte, sonst nur den schwersten Verbrechern zum Aufenthalt bestimmt. Die dort Untergebrachten sonderten sich familienweise durch quer gezogene Segel voneinander ab. Bewohner unseres ziemlich großen Hauses waren nur mein Vater, ich, die Köchin und der Salz-Faktor Freitag, der von meinen Vater aufgenommen worden war, nachdem der Feind das Gradierhaus in Brand geschossen hatte; ferner die Einquartierung: Infanterie, Artillerie, Kürassiere, die aber meist auf den Wällen und anderweitig kommandiert waren.

---

[3] Carl Wilhelm Friedrich Ernst von Waldenfels. Er stand am 13.Februar 1792 als Lieutenant im Füsilier-Bataillon *Reitzenstein*, wo er am 09.Oktober 1797 zum Premier-Lieutenant befördert wurde. Am 01.Juli 1798 wurde er als Kapitän verabschiedet. Unter dem Datum des 28.Januar 1803 trat er als Stabs-Kapitän ins Infanterie-Regiment *Wartensleben* (Nr.59), wurde aber am 24.Januar 1804 ins Infanterie-Regiment *Unruh* (Nr.45) versetzt. Am 15. Dezember 1809 wurde er zum wirklichen Kapitän und zum interimistischen zweiten Kommandanten der Festung Kolberg ernannt. Bereits 1807 wurde er Kommandeur des nach ihm benannten Grenadier-Bataillons *von Waldenfels*. Ausgezeichnet mit dem Militär Verdienst-Orden, fiel er am 15.Juni 1807 beim Sturm auf den Wolfsberg.

[4] Carl Friedrich von Roell (oder: von Röll). 10.Januar 1805 Seconde-Lieutenant im Grenadier-Bataillon *von Waldenfels*. Er fiel am 24.April 1807 auf dem Binnenfelde.

Ich schlief mit meinem Vater zusammen in einer Stube im ersten Stockwerk. Die Nacht hindurch brannte Licht und jede Nacht wachte ich auf und sah nach der Zimmerdecke, obwohl ein Loch darin wäre. Ich war bange, im Bett von einer Bombe erschlagen zu werden.

Der mit uns befreundete Leutnant Schmidt von den Jägern - er fiel hernach auch, an demselben Tage, wo der Orden *Pour le Mérite* für ihn ankam -, bat meinen Vater, den schwer blessierten Oberjäger Broscheit bei sich aufzunehmen. Mein Vater willigte ein und der Kranke wurde in die Stube neben unserem Schlafzimmer gebettet.

Oh Gott! Gleich die erste Nacht ging das Rasen los, und so blieb es nun immer. Der arme Mann musste unsägliche Schmerzen aushalten; die Bleikugel saß unter dem rechten Schulterblatt und war dort nicht herauszukriegen. Er mochte ein braver Soldat gewesen sein, hatte auch die goldene Medaille; aber jetzt, in seinem Paroxysmus, verfluchte er den Soldatenstand, den "Hund Napoleon", sich und die ganze Welt. Die Geduld, die mein Vater mit ihm hatte, war grenzenlos. Er machte ihm selbst den Tee und zum Regimentsarzt sagte er: "Wenn Sie ihn auch aufgeben, ich werde ihn doch zu erhalten suchen."

Broscheit wurde auch wirklich allmählich wieder hergestellt und erhielt später eine Versorgung als Förster in Ostpreußen, wo er zu Hause war.

Noch immer wuchsen die Drangsale unser schwer geprüften Stadt und die Verluste der tapferen Besatzung. Die treue Kolberger Bürgerschaft tat das ihrige, um dem Könige die Festung erhalten zu helfen. Die Männer beteiligten sich am Wacht- und Arbeitsdienst und löschten die Feuersbrünste, wenn die feindlichen Bomben gezündet hatten; die Frauen pflegten Verwundete und Kranke oder zupften Scharpie in ihrem unterirdischen Zufluchtsort. Mit banger Erwartung sah man dem Tage entgegen, wo das Brescheschießen und der anschließende Sturm erfolgen würden. Und dieser Tag kam bald.

Es ist der 01.Juli 1807. Ich erwache. Es mochte 02.00 Uhr morgens sein. Ich höre ein Krachen, so wie ich mir ein Erdbeben vorstelle. In der Angst knüpfe ich mir das Trageband an die Hosen und eile so auf die Straße, um zu sehen, woher diese Erschütterung kommt. Da liegen schon Steine und Balken übereinander; eine Granate sauste über mich fort und platzt unter dem 50 Schritte entfernten Münder Tor, wo sie drei Menschen zerreißt, die dort Schutz gesucht hatten. Das Geschrei der verstümmelten Leute ist herzzerreißend. Plötzlich bricht Qualm aus unserem Hause. Ich rufe nach meinem Vater, den ich aufgestanden vermute und eile in die Schlafstube, um mir einen Rock über das Hemd zu ziehen. Dort sehe ich meinen Vater ganz ruhig in seinem Bette schlafen.

"Vater, es brennt im Hause!"

Er springt auf und sagt: "Das wird ein großen Unglück; wir fliegen in die Luft; denn es liegt viel Pulver in der oberen Küche."

In dem Augenblick kommen zum Glück Artilleristen von unserer Einquartierung ins Haus; mit ihrer Hilfe löscht mein Vater glücklich das Feuer, ehe es an die Pulverfässer herankommt.

Das den Jägern gehörende Pulver wurde sogleich an einen sicheren Ort geschafft. Mein Vater war hierzu noch unterwegs, als nach einem furchtbaren Knall unsere Kühe brüllend aus dem Stall auf den Hof stürzten. Eine Bombe war mitten im Stall geplatzt und hatte die Türe zersprengt, wunderbarerweise aber keines der Tiere verletzt.

Eben war mein Vater zurückgekommen, da traf eine neue Bombe unser Seitengebäude, schmiss dessen Giebel in den Garten und vernichtete so alle Himbeeren, - zu meinem großen Bedauern, da sie gerade reif geworden waren. Eine Henne lag mit ihren Kücken wie tot im Gebäude, lebte dann aber wieder auf und kratzte lustig in der von der Bombe aufgewühlten Erde.

Um den Mittag war ich abermals allein im Hause. Ich besaß als größten Schatz eine Violine, die ich im Keller verborgen hatte, damit sie nicht von den Bomben zerschlagen wurde. Ich ging hinab, um nach ihr zu sehen. Eben war ich wieder heraufgestiegen und noch auf der obersten Treppenstufe, da fuhr eine Granate dicht vor mir in den Boden und wühlte darin im Kreise herum. Mein Schreck war grenzenlos. Ich warf mich nieder, hielt mir mit beiden Händen den Kopf, dachte an meinen Vater, betete und erwartete mein Ende. Die Granate platzte. Ich wurde etwas gehoben, mit Erde überschüttet und von dem furchtbaren Knall betäubt.

So lag ich eine Weile auf der Erde. Dann dachte ich, ich müsste zerrissen sein. Aber es fehlte mir gar nichts, ich fühlte gar keinen Schmerz und sprang auf. Ich sah durch den Pulverdampf zum blauen Himmel empor, hörte nun aber ein Geschrei in der Küche und sah, wie die Köchin sich das blutende Gesicht hielt.

"Mein Gott", rief sie, "das war ja fürchterlich!"

Der Tisch, auf dem sie die Speisen bereitete, stand dicht am Fenster; durch dieses war ein Granatsplitter geschlagen, hatte sie aber nicht getroffen, sondern ihr nur das Fensterglas ins Gesicht geworfen. Sie kam wie ich mit dem Schrecken davon.

Um 02.00 Uhr nachmittags wurden gerade vor unserem Hause die vor einen gefüllten Munitionswagen gespannten beiden Pferde zerrissen. Der Wagen musste solange stehen bleiben, bis andere Pferde vorgelegt waren. Bis dahin verging eine trübselige halbe Stunde; wir glaubten jeden Augenblick, der Wagen würde in die Luft fliegen und uns mitnehmen.

Und dann kam die Nacht; sie war furchtbar und schauerlich über alle Maßen. Der Himmel war angefüllt von glühenden Kugeln und von Bomben, deren brennende Zünder leuchtende Schweife durch die Nacht zogen. Feuer war in allen Teilen der Stadt, ein Krachen zusammenstürzender Häuser und gellende Angstrufe. Mehrere Bomben platzten in unserem Garten, auf dem Hofe und vor der Haustür. In das Haus selbst schlug glücklicherweise keine wieder ein; um so mehr aber in der Nähe. Endlich, endlich ging diese Nacht vorüber; es wurde hell und man sah überall die Trümmer.

Das Rathaus und viele Privatgebäude lagen in Schutt und Asche. Die Not war groß; aber soviel weiß ich, dass der Gedanke, die Festung könne an den Feind ausgeliefert werden, uns auch damals keinen Augenblick in den Sinn gekommen ist. Das Vertrauen zu Gneisenau erstreckte sich bis auf die Schuljugend und wenn ich nur meinen Vater ansah, konnte ich gar nicht den Mut verlieren. Nie habe ich in seiner Haltung eine Ängstlichkeit bemerkt; mit der größten Ruhe und Kaltblütigkeit trotzte er allen Gefahren.

Vor unserem Hause stand ein großes, mit Wasser gefülltes Fass, daneben mit Lappen überzogene Besen an langen Stangen, so genannte Löschwischen. In dieses Fass schlug eine Bombe, platzte und riss Fass und Haustüre in Stücke. Das schwarze, dampfende Wasser strömte in den Hausflur und meinem Vater und mir, die wir gerade hinaus wollten, über die Füße. Auf meinen Vater machte es keinen Eindruck.

Übrigens blieben die Festungsgeschütze dem Feinde nichts schuldig. Hinter unserem Hause standen acht 24-Pfünder auf dem Walle; die brüllten an diesem Tage derart, dass man sich nur noch schreiend verständigen konnte.

Mit einem Male, es war am 02.Juli 03.00 Uhr nachmittags, hieß es: Waffenstillstand[5]! Kein Mensch glaubte daran. Aber plötzlich schwiegen die Kanonen. Das an den unaufhörlichen Lärm gewöhnte Ohr empfand die eingetretene Stille als etwas ganz Fremdes. Es war ein ganz merkwürdiges Gefühl, aus grausiger Not und Gefahr mit einem Male erlöst und ganz und gar befreit zu sein!

Ein solcher Moment war nun für Kolberg eingetreten. Ein wahrer Freudentaumel erfüllte die Stadt; die Straßen füllten sich mit Menschen; Frauen und Männer lagen sich in den Armen; Mütter und Kinder kamen wie die

---

[5] Der Waffenstillstand war bekanntlich von den Russen bereits am 21., von den Preußen am 25.Juni mit Napoleon geschlossen worden. Die Verteidiger Kolbergs hatten bisher nichts davon erfahren, wohl aber der Führer des Belagerungskorps, General Loison. Er hatte darum noch am 01.Juli alle Mittel aufgeboten, um sich der Festung zu bemächtigen.

Dachse aus ihren Schutzlöchern heraus und dankten Gott auf den Knien. Aus den Kasematten wankten Greise und Matronen auf die Straße, sahen in die Sonne und atmeten die frische Luft, die sie so lange entbehrt hatten. Die Kinder jauchzten: "Friede, Friede!"

Oh, ich erinnere mich dessen ganz deutlich. Da war alle etwa früher gehegte Feindschaft vergessen. Unter Tränen war nun alles nur Liebe und Freundschaft. Dieser Wonnetaumel dauerte gewiss mehrere Stunden. Mir fiel dabei auf, dass mein Vater die allgemeine Freude nicht ganz teilte. Er blickte auf unser zerstörtes Haus und sagte zu mir: "Fritz, wie werde ich das wieder herstellen können!"[6]

Endlich kam etwas Ordnung in die auf den Straßen wogende Menge. Im ersten Jubel hatte sich kein Mensch um die brennenden Häuser gekümmert. Nun aber wurden Mannschaften zum Löschen kommandiert und man wurde bis zum nächsten Tage Herr des Feuers. Wer, wie ich, gesund geblieben war und keine nahen Angehörigen verloren hatte, der konnte sich wohl freuen. Doch wie viele Opfer hatte diese Belagerung gekostet! Wie viele Verwundete lagen in den Lazaretten und Bürgerhäusern! Wie viele Tote[7] in den Befestigungen und selbst auf den Straßen!

---

[6] Der Vater hatte infolge des unglücklichen Krieges den größten Teil seines Vermögens verloren.

[7] Die Gesamtverluste während der Belagerung waren auf beiden Seiten sehr groß. Die höchsten Angaben für die Franzosen sind: etwa 8.000 Tote, Verwundete und Kranke, 1.632 Gefangene, 206 Deserteure, zusammen also fast 10.000 Mann. Für die Preußen ist ein Verlust von 55 Offizieren, 2.806 Unteroffizieren und Mannschaften nachgewiesen. Die Angaben über die Verluste der Zivilbevölkerung in Kolberg schwanken zwischen 63 und 69 Personen.

(aus: Kolberg 1806/07. Urkundliche Beiträge und Forschungen zur Geschichte des Preußischen Heeres, Heft 16-19, Berlin, 1911)

2. Kapitel
Bis zum Frühling 1813 - Der Sturm bricht los!

Bald nach dem unseligen Tilsiter Frieden kam ich auf das Rittergut Hoff an der Ostsee, um bei dem Besitzer, meinem Vetter Elbe, die Landwirtschaft zu erlernen. Ich blieb dort mehrere Jahre.

In dieser Zeit machte ich auf eigentümliche Weise Bekanntschaft mit den auf der Ostsee kreuzenden Engländern. Drei englische Briggs hatten in Höhe von Hoff Station genommen. In dem schönen Park meines Vetters erhob sich ein Hügel, von dem man eine weite Aussicht auf das Meer hatte. Da bin ich denn oft hinaufgelaufen, um mich an dem Anblick der schmucken Kriegsschiffe zu erfreuen. Sie kamen regelmäßig des Morgens aus hoher See und hielten sich bis zum Nachmittag so dicht am Lande, dass man die einzelnen Leute an Bord unterscheiden konnte. Ich hatte den lebhaften Wunsch, eines dieser Schiffe zu besuchen.

Nun war eines Sonntags zu Ehren des Grafen von W. auf Schwirsen ein großes Diner bei uns. Wir saßen bei der Suppe, da meldete der Jäger, der Viktualienhändler aus dem benachbarten Fischerdorfe bitte, ihm Geflügel abzulassen, das die britischen Seeoffiziere zu kaufen wünschten. Ich entfernte mich ganz still von der Tafel, nahm meinen Hut und ging hinaus. Indes der Vetter hatte es bemerkt und folgte mir, um mich festzuhalten. Ich entkam aber über die Gartenmauer, erreichte den Strand und wurde von einem der englischen Boote aufgenommen. Daran, dass die Engländer seit dem Tilsiter Frieden eigentlich unsere Feinde waren, dachte ich nicht, sondern war ganz glücklich, als ich diese Kriegsbrigg von 16 Kanonen besteigen konnte.

Man führte mich vor den Kapitän, einen noch jungen, hochgewachsenen Mann. Da er ebenso wenig Deutsch verstand, wie ich Englisch, machte ein Matrose den Dolmetscher. Der Kapitän stellte verschiedene Fragen an mich und befahl dann, auf meine Bitte, das Schiff besehen zu dürfen, einem Seekadetten, mich überall herumzuführen. Das geschah denn auch und als wir fertig waren, wurde ich in die Kajüte des Kapitäns zum Diner geladen.

Während des Mahles musste ich von der Kolberger Belagerung erzählen. Der Kapitän wurde immer freundlicher und schenkte mir ein Glas Portwein nach dem anderen ein. Er schlug mir vor, an meinen Vater zu schreiben und zu fragen, ob ich nicht britischer Seemann werden dürfe; ich sollte dann wieder auf sein Schiff kommen. Es wurde Abend und Zeit, an die Rückfahrt zu denken. Noch einmal füllte der Kapitän unsere Gläser, fragte mich, ob in Hoff schöne Damen wären und trank, als ich dies bejahte, auf deren Wohl. Dann entließ er mich; ich fuhr zum Lande zurück.

Als ich am anderen Morgen erwachte, stand mein Vetter vor meinem Bette. Sein berechtigter Zorn vom vorigen Tage war verflogen, da er mich glücklich zurückgekehrt sah. Er hatte befürchtet, die Engländer würden mich gleich bei sich behalten.

An einem schönen Wintermorgen, im Februar 1812, verließ ich das liebe Hoff, um eine Inspektorenstelle auf dem Rittergute Perpolk bei Tapiau zu übernehmen. Der Abschied wurde mir schwer.

In Kolberg aber feierte ich ein frohes Wiedersehen mit meinem teuren Vater. Danach ging es mit der Post über Köslin, Danzig nach Königsberg; es war eine sehr langwierige und ermüdende Reise. Bei Dirschau konnten wir des Eisganges wegen nicht über die Weichsel setzen und mussten dort übernachten, wozu Stroh auf die Diele geschüttet wurde.

Am nächsten Vormittag kamen wir zwar glücklich über den Strom; aber nun wurde die Straße so grundlos, dass alle Augenblicke angehalten werden musste, um mittelst hierzu mitgeführter Spaten den Lehm von den Rädern abzustechen. Es wurde Abend, ehe wir die beiden Meilen von Dirschau bis Marienberg zurückgelegt hatten.

Am späten Abend des nächsten Tages kamen wir in Brandenburg, der letzten Station vor Königsberg, an. Doch hier zerbrach uns ein Wagenrad und wir sollten so lange in der Passagierstube verweilen, bis es ausgebessert war. In der Passagierstube waren indes das Sofa und alle Stühle schnell von den Reisenden besetzt. Ich fand keinen Platz mehr und wählte darum eine in der daneben gelegenen Poststube stehende große Kiste als Lagerstatt. Die Kiste war etwa zwei Fuß von der Wand entfernt und von Felleisen und Poststücken aller Art umgeben. Ich war schrecklich müde und schlief gleich ein.

Noch jetzt steht es deutlich vor meiner Seele, wie ich erwachte: nämlich auf dem Fußboden zwischen Kiste und Wand. Ich war in den Spalt hinabgefallen, ohne zu erwachen! Nun graute der Tag. Ich erhob mich mühsam und blickte mich um. Vor mir stand ein Mann im Schlafrock mit einem Lichte am Tisch; es war der Postmeister. Er sah mich erstaunt an und brach dann in lautes Lachen aus:

„Also Sie sind der verschollene Passagier! Die Post ist um Ihretwillen eine Stunde länger als nötig aufgehalten worden. Wir haben überall, auch in den Gasthäusern, nach Ihnen gesucht. Da wir Sie aber nicht fanden, fuhr die Post ab, Ihre Sachen sind nach Königsberg mitgegangen."

Extrapost zu nehmen war mir zu kostspielig. Ich machte mich also zu Fuß auf den Weg und erreichte auf der grundlosen Straße - denn Chausseen gab es ja damals noch nicht bei uns - nach einem sehr beschwerlichen Marsch endlich Königsberg. Im Gasthofe „Zur goldenen Traube" fand ich meine Sachen; aber mein Esskober, worin sich noch eine schöne Wurst und eine Spickgans befunden hatten, war rein ausgeleert. Ein herber Verlust für meinen 19-jährigen Magen! Denn ich hatte großen Hunger und nur wenig Geld.

Eine Woche später war ich in Perpolk. Das Rittergut hatte ein stattliches Herrenhaus dicht an der großen Straße und so kam es denn, dass wir zum Frühjahr hin förmlich mit Einquartierungen überschwemmt wurden. Ein Teil des großen napoleonischen Heeres zog ja auf dieser Straße nach Russland. Eines Morgens kamen fünf Ulanenoffiziere an das Herrenhaus gesprengt, stiegen ab und befahlen Frühstück. In der Abwesenheit des Hausherrn musste ich den Wirt machen, ließ den Herren Wein und Braten bringen, bat zuzulangen und sah sie mir näher an.

Einer von ihnen, ein junger Kapitän, trat an mich heran und sagte, er müsse mich kennen. In dem Augenblicke erkannte auch ich ihn; es war v.S., mit dem ich so manches liebe Mal in Hoff auf der Jagd gewesen war!

„Sehen Sie", sprach er, „damals war ich ein preußischer Fähnrich und wäre es wohl noch, wenn ich nicht reklamiert worden wäre. Jetzt bin ich französischer Kapitän. Das Avancement geht bei uns rasch; aber", flüsterte er mich zu, - wir standen von den anderen entfernt in einer Fensternische, - „ich bin doch ungern von den Preußen abgegangen, ich wünschte wieder bei ihnen zu sein."

Nachdem die Herren sich restauriert hatten, schwangen sie sich auf ihre Pferde und sprengten davon. Ich sah ihnen noch nach, bis sie hinter der Waldecke verschwunden waren. S. hatte beim Abschiede gesagt: „Lietzmann, werden Sie nur auch bald Soldat; es ist das fidelste Leben."

Die französische Armee, als sie 1812 nach Russland zog, war eine so glänzende, wie die Welt sie wohl nicht oft erblickt hat; aber ich hätte ihr nicht angehören mögen; ich gedachte der Kolberger Belagerung und hasste die Franzosen.

So verging der Sommer von 1812; überall nur Himmel und Soldaten! Im Herbst verließ ich Perpolk und begab mich vor Antritt einer neuen Stellung zu meinem alten Freunde Broscheit, dem ehemaligen Oberjäger und jetzigen Hegemeister. Seine Försterei - in der großen Leipener Forst - lag zwei Meilen von Tapiau.

In der Einsamkeit des Waldes ging der verlebte Sommer noch einmal an meinem Geiste vorüber. Was hatte ich gesehen! Ein großer Teil der mächtigen französischen Armee war an mir vorübermarschiert. Wenn ich auf der Perpolker Feldmark ritt, hatte ich oft mein Pferd angehalten und nach der Landstraße hinübergeblickt. Da flatterten die Fähnlein der Lanzenreiter im Winde; da glänzten die Harnische der Kürassiere in der Sonne, da rasselten die Kanonen. Es war ein großes kriegerisches Schauspiel. Mir war, als hätte ich nicht mehr die Ruhe, nicht mehr die Lust, so wie sonst, zur friedlichen Beschäftigung des Landwirts. Auch die Arbeiter auf dem Felde sahen immer wieder nach den Soldaten, die in unabsehbaren Reihen dahinzogen. Und wovon wurde gesprochen? Nur vom Kriege. Aber die Ostpreußen hatten keine Sympathie für den großen Franzosenkaiser und seine Streiter; ich als Pommer und Kolberger wahrhaftig erst recht nicht.

Ich befand mich gerade in Tapiau als die Kavallerie-Division Loison, von Königsberg kommend, dort eintraf und eine Stunde Rast hielt. Sie bestand aus einem Regiment Grenadiere zu Pferd, einem Regiment Kürassiere, einem Regiment Jäger zu Pferd und dem berühmten 8. Husaren-Regiment.

In diesem dienten fast nur Elsässer, schöne, meist noch junge Leute, die sehr aufgeweckt und lustig zu sein schienen. Sie trugen grüne Dolmans mit roten Schnüren, rote Hosen und mit rotem Tuche bezogene Tschakos. Ein kurzer, dicker Zopf hing im Nacken und an den Ohren dicke Flechten, die an den Enden mit Blei beschwert und mit roten Tuchstreifen umwickelt waren. Endlich wurde wieder aufgesessen und sie ritten von dannen. Sie zogen fast alle ins kalte Grab, und die wenigen Überlebenden kamen im kläglichstem Zustande wieder.

Der Winter trat frühzeitig und mit ungewöhnlicher Heftigkeit ein. Es fiel viel Schnee, eine grimmige Kälte folgte. An einem bitter kalten Morgen rief mich Broscheit heraus: „Lietzmann, sehen Sie nur den Feuerschein am Himmel; die Franzosen werden alle in Russland erfrieren."

Ich habe nie wieder einen ähnlichen Anblick gehabt. Die Sonne stieg nicht wie sonst empor, sondern in einer Feuersäule; es war wie ein Nordlicht, nur viel strahlender. Die Kunde vom Rückzuge der französischen Armee aus Russland war schon früher zu uns gedrungen.

Als nun die ersten Flüchtlinge eintrafen, war unseres Bleibens nicht mehr im Försterhaus. Wir waren täglich in Tapiau; denn dort kamen fast alle durch. Diesen Jammer zu beschreiben, den ich damals gesehen habe, bin ich nicht imstande. Gestalten, vielfach nur im Lumpen gehüllt, schlichen trübselig dahin. Ein hochgewachsener Mann konnte nicht mehr vorwärts; ein riesiger Kürassieroffizier stieß ihn mit dem Degengefäß in den Rücken, um ihn anzutreiben. Ich hätte den Unmenschen gern durchgeprügelt!

Eines Abends trafen die Überreste des neapolitanischen Garde-Husaren-Regiments in Tapiau ein. Das kostbare Sattelzeug lag noch auf den wenigen abgezehrten Pferden; die meisten Leute gingen zu Fuß. Die Offiziere aßen im Gasthause. Ich sah sie und habe mich der stillen Tränen nicht erwehren können. Abgefrorene Nasen, Ohren, Hände! Dieses Leiden und dabei die Uniform, die das verstümmelte Gesicht hervorblicken ließ, so ungemein reich, dass man vor goldenen Schnüren und Tressen kaum etwas vom Tuche sehen konnte. Dieses glänzende Elend!

Am 01.Januar 1813 sah ich die ersten Kosaken. Wie keck und lustig jagten sie trotz der Kälte dem fliehenden Feinde nach! Sie schwangen ihre langen Lanzen, grüßten uns und riefen: *„Dobri Pruß!"* [8]

Nach ihnen kamen die regulären russischen Truppen, die Infanterie mit zum Teil so jungen Offizieren, dass wir uns nicht genug darüber wundern konnten.

Endlich wurde es wieder still in der Gegend. Der Ton der Trommeln und Trompeten war verhallt; die russische Armee war vorübergezogen. Aber nun fühlten wir immer lebhafter: es konnte mit uns Preußen nicht länger so bleiben! Ahnung, Glauben und Hoffnung schwellten die jugendliche Brust. Oh, es war eine wunderbare Zeit; der bloße Gedanke, sich endlich gegen den Koloss erheben zu können, der das deutsche Vaterland zertreten hatte, machte uns schon glücklich. Wir Jünglinge versammelten uns im Walde und ätzten uns ein Kreuz auf den linken Arm, als Zeichen, dass wir Willens waren, fürs Vaterland zu sterben. Dieses Zeichen nehme ich mit ins Grab. Und als nun der Erlass des Königs zur Bildung freiwilliger Jäger-Detachements und der „Aufruf an mein Volk!" [9] bekannt wurde, jauchzten wir. Wer hätte da wohl zurückbleiben können!

Ich hatte die meiste Lust, Kavallerist zu werden. Broscheit verkaufte mir einen schlechten, lederfarbenen Fuchs, schlechtes Sattel- und Zaumzeug, aber einen recht guten Säbel.

Am 04.März 1813 reichten wir uns die Hand zum Abschied. Seine alte, gute Mutter, die es fast immer so gut mit mir gemeint hatte, weinte und auch mir traten die Tränen in die Augen. Als ich aber erst die Füße in den Bügeln hatte, da säumte ich nicht länger. Noch ein Gruß mit der Hand und fort ging es im Galopp.

---

[8] „Dobri Prus!" - (russ.) „Guter Preuße!"
[9] Der genaue Text ist in der Anlage 1

3. Kapitel
Freiwilliger Jäger bei den Totenkopfhusaren!

In Königsberg meldete ich mich bei dem Leutnant Cesar: „Herr Leutnant, ich wünsche als freiwilliger Jäger in das 1.Leib-Husaren-Regiment einzutreten."

„So! Wie heißen Sie und wo sind Sie her?"

Ich beantwortete diese Fragen und wurde nun vom Kopf bis zu den Füßen gemustert.

„Es freut mich, Sie kennen zu lernen; Sie sind der fünfte Jäger, der sich heute bei mir gemeldet hat. Nachmittags 03.00 Uhr finden Sie sich mit Ihrem Pferde vor meinem Quartier ein; ich werde dann das weitere bestimmen."

Damit war ich entlassen. Als ich mich am Nachmittag einfand, waren wir schon unser zehn; es hatten sich inzwischen noch fünf Königsberger Studenten zum Eintritt gemeldet. Mein Pferd fand nicht den Beifall des Herrn Leutnants; ich war aber angenommen und erhielt Quartier für mich und einen Stall für den lederfarbenen Fuchs.

Als unser Detachement bis auf 60 Jäger angewachsen war, erhielt Wachtmeister Eschment das Kommando und marschierte mit uns ab. Wir ritten über Marienwerder, Konitz, Neustettin und Pommersch-Stargard. In Marienwerder holte uns Leutnant Cesar ein und es ereignete sich folgende Szene:

Es ist Nachmittag; wir sind in den Stall befohlen und jeder steht vor seinem Pferde. Der Leutnant Cesar tritt ein und mustert uns.

„Jäger Lietzmann, warum stehen Sie bei Leos Falben? Gehen Sie zu Ihrem Fuchs, wo Sie hingehören."

„Verzeihen Herr Leutnant, ich habe mit Leo getauscht; der Falbe gehört jetzt mir."

„Was getauscht, dummes Zeug! Leo darf sein Pferd nicht vertauschen; er soll seinen Falben nehmen, Sie treten zu Ihrem Fuchs."

„Herr Leutnant, ich habe Leo auf den Fuchs eine goldene Taschenuhr zugegeben, ich möchte den Falben behalten."

„Herr, ich habe Ihnen ja gesagt, dass Leo das Pferd nicht veräußern darf; es ist mir von seinem Bruder, dem Bankdirektor in Königsberg, übergeben worden."

„Aber Herr Leutnant, ich möchte doch sehr bitten, den Tausch gelten zu lassen."

„Herr, räsonieren[10] Sie nicht! Jäger Leo!"

Leo tritt vor, ist aber sehr kleinlaut; denn er hat die schöne Uhr schon wieder verkauft, was er jedoch nicht meldet.

---

[10] räsonieren - (veraltet) sich (zu) wortreich äußern

„Sie geben dem Jäger Lietzmann die Uhr zurück. Treten Sie zu Ihrem Gelben! Lietzmann, treten Sie zu Ihrem Fuchs!", befiehlt Cesar.

Was soll ich machen? Ich lasse mich einschüchtern und gehe zu meinem lederfarbenen Fuchs. Nun treten aber einige andere Jäger vor, an ihrer Spitze B.[11] und erklären, dass der Herr Leutnant sich Eingriffe in die den freiwilligen Jägern versprochenen Rechte erlaube:

„Die Pferde gehören uns und wir können sie untereinander vertauschen. Wir bestehen darauf und bitten gehorsamst, dass der Jäger Lietzmann seinen eingetauschten Falben behält", sagt B.

Leutnant Cesar wird wütend. „Was unterstehen Sie sich, meine Herren!", ruft er. „Angetreten!"

Wir treten vor dem Stall in Linie an und Cesar hält eine donnernde Rede, worin er uns auseinandersetzt, dass er den Pferdetausch aufhebt und dass dies niemanden weiter etwas angeht. „Abgetreten!"

Ehe aber der Leutnant den Platz verlassen hat, begibt sich eine Deputation zu ihm und erklärt, dass das Detachement sich entschlossen habe, das Regiment zu verlassen und beim 2.Leib-Husaren-Regiment einzutreten, wenn den Jägern hier kein Pferdetausch gestattet werden soll. Cesar lässt uns noch einmal antreten und fragt, ob der von der Deputation vorgetragene Entschluss der Wille jedes Einzelnen sei, worauf ein einstimmiges lautes „Ja" erschallt. Nun entfernt sich Cesar einige Schritte und bespricht sich mit dem Wachtmeister. Dieser mag ihm wohl gut zugeredet haben; denn als Cesar wieder vor die Front tritt, sagt er:

„Der Jäger Lietzmann kann den Falben behalten."

Hiermit war die Frage erledigt und niemand war froher als ich. Aber Cesar hat es mir doch nachgetragen. Ich muss noch bemerken, dass Leo ein Mann von 30 Jahren und ein Lebemann war. Als er im Quartier zu Marienwerder meine Uhr gesehen hatte, bot er mir den Tausch an. Es wurde mir herzlich schwer, mich von der Uhr zu trennen; sie war ein liebes Erbstück von meiner nie gekannten Mutter, die infolge meiner Geburt gestorben war. Aber - auf der Uhr konnte ich nicht reiten und das Pferd ist für den Reitersmann alles, besonders, wenn er in den Krieg zieht! Ich war auch gleich ein ganz anderer Mensch, als ich auf dem Falben saß. Ich hatte jetzt das beste Pferd im ganzen Detachement; der Bankdirektor hatte es für schweres Geld von einem russischen Oberst erstanden.

In Stargard vereinigten wir uns mit den Jägern, die der Stabsrittmeister Fritz von Blankenburg[12] für das Regiment angenommen hatte und mar-

---

[11] Dieser Kamerad Lietzmanns wurde später Gerichtspräsident

[12] Dionysius Ludwig Friedrich von Blankenburg gehört zu den glänzendsten Erscheinungen unter den jüngeren Offizieren der Befreiungskriege. Er war 1786 geboren

schierten nun, zusammen schon eine Schwadron stark, in Richtung auf Berlin weiter.

In der Gegend von Königsberg in der Neumark hatten wir jungen, ganz unerfahrenen und unausgebildeten Vaterlandsverteidiger ein eigentümliches Erlebnis: Wir waren in einem großen und schönen Dorfe einquartiert; in dem Hause, wo ich lag, befanden sich unser dreißig. Wir hatten in einer geräumigen Stube zu Abend gegessen; danach wurde für uns in derselben Stube eine Streu gemacht. Wir legten uns unter munteren Scherzen zur Ruhe nieder und entschlummerten schnell. Da stürzte bald nach Mitternacht unser Quartierwirt ins Zimmer und weckte uns mit wildem Geschrei:

„Auf! Auf! Die Franzosen kommen!"

Zugleich hörten wir das Schmettern der Trompeten, unseren Alarmruf. Es gab einen furchtbaren Schreck. Ich erinnere mich, wie der Jäger Pflüger, ein gebildeter und liebenswürdiger Jüngling, laut zu klagen anfing:

„Welch entsetzliches Schicksal, wenn wir hier aufgehoben werden und nicht teilnehmen können am Kampf fürs Vaterland!"

Dieses Durcheinander in unserer Stube! Der eine schrie nach seinen Hosenträgern, ein anderer nach seinen Stiefeln, der dritte nach seinem Säbel. Der Tisch, auf dem vom Abendessen noch Teller und Schüsseln standen, wurde umgerannt und auf den Scherben herumgetobt.

Ich sprach kein Wort, war aber im Nu angekleidet und der Erste im Stalle. Schnell legte ich meinem Pferde den Zaum an und da ich noch kein französisches Bajonett zwischen den Rippen fühlte, worauf ich jeden Augenblick gefasst war, sattelte ich, führte den Falben hinaus und saß auf. Wie selig war ich, als ich die Füße glücklich in den Bügeln hatte; ich dachte, nun lass sie nur kommen!

Es war stockfinster. Ich eilte nach dem großen Platz im Dorfe. Dort fand ich erst zwei von uns Jägern vor. Bald aber erschien Fritz von Blankenburg, unser geliebter Führer, auf dem Platze und nun stürzten von allen Seiten

---

und 1806 als Seconde-Leutnant im Infanterie-Regiment *von Pirch*. Im Dezember 1806 gesellte er sich zu Schill, als dieser von Kolberg aus seine kühnen Streifzüge begann. Er wurde der Führer des Schillschen reitenden Jäger-Detachements und als solcher eine in Pommern überaus populäre Persönlichkeit. Später Premier-Leutnant im Schillschen (2.brandenburgischen) Husaren-Regiment, nahm er 1809 an Schills berühmtem Zuge teil, wurde bei Stralsund schwer verwundet, entging aber glücklich der Gefangenschaft. Er wurde nun zunächst aus dem königlich preußischen Dienste entlassen, 1812 aber im 1.Leib-Husaren- Regiment wieder angestellt und zum Stabsrittmeister befördert. Blankenburg hat mit besonderer Auszeichnung an den Befreiungskriegen teilgenommen, ist zuletzt Kavallerie-Brigadekommandeur gewesen und 1850 als Generalleutnant gestorben.

auch die Jäger herbei. „Unser Fritz" war prachtvoll. Mit der größten Gelassenheit rief er:

„Formieren Sie sich, meine Herren und - Ruhe, Ruhe, wir rücken sofort dem Feinde entgegen! Ich verlassen mich auf Sie, haben Sie Zutrauen zu mir. Gewehr auf! - Marsch! Wachtmeister, folgen Sie mit dem noch fehlenden Rest!"

Vor dem Dorfe marschierten wir zu zwei Gliedern in Linie auf; Patrouillen wurden vorgesandt. So erwarteten wir den Feind, bis der Morgen graute und da erst durften wir absitzen. Wie war denn überhaupt ein Überfall zu befürchten; die Franzosen standen ja noch an der Saale?

Der uns bedrohende Gegner war die französische Besatzung Stettins. Sie sollte sich durch unser Belagerungskorps durchgeschlagen und die Richtung nach Königsberg in der Neumark genommen haben.

Sowie es Tag geworden war, entwickelte Stabsrittmeister von Blankenburg eine außerordentliche Tätigkeit. Der Landsturm wurde aufgeboten und schon in der zehnten Stunde standen uns alle kampffähigen Dorfbewohner zur Seite. Man sah Greise und Knaben unter ihnen; Sensen, Piken und Heugabeln waren die improvisierten Waffen. Überhaupt war es ein bunt aussehendes Korps, das an diesem sonnigen Morgen auf der Straße nach Schwedt dahinzog. Wir Jäger hatten ja auch noch keine Uniform; die sollte erst in Berlin beschafft werden. Unsere Säbel hatten wir freilich längst haarscharf geschliffen und vor dem Zusammentreffen mit dem Feinde war uns nicht bange. Dazu kam es dieses Mal aber gar nicht.

Am nächsten Morgen stellte sich heraus, dass der Durchbruchsversuch der Franzosen misslungen war; wir konnten unseren Marsch nach Berlin in Ruhe fortsetzen und rückten am 10.April dort ein.

In Berlin blieben wir fünf Tage und erhielten nun endlich unsere Uniform: einen dunkelgrünen Dolman mit weißen Schnüren und Knöpfen, weite, dunkelgrüne, mit breiten schwarzen Sammetstreifen besetzte Kosakenhose, Stiefel mit silberplattierten Sporen; über dem Hüften die grün und schwarze Husarenschärpe, auf dem Kopfe den Tschako mit Totenkopf und zwei übereinander liegenden Gebeinen aus Silber.

Durch die Einstellung Berliner Studenten und junger Beamten bereits auf 29 Oberjäger und 288 Jäger angewachsen, nahm unser Detachement die Marschrichtung gegen die Saale und vereinigte sich unterwegs mit dem 1. Leib-Husaren-Regiment.

Regimentskommandeur war Major von Sandrart[13]; beim Stabe befand sich außerdem Major Dallmer. Dem Regiment aggregiert waren Stabsrittmeister von Blankenburg und Premierleutnant von Strantz[14], unsere beiden Eskadronsführer; denn das Jäger-Detachement war seiner großen Stärke wegen in zwei Schwadronen formiert worden[15]. Unser Regiment gehörte zur Brigade von Thümen und zur Division des Generalleutnants von Bülow.

---

[13] Wilhelm von Sandrart, geboren 1773, gestorben 1859 als General der Kavallerie a.D. Er war ein tüchtiger Soldat und Truppenführer, er wusste sein Jäger-Detachement gut zu verwenden und dessen Leistung wohl zu schätzen. Es scheint indes, als ob dieser Offizier der alten Schule sich an die den freiwilligen Jägern vom Könige bewilligten Vorrechte und an ihre besondere Art von Disziplin, die nur auf Vaterlandsliebe und nicht auf Furcht vor Strafe gegründet war, nur schwer habe gewöhnen können, und dass er bei den Jägern darum wenig beliebt war.

[14] Ludwig von Strantz. Geboren im Oktober 1787. Vater Generalmajor. 11.Dezember 1804 Kornett im Kürassier-Regiment von Quitzow. 1806 Auerstädt (verwundet). Bei der Reorganisation zum 2.brandenburgischen Husaren-Regiment von Schill versetzt, nahm er Teil an der Schillschen Expedition im Königreich Westfalen. 31.Januar 1807 Sekondelieutenant der Kavallerie, aggregiert dem 1.Leib-Husaren-Regiment. 24.November 1812 Premierlieutenant, 14.August 1813 Stabsrittmeister. 1813-1814; Schlacht bei Großbeeren, Dennewitz (RW4), Leipzig, Halle, Hoyerswerda, Luckau (EK2), Zütphen, Hoogstraten, Laon und Winighem. 31.März 1815 Eskadronschef. 06.Juni 1813 Major im 6.Ulanen-Regiment. Vom 19.Dezember 1830 bis 31.März 1832 Interims-Kommandeur des 18. Landwehr-Kavallerie-Regiments. 03.Februar 1833 Interims-Kommandeur des 9.Husaren-Regiments. 30.März 1834 Oberstlieutenant und wirklicher Kommandeur. 19.April 1836 Oberst. 04.Januar 1839 in Saarbrücken verstorben.

[15] Bis zum Waffenstillstand befanden sich bei diesem Detachement auch diejenigen Jäger, die sich von Hause aus zum Eintritt beim 2.Leib-Husaren-Regiment gemeldet hatten. Major von Sandrart und der nachmalige Divisionskommandeur, General von Bülow, wollten sie gerne beim 1.Regiment behalten; das 2.Regiment nahm sie jedoch mit Recht für sich in Anspruch und der König befahl die Teilung. Diese wurde indes, wie wir sehen werden, erst im Waffenstillstand vorgenommen. So verblieb dem 1. Leib-Husaren-Regiment „der Nutzen des ersten Feuereifers, mit dem die jungen begeisterten Freiheitskämpfer, von den Liedern Körners und Schenkendorfs angefeuert, sich in Kampf und Gefahr zu stürzen."
(Mackensen Band I., Seite 386)

4. Kapitel
Mai 1813 - Halle und Hoyerswerda

Am 02.Mai hatten sich 4.500 Mann der Division des Generals von Bülow in aller Frühe bei Oppin, einem Dorfe zwischen Zörbig und Halle, versammelt, um auf Halle zu marschieren und diese Stadt, die von der französischen Infanterie besetzt sein sollte, dem Feinde abzunehmen. Kurz ehe Major von Sandrart mit seinen Leib-Husaren als Vorhut des Detachements anritt, trafen wir Jäger von Radegast her beim Regiment ein und sollten nun sogleich unsere Feuertaufe entgegengehen!

Die Sonne schien hell und warm; Blüten prangten, die Vögel sangen. Bald lag Halle vor uns. Ich war mit dem Jäger von Cebrow als Aufklärer vorgeschickt. Sobald eine feindliche Granate an uns vorbei durch die Luft sauste, sah sich mein Kamerad mit wildem Gesichtsausdruck um. Ich kannte diese Geschosse schon von Kolberg her; aber angenehm waren sie darum auch nicht. Mein guter Cebrow; am 02.Mai ahntest du noch nicht, dass dich wenige Wochen später eine solche Granate zerschmettern sollte!

Als unsere stürmende Infanterie am Marktplatz in Halle zähen Widerstand fand, durften wir Jäger einhauen. Mit dem Rufe: „Es lebe der König!" stürzten wir uns auf den Feind und warfen ihn.

Ich besaß damals einen blauen, mit schwarzen Schnüren besetzten Pelz, den hatte ich an diesem Tage zum Schutze gegen feindliche Säbelhiebe über die linke Schulter gehängt. Beim Straßenkampf fiel er mir herunter und ich habe ihn nie wiedergesehen. Merkwürdig, dieser Pelz stammte ursprünglich aus Halle; ich hatte ihn von dem Hauslehrer in Hoff an der Ostsee gekauft, der einst als Hallenser Student in ihm paradiert ist. Nun war der Pelz durch mich in seine Heimat zurückgelangt.

Als die Franzosen aus Halle hinausgejagt waren, hatte ich noch mit von Cebrow in Richtung auf Merseburg eine Patrouille zu reiten. Todmüde kam ich nach Halle zurück in mein Quartier, legte mich mit Stiefeln und Sporen aufs Sofa und schlief sofort ein. Beim Erwachen am nächsten Morgen sah ich meine Wirtin, ein altes Mütterchen, weinend neben meinem Lager sitzen. Ich fragte sie nach dem Grund ihrer Tränen. Weil ich so jung in den Krieg müsse, sagte sie. Da habe ich sie denn getröstet.

Der Ausgang der blutigen Schlacht bei Groß-Görschen, die an demselben 02.Mai geschlagen worden war, nötigte den General von Bülow, auf die Deckung Berlins bedacht zu sein. Aber er wollte sich noch so lange wie möglich am linken Elbufer behaupten.

Am 06. Mai stand unser Regiment bei Raguhn, mit Vorposten an der Fuhne; am 07. erhielt es den Auftrag, alle Brücken über die Mulde von Dessau aufwärts bis Eilenburg, mit der einzigen Ausnahme der bei Raguhn, abzubrennen.

„Jäger Lietzmann!"

„Hier, Herr Wachtmeister!"

„Sie sind kommandiert zu einer Patrouille nach Düben."[16]

„Verzeihen Herr Wachtmeister, ich bin eben erst von Patrouille zurückgekommen."

„Das schadet nichts, Ihr Gelber wird es schon aushalten. Sitzen Sie auf und melden Sie sich beim Herrn Leutnant Müller."

Die Patrouille, Husaren und Jäger, im ganzen 60 Pferde stark, wurde von einem Major des Generalstabs geführt. Es war am Nachmittag und das schönste Wetter.

Gegen 03.00 Uhr nachmittags erreichten wir Düben und steckten die dort über die Mulde führende Brücke in Brand. Als die Flammen zusammenschlugen, verließen wir die Stadt, weil der Feind gleich zu erwarten war. Auf einer Höhe außerhalb, von wo man die Brücke sehen konnte, wurde Halt gemacht. Der Major und der Leutnant blieben zu Pferde; wir anderen saßen ab. Der Major sah durch sein Perspektiv, mit einem Male wandte der Major sich nach uns um:

„Die Dübener haben das Feuer ausgelöscht! Die Brücke muss aber abgebrannt werden; darum sind wir hier. Und die Franzosen sind im Anzuge! Ich brauche nur zwei Mann. Freiwillige vor!"

Ich und noch ein Jäger waren die Ersten zu Pferde. Er instruierte uns nun, dass wir alles daran setzen müssten, die Brücke wieder in Brand zu setzen; wir durften nicht eher fortreiten und wenn wir dabei gefangen werden sollten... !

Als wir bei der Brücke anlangten, war das Feuer im Verglimmen. Eine Menschenmenge stand dabei; die rief, sie wollten nicht, dass ihre Stadt ins Unglück gestürzt würde; die Franzosen müssten gleich ankommen. Ich saß sofort ab, um selbst wieder Feuer anzulegen. Sie könnten mich in die Mulde werfen, sagte ich zu den Leuten, wenn sie es wollten; aber ich hätte Befehl und würde nicht fortreiten, ehe die Brücke zerstört sei. Da trat ein Mann vor, der hatte ein preußisches Herz. Er redete seinen Mitbürgern zu und sie folgten ihm. Die Brücke wurde wieder angesteckt und stand bald in vollem Brand. Mit einem Male wurde geschrien:

„Die Franzosen sind schon in der Stadt!"

---

[16] An der Mulde, 30 km oberhalb von Raguhn.

Wir bekamen einen heillosen Schreck. Ein Bürger rief mir zu: „Es ist Infanterie, die ist durch das Torgauer Tor einmarschiert. Geschwind mir nach, ich werde Sie noch hinausbringen."

Er lief neben uns her und führte uns wirklich durch eine Pforte in der Mauer glücklich ins Freie. Auf einem Wiesenpfad gelangten wir nun zur Straße und wieder auf unsere Anhöhe. Die Franzosen sahen wir ganz deutlich vor uns; aber unsere Patrouille war inzwischen abgeritten!

Als wir endlich zu unserer Eskadron zurückkamen, war die Patrouille schon auseinander gegangen. Bei der Schwadron war aber gar keine Rede von den Heldentaten, die wir verrichtet zu haben glaubten. Leutnant Müller hätte doch beim Rittmeister unser Erwähnung tun können; kein Gedanke daran! Müller war von den Husaren und es war ihm wahrscheinlich nicht Recht gewesen, dass wir Jäger und nicht Husaren, auf den Ruf des Majors als Freiwillige vorgesprengt waren[17]. Aber meine Kameraden von den Jägern vergaßen mich nicht; zu meiner ganz unaussprechlichen Freude wählten sie mich bald darauf zum Gefreiten.

Die Nachricht vom Rückzug des Hauptheeres der Verbündeten bis Bautzen und vom Anmarsch dreier französischer Armee-Korps unter Marschall Ney gegen die Mark veranlassten den General von Bülow auf das rechte Elbufer zurückzugehen.

Am 21. Mai hatte er seine Hauptkräfte bei Baruth an der Straße Berlin - Dresden vereinigt; die Vorhut, zu der unser Regiment gehörte, stand bei Dahme. Von dort wurde in südwestlicher und südöstlicher Richtung aufgeklärt.

„Gefreiter Lietzmann, aufgesessen! Leutnant Matzkewitz macht mit 15 Pferden ein Patrouille und Sie sind dazu kommandiert. Ich wünsche Ihnen Glück; es geht weit voraus."

So sprach Wachtmeister Eschment zu mir und in ein paar Minuten hielt ich in Reih' und Glied der Fünfzehn, die Leutnant Matzkewitz anführte.

Wir hatten ihn als Exerzier-Unteroffizier vom Regiment überwiesen erhalten und ihn wegen seiner Tüchtigkeit und Tapferkeit einstimmig zum Leutnant erwählt. Er war nicht mit ihm zu spaßen; er war strenge im Dienst. Vor dem Feinde aber war er brav bis zu Tollkühnheit. Es war eine Freude, ihn auf seinem Stachelschimmel dahinsausen zu sehen, als Schrecken der Franzosen! Er war der beste Reiter und von ungewöhnlicher Körperkraft. Sein dicker, dunkelblonder Schnurrbart hing lang bis unter das Kinn herab. Er hatte früher bei den Bosniaken gestanden, sprach Polnisch als seine Mut-

---

[17] Dieser Leutnant Müller scheint ein eigenartiger Mensch gewesen zu sein. Er wurde 1815 nur mit schlichtem Abschied entlassen, trat in französische Dienste und war 1835 Kapitän im französischen 8. leichten Infanterie-Regiment in Thionville.

tersprache und nicht ganz rein Deutsch. Aber er war ein Muster an Ehrenhaftigkeit; unser Zutrauen ihm gegenüber war ebenso groß wir unser Respekt.

Matzkewitz musterte sein Kommando sehr genau, Mann sowie Pferd; er schien zufrieden zu sein. Dann sagte er zu uns ungefähr dasselbe, was Frankreichs Heinrich IV. einst zu den Seinen sprach: Seht nur auf mich und haltet Euch an mich, wenn wir ins Gedränge kommen!

Es war früh morgens, als wir aus dem Lager abritten. Gegen Mittag hatten wir nach einem scharfen Trabe einen Wald vor der Stadt Luckau erreicht. Dort hielten wir uns versteckt, während ein berittener Kundschafter, den Matzkewitz mit sich führte, nach der Stadt vorgeschickt war. Es verging etwa eine halbe Stunde, da kam unser Spion zurück. Er sprach mit Matzkewitz. Ohne ein weiteres Wort an uns zu verlieren, schwang dieser den Säbel und kommandierte:

„Marsch, Marsch!"

Kies und Funken stoben. Ich hielt mich immer an Matzkewitz; mein Gelber gab seinem Stachelschimmel nichts nach. Die anderen blieben viele Pferdelängen zurück. In der Vorstadt kam uns ein feindlicher Kapitän entgegen, bat um Pardon und übergab seinen Degen. Matzkewitz, in der Freude seines Herzens, wischte ihm eins mit der flachen Klinge aus und sprengte weiter. Er hatte sich im Moment hinreißen lassen und es war wirklich nicht böse gemeint; ich sehe noch, wie er bei der Austeilung des leichten Hiebes gutmütig lachte.

Aber gleich darauf war einer von unseren Husaren zur Stelle; der riss dem Hauptmann seinen Orden der Ehrenlegion von der Brust! Dies sehen und dem Husaren mit meinem Säbelgefäß eins ins Genick versetzen, war das Werk eines Augenblicks. Diese Rohheit des Burschen empörte mich. Ich nahm dem Husaren den Orden wieder ab und gab ihm dem Hauptmann zurück. Der war totenbleich geworden. Nun dankte er mir und hat mich später durch einen der Jäger, die die Gefangenen zurückbrachten, noch grüßen lassen.

Ich war infolge des Auftritts zurückgeblieben und nun mit noch einem Jäger ganz hinten, Da sagte ein gutgekleideter Bürger zu uns: „Kommen Sie mit, ich werde Ihnen zeigen, wo sich zwei französische Offiziere versteckt haben."

Er führte uns außen um die Stadt herum. „Sitzen Sie ab", sagte der Mann, „ich werde Ihre Pferde halten. Steigen Sie über den Zaun und gehen Sie dort in meine Scheune. Da finden Sie die beiden Franzosen."

Den blanken Säbel mit dem Faustriemen am Handgelenk hängend, die Pistole mit gespanntem Hahn in der Rechten, so traten wir in die Scheune. Eine Leiter führte von der Tenne in den oberen Raum und dort stand ein großer, korpulenter Mann mit den französischen Offiziersepauletten auf den Schultern. Ich schlug mit der Pistole auf ihn an, worauf er seinen Degen an der Spitze fasste und mir das Gefäß hinhielt: *„Pardon!"*

Ich bestieg die Leiter, nahm den Degen und reichte dem feindlichen Offizier treuherzig die Hand. In demselben Augenblick krabbelte etwas unter einem Haufen Stroh hervor und auf sprang ein kleiner, schmächtiger Mann von sehr dunkler Hautfarbe. Der kam mir gar nicht so gefährlich vor; er war völlig bestürzt. Sein Degen lag im Stroh. Es war ein italienischer Offizier und ich nahm ihn gleichfalls gefangen. Wir brachten nun die beiden Offiziere zu Matzkewitz, der mit dem Kommando auf dem Marktplatz abgesessen war.

In der Stadt waren noch zwei feindliche Offiziere, ein Kommissar und mehrere Gemeine gefangen genommen worden und ein reiches Depot von Gewehren, Koch- und Trinkgeschirren wurde dazu erbeutet. Es wurden Wagen herbeigeschafft, mit der Beute beladen und nebst den Gefangenen unter Begleitung nach Dahme geschickt. Dann ließen wir uns an einer auf dem Markt aufgeschlagenen Tafel nieder. Wir waren sehr ausgehungert und es schmeckte uns köstlich. Matzkewitz war in rosigster Laune und stieß mit jedem von uns an.

Inzwischen war es dunkel geworden und wir zündeten darum auf dem Marktplatz ein Feuer an. Da sprengten mit einem Male einige Kosaken herbei, wiesen mit den Lanzen hinter sich und riefen: *„Franzuski, Franzuski!"*

Matzkewitz lachte: „Da werden wir uns wohl empfehlen müssen." Unsere Posten wurden augenblicklich eingezogen, wir saßen auf und verließen die Stadt. Am folgenden Tage gelangten wir wohlbehalten zur Eskadron zurück.

Marschall Ney hatte den Marsch auf Berlin unterbrochen und sich nach Bautzen gewendet, wo die Entscheidungsschlacht der beiderseitigen Armeen zu erwarten war. General von Bülow beschloss ihm zu folgen, um möglichst viel feindliche Kräfte auf sich zu ziehen.

Am 26. Mai standen wir in der Gegend von Kalau und südlich. Da ging die Nachricht von der unglücklichen Schlacht bei Bautzen ein, die am 20. und 21. geschlagen worden war.

Am 27. Mai wurde gemeldet, dass Hoyerswerda vom Feinde besetzt sei. General von Bülow befahl der Brigade Borstell, ihn von dort zu vertreiben; die Vorhut der Division, zu der unser Regiment gehörte, wurde dem General von Borstell unterstellt. So kam es zum Gefecht bei Hoyerswerda vom 28. Mai.

Wir erreichten durch einen anstrengenden Nachtmarsch das linke Ufer der Schwarzen Elster, 1 1/2 Meilen unterhalb von Hoyerswerda und traten um 07.30 Uhr zum Angriff an. Es war ein schöner Maimorgen und siegesmutig ritten wir Jäger an der Spitze der Hauptkolonne vorwärts, indem wir unsere Schlachtlieder sangen.

Als wir gegen 09.00 Uhr vor Hoyerswerda aufmarschiert waren, begrüßte uns der viel stärkere Feind mit heftigem Geschützfeuer. Gleich eine der ersten Kugeln riss meinem Nebenmann das eine Bein fort; es war von Cevrow. Noch einen Abschiedsblick und mein Kamerad sank zu Boden. Ich konnte ihm nicht beistehen; denn es wurde gerade mit Zügen rechts geschwenkt und seitwärts getrabt. Wir kamen so auf den rechten Flügel unserer Truppen.

Zwei volle Stunden mussten wir dort im feindlichen Kanonenfeuer aushalten. Es waren schwere Stunden! Bald schwenkten wir mit Zügen rechts, bald links und trabten eine kurze Strecke, soweit wir Raum hatten, um nicht dem Feinde zur Zielscheibe zu dienen. Aber es half nichts; wir wurden doch getroffen, wenn auch viele Kugeln vorbeigingen. Halbrechts vor uns hielten zwei französische Kürassier-Regimenter. General von Oppen[18] kam vor unsere Front und sagte: „Jäger, auf die werden wir bald einhauen."

In diesem Augenblick fiel sein schöner Rappen, von einer Kugel getroffen, tot zur Erde. Der General nahm keinen Schaden; er saß gleich wieder hoch zu Ross. Wie gern hätten wir die Kürassiere attackiert, um nur aus dem furchtbaren Granatfeuer herauszukommen!

Aber General von Borstell hatte sich inzwischen wohl davon überzeugt, dass der Feind uns um mehr als das Doppelte überlegen war[19]; er befahl den Rückmarsch. Unser Glück war dabei, dass wir einen Wald hinter uns hatten, durch den unsere Truppen abzogen und dass der Gegner nicht scharf drängte. Unser Regiment hatte aber die Nachhut und während Infanterie und Artillerie schon im Walde verschwunden waren, hatten wir immer noch unter dem Geschützfeuer zu leiden. Vor dem Waldrande hielt General von Borstell mit seinem Stabe. Er hätte nur 100 Schritt weiter zu reiten brauchen, um gedeckt zu sein. Aber nein, er bot seine Person den todbringenden Geschossen dar. Wir waren gerade in seine Nähe gekommen, als ein Gendarm seines Gefolges niedergestreckt wurde. Die engen Waldwege hatten nun wohl den Rückzug gehemmt; wir mussten deshalb noch länger im Freien halten bleiben.

---

[18] von Oppen, Brigade-Kommandeur und Führer der Vorhut Bülows
[19] Es war das XII.französische Armee-Korps des Marschalls Oudinot. Die Entscheidung Borstells, den Angriff auf Hoyerswerda zu unterlassen, war durchaus richtig und sein Rückzug wurde geschickt eingeleitet und mit großer Ordnung und Ruhe ausgeführt. Die Haltung der freiwilligen Jäger wurde vom Regimentskommandeur in seinem Bericht an General von Bülow mit folgenden Worten anerkannt: „Die jungen angehenden Krieger der Jägereskadron, welche in dem Gefechte besonders viel Verluste hatte, ertrugen die heftigste Kanonade, auch das Tirailleurfeuer mit bewundernswerter Contenance."
(Mackensen, Band I., Seite 397)

Ich muss bekennen, dass mir ganz unheimlich zumute wurde; es war schrecklich, wie hier Mann und Pferd von den Kanonenkugeln zerrissen wurden. Da blickte ich auf den General und - schämte mich meiner Bangigkeit. Ganz ruhig hielt er dort zu Pferde, der Kriegsheld, sprach mit seinem Adjutanten, zeigte mit dem Finger auf eine ausgebreitete Karte und lächelte, während in nächster Nähe der Tod in grausigster Gestalt seine Opfer nahm. Endlich hieß es wieder Marsch und wir verschwanden auch im Walde. Dort krachte es gewaltig in den Bäumen von den einschlagenden Kugeln; wir kamen aber ohne weitere Verluste zurück.

Am Abend des folgenden Tages stießen wir wieder zu unserer Division.

5. Kapitel
Luckau, 04. Juni 1813

Der Morgen des 04. Juni brach an. Der Nebel hatte sich gesenkt, und die Sonne strahlte am klaren Himmel, als wir im Biwak bei Luckau eintrafen. Wieder hatten wir einen Nachtmarsch zu machen gehabt. Wir waren nun wohl 15.000 Mann stark beieinander und unser General von Bülow wollte in der Stellung bei Luckau dem Marschall Oudinot Widerstand leisten.

Es verging kaum eine halbe Stunde, da zeigten sich schon feindliche Aufklärer. Wir Jäger gingen ihnen entgegen, später aber durch die Stadt zurück, die von unserer Infanterie besetzt war. Um 11.00 Uhr griffen die Franzosen an und drangen bald in die Kalauer Vorstadt ein, die wohl schlecht zu verteidigen war. Die eigentliche Stadt aber, die von einer alten Mauer umgeben und von der Börste umflossen ist, wurde von den Unsrigen behauptet. Nun schossen die Franzosen ihre Granaten hinein und bald stand Luckau in hellen Flammen. Dann erneuerten sie ihre Angriffe auf die Stadt und die angrenzenden Gärten. Bis 06.00 Uhr nachmittags wütete dieser Kampf; danach wurde es etwas ruhiger.

Unser Regiment hielt noch abgesessen bei der Stadt, da erschien unser geliebter General von Oppen vor der Front und sagte: „Jäger, habt nur Geduld, Ihr kommt bald vor."

„Ja, Herr General, wir wünschen es auch."

Endlich hieß es: „Aufgesessen! Der Feind zieht sich zurück!"

Wir gingen eine Viertelstunde unterhalb der Stadt durch die Börste und durch sumpfige Wiesen, dann durch ein hügeliges Gelände südostwärts vor. Das Regiment an der Téte. Mit einem Male sahen wir die feindlichen Infanteriekarrees vor uns.

„Artillerie vor!", schrie unser Major Dallmer, „Feuer auf diese Karrees!" Aber unsere beiden Geschütze hatten aber durch die Wiesen nicht durchkommen können.

„Einhauen!", schrie unser Kommandeur Major von Sandrart, „Regiment links marschiert auf!" Die Trompeten schmetterten Galopp!

Ich ritt wegen des schönen großen Gelben, dem ich den Namen „Blond" gegeben hatte, im ersten Glieder des ersten Zuges der 1. Eskadron, war also dem Feinde am nächsten und noch ehe zum Aufmarsch geblasen wurde, betrachtete ich mir die Franzosen. Sie lagen im Anschlag auf uns. Ich dachte: „Wenn Dich jetzt eine Kugel trifft und Du fällst vom Pferde und die 23 anderen Züge treten über Dich weg, dann bleibt kein Gebein von Dir ganz."

Da geschah der Aufmarsch und in diesem Augenblick feuerte das feindliche Karree, die Kugeln prasselten uns um die Ohren. Das Regiment warf sich aber nicht auf das Karree, sondern auf die feindliche Kavallerie, die gegen uns anritt. Auf sie wurde eingehauen; es waren bayerische Chevaulegers. Sie jagten größtenteils über eine Brücke zurück, die über einen breiten Graben führte. Wir verschmähten jedoch die Brücke und setzten über den Graben; aber viele stürzten hinein. Mein Blond fiel auch; in dem Augenblicke ergriff ich den Ast einer Weide, die am Rande stand und blieb daran hängen. Der Gelbe rappelte sich auf, ich kam wieder in den Sattel und glücklich hinüber.

„Helft, helft!", hörte ich schreien und sah, wie ein Chevauleger unseren kleinen Poll, einen Königsberger Studenten, vorhatte. Ich sprengte heran und einen Hieb in den Nacken des Feindes machte Poll frei. Er hatte einen Schlag auf die rechte Hand bekommen und musste zurückreiten. Viele Bayern waren heruntergehauen; ein kollerndes Pferd streifte dicht bei mir vorbei, seinen blutenden Reiter nach sich schleppend, der mit dem Fuße im Bügel festsaß!

Eine feindliche Kanone flüchtete. Ich rief meinen Kameraden zu, sie zu nehmen und mehrere folgten mir auch, verließen mich aber bald wieder und ich war bald ganz allein. In meinem Eifer sah ich nicht, dass ich mich schon zwischen den feindlichen Karrees befand. Nun hatte ich die Kanone erreicht. Der Stangenreiter fiel durch meinen flachen Hieb; der Mittelreiter warf sich selbst vom Pferde. In demselben Augenblick stürzte ein Offizier von unseren westpreußischen Dragonern mit ausgelegtem Pallasch auf den Vorderreiter zu. In die linke Seite getroffen, fiel der mit entsetzlichem Schrei zu Boden. Wir hatten die Kanone!

„Kamerad, dorthin!", rief der Offizier und zeigte auf eine Lücke zwischen zwei feindlichen Karrees. Ich hatte das Vordersattelpferd beim Zügel ergriffen und nun ging es in der bezeichneten Richtung fort, im gestreckten Galopp. Die Pferde vor der Kanone widersetzten sich nicht; aber ehe wir die Lücke erreicht hatten, sprengten uns an die 50 feindliche Reiter von einem Gehölze her entgegen und schnitten uns ab.

Der Dragoneroffizier befahl mir nun, die Kanone fahren zu lassen; wir mussten nun sehr wider Willen an die eigene Rettung denken. Es begann eine tolle Hetzjagd. Überall Feinde! Wir konnten nirgends durch und unsere Pferde waren erschöpft. Aber die feindlichen Reiter ließen nicht nach, uns zu verfolgen und drängten uns endlich gegen eine sumpfige Wiese.

„Kamerad", sagte der Dragoneroffizier, „hier müssen wir uns gefangen ge-ben."

„Herr Leutnant, ein schwarzer Husar nimmt keinen Pardon", sagte ich, zeigte auf den Totenkopf an meinem Tschako und sprengte in die Wiese. Ich war nicht 50 Schritt weit gekommen, da saß ich schon fest und musste absitzen. Die Anstrengungen meines Blond, sich weiter durchzuarbeiten, sind gar nicht zu beschreiben; wenn ich daran zurückdenke, so rührt mich noch heute die Treue und der gute Wille dieses Pferdes. Zuletzt konnte der Gelbe nicht mehr; er saß mit den Beinen fest, fiel auf die Seite, streckte den Hals aus, legte den Kopf auf das nasse Gras und verdrehte die Augen - als wollte er sagen: „Es ist vorbei, ich kann Dir nicht mehr dienen."

Ungefähr zwanzig Kerle hielten am Rande der Wiese und feuerten vom Sattel aus ihre Pistolen auf mich ab. Die Kugeln pfiffen mir doch zu nah um die Ohren. Ich kniete bei meinem Blond nieder, umarmte seinen Hals, küsste ihn auf die Backe und sagte ihm Lebewohl. Er war das beste Pferd, das ich je gehabt habe und ich habe ihn nie wiedergesehen.

Sowie die Feinde sahen, dass ich mein Pferd verließ und flüchtete, jagten sie mir zur Seite nach rechts, wo ein Knüppeldamm durch die Wiese führte. Nach links konnte ich mich nicht wenden, da wäre ich in einen Sumpf geraten; ich musste mich also zwischen Sumpf und Knüppeldamm halten und von diesem aus wurde auf mich geschossen, was den Kerls offenbar Vergnügen machte. Die Säbelscheide war mir im Wege; ich schnallte sie ab und ließ sie liegen. Den blanken Säbel hatte ich fest am Faustriemen. Ich glaube aber, dass es mit mir vorbei wäre; denn vor mir lief ein Kanal durch die Wiese, der meine Flucht hemmte. Sechs Kerls saßen ab und rannten über einen Steg, der in Verlängerung des Knüppeldamms über den Kanal führte. Sie wollten mich am jenseitigen Ufer in Empfang nehmen. Keine Sekunde war zu verlieren.

Seitwärts oder rückwärts konnte ich nicht. Ich stürzte mich also in den Kanal. Nur einige Schritte waren die Feinde von mir, als ich mich schwimmend durchgearbeitet hatte und hätte die dummen Kerls ihre Pistolen mit sich genommen, als sie die Pferde verließen, so hätten sie mich noch hier bequem niederschießen können. Wie ich ihnen jedoch entrann, das weiß ich heute noch nicht.

Ich war wie durch ein Wunder gerettet, wusste nun aber nicht, wohin und meine Kräfte waren zu Ende. Ich war völlig durchnässt und ganz erschöpft. Da hörte ich aus einiger Entfernung rufen. Ich sah mich um und erblickte - den Dragoneroffizier! Mein Gott, wie sehr freute ich mich! Dieser herrliche Mann war glücklich mit seinem Pferde durchgekommen. Er war am Rande der nassen Wiese nach links gejagt und hatte auf der anderen Seite des Sumpfes festen Boden gefunden. Nun wollte er mir beistehen. Er sprengte heran, saß ab und sagte: „Jäger, Sie können nur fortkommen, wenn Sie sich die nassen Kleider ausziehen. Wir wollen zusammenbleiben. Ich gebe Ihnen meinen Mantel, sitze wieder auf und sie halten sich am Steigbügel."

Im Nu war alles herunter, auch Stiefel und Hemde und der trockene Mantel angezogen. Meine triefenden Kleider hatte ich mit der Husarenschärpe zusammengeschnürt und über die Schulter geworfen. Ich fühlte mich sehr erleichtert und trabte neben dem Pferde her. Der Dragoneroffizier war ein Leutnant von Alvensleben; er nannte mich von nun an mit meinem Namen und wir hielten Kriegsrat, wohin wir uns wenden sollten.

„Dort nach jenem Erlengehölz", sagte er, „dort müssen wir versuchen durchzukommen."

Es lag in der Richtung nach Luckau zu und wir sahen dort keine Feinde. Die Sonne war untergegangen und es dunkelte, als wir den Wald erreichten. Alvensleben saß am Rande ab und ging hinein, um zu erkunden. Gleich fiel ich bis unter die Arme in den Sumpf: der Erlenwald war hier nicht zu passieren! Wir wanderten nun eine Weile am Rande weiter. Rechts war der sumpfige Wald und dahinter Luckau, links waren die Feinde. Wir wussten nicht, wo die Unsrigen geblieben waren und mussten befürchten, durch irgendeine feindliche Patrouille aufgehoben zu werden. Doch konnten wir nichts tun, um uns zu verbergen. Schließlich machten wir Halt, um den Franzosen nicht zu nahe zu kommen.

Die Schatten der Nacht hatten sich um uns gelagert; schon sahen wir die feindlichen Biwakfeuer aufleuchten. Traurig und still saßen wir am Erlenbruch; Alvensleben hielt sein Pferd am Zügel und ich dachte an meinen verlorenen Falben. - Plötzlich hörten wir von hinter dem Walde her Töne, wie ein Echo aus weiter Ferne. Es waren die Töne des preußischen Flügelhorns! - Noch heute könnte ich Tränen der Rührung vergießen, wenn ich an diesen Augenblick zurückdenke. Wir sprangen auf. Alvensleben umarmte mich, drückte mich an seine Brust.

„Lietzmann", sagte er, „die Unseren sind nicht zurückgegangen; wir haben Hoffnung, wieder zu ihnen zu kommen und nicht gefangen zu werden."

Wieder hallten die unseren Herzen so teuren Töne zu uns herüber und wiederholten sich, bis sie endlich in der Luft erstarben. Wir wurden schweigsam. Ich glaube, der Leutnant betete; auch ich dankte Gott und bat ihn um seinen ferneren Beistand.

Von frischem Mut und neuer Hoffnung belebt, nahmen wir unsere Wanderung in der Richtung auf die eben gehörten Töne wieder auf, verloren aber in dem tiefdunklen, von Wasserläufen durchzogenen Wald sehr viel Zeit und den Rest unserer Kräfte. Ganz ermattet erreichten wir endlich eine einsam im Walde gelegene Wassermühle. Der Müller gewährte uns für ein paar Stunden Obdach und eine gar kümmerliche Verpflegung. Er lieh mir aber trockenen Kleider, in denen ich bei Tagesanbruch mit meinem neu gewonnen Freunde, dem Leutnant von Alvensleben, den Marsch nach Luckau antrat. In Wasserstiefeln, Lederhosen, blauem Zivilrock, dazu auf dem Kopf den Tschako, in der Faust den blanken Säbel, so zog ich neben dem Offizier in Luckau ein und vor das Quartier des Generals von Bülow, bei dem Alvensleben sich zu melden hatte.

Ich blieb fast eine halbe Stunde draußen. Endlich kam mein Gönner zurück und sagte: „Der General ist sehr gütig; er will auch Sie sehen. Gehen Sie hinauf zu ihm. Lietzmann, leben Sie wohl; gedenken Sie des gestrigen wunderbaren Tages und erinnern Sie sich meiner zuweilen. Ich hoffe, wir sehen uns wieder. Ich werde Sie Ihrem Regimentskommandeur empfehlen, das bin ich Ihnen schuldig. Leben Sie herzlich wohl!"

Mit einem kräftigen deutschen Händedruck nahm er Abschied von mir. Ich schaute ihm nach, bis er um die Straßenecke verschwunden war. - Ich habe ihn leider nie wiedergesehen!

Und dann stand ich in meinem merkwürdigen Kostüm im Saale des nachmaligen Siegers von Großbeeren und Dennewitz. General von Bülow schien in sehr heiterer Stimmung zu sein. Er lehnte an einem mit Landkarten bedeckten Tisch und sprach mit Lebhaftigkeit zu den ihn umgebenden Offizieren. Öfters zeigte er mit dem Finger auf die vor ihm ausgebreitete Karte. Ich wurde nicht bemerkt. Endlich richtete ein Stabsoffizier seine Blicke auf mich und trat auf mich zu. Mein Anzug schien ihn zu befremden.

„Wer sind Sie und was wollen Sie? Sind Sie ein Doktor?"

„Nein, ich bin Jäger von den Schwarzen Husaren und habe gestern mein Pferd verloren. Leutnant von Alvensleben hat mir befohlen, mich bei Seiner Exzellenz zu melden."

„Ach so! Kommen Sie." Der Stabsoffizier fasste mich bei der Hand und führte mich vor den General. „Euer Exzellenz, dies ist der Jäger, von dem Alvensleben erzählt hat."

General von Bülow betrachtete mich mit schnellem Blick von Kopf bis zu den Füßen; um seinen Mund spielte ein Lächeln.

„Mein lieber Jäger, es freut mich Sie kennen zu lernen. Ihr Jäger werdet gewiss recht gute Soldaten werden."

„Meinen Herren", sich an die Offiziere wendend, „wenn die nur erst recht mit dem Kriege vertraut sind, dann werden sie sehr gut zu gebrauchen sein, die Herren Jäger."

Sich wieder zu mir wendend: „Ihr Regiment hat einige Beutepferde gemacht, sagen Sie Ihrem Kommandeur, Major von Sandrart, er soll Ihnen ein Pferd geben. Sie haben sich als braver junger Mann und treuer Kamerad erwiesen. Leutnant von Alvensleben hat Sie sehr gelobt. Fahren Sie so fort, junger Mann!" Nun als Entlassungszeichen ein Kopfnicken.

Unser Regimentskommandeur war leider den Jägern nicht besonders gewogen; wir wussten das. Ich platzte also heraus: „Euer Exzellenz, wenn ich das mit dem Pferde schriftlich hätte!"

Die ganze Versammlung lachte auf, auch der General. „Mein guter Jäger, dazu ist jetzt keine Zeit. Sagen Sie nur Ihrem Kommandeur, ich hätte es befohlen. Gehen Sie mit Gott." Er reichte mir die Hand; ich war entlassen.

Unten auf der Straße begegneten mir ein paar Kameraden. Sie schrieen laut auf, als sie mich erkannten. „Kerl, wo kommst Du her? Man hat Dich ja auf dem Schlachtfelde tot liegen sehen! Hurra!"

Und nun packten sie mich und brachten mich zum Detachement, das mit dem Regiment unmittelbar vor der Stadt biwakierte. Mehrere andere Jäger schlossen sich an und ich wurde mit lautem Gesange ins Lager getragen. Wachtmeister Eschment begrüßte mich und sagte: „Nun, herzlich willkommen! Aber jetzt muss ich die ganze Liste umschreiben; denn Sie sind darin als Toter aufgeführt. Man hat Sie ja zerhauen auf der Erde liegen sehen! Meine Herren, unser „Stallmeister", ist vom Tode wieder auferstanden!"

Den Beinamen „Stallmeister" musste ich mir schon längere Zeit gefallen lassen. Nun ging es an ein gegenseitiges Erzählen unserer Erlebnisse, wobei ich, in einer Biwakhütte auf Stroh gelagert, von den guten Kameraden mit Speise und Trank gelabt wurde.

Nachdem meine Uniform etwas in der Sonne getrocknet war, zog ich sie an, um mich bei meinem Regimentskommandeur zu melden. Major von Sandrart empfing mich sehr kühl. Auf meine Bitte, mir als Ersatz für meinen verlorenen Blond eins der Beutepferde zu geben, erwiderte er, die paar Pferde seien nicht von den Jägern, sondern von seinen Husaren aufgegriffen worden; auch die Husaren hätten Pferde verloren und gingen doch wohl vor! Ich wagte meine Bitte zu wiederholen, indem ich hinzufügte, dass ich mich auf Veranlassung des Leutnants von Alvensleben beim Herrn General von Bülow gemeldet hätte. Und dieser habe mir aufgetragen, dem Herrn Major zu sagen, er ließe ihn ersuchen, mir eins der erbeuteten Pferde zu geben.

„Ich habe kein Pferd mehr: sie sind alle vergeben."

Ein Wink; ich war abgefunden!

Sehr missmutig ging ich in unser Lager zurück. Ich hatte so gehofft, nach meinem Bericht, wie ich das Pferd verloren und wie ich mich überhaupt benommen hatte, einige Anerkennung zu finden. Nichts davon![20] Die Kameraden bemühten sich, mich aufzuheitern; aber der Gedanke an meinen verlorenen Blond trübte mir die Freude, wieder bei ihnen zu sein.

Plötzlich kamen Jäger angelaufen: „Lietzmann, Dein Gelber ist wieder da, am anderen Ende der Stadt, bei den Kosaken. Die Kerls wollen ihn aber nicht herausgeben; Du musst selbst hin."

---

20 In der „Geschichte der Leib-Husaren" von Mackensen (Band I., Seite 402) wird der „Jäger Lietzmann" unter denen genannt, die sich bei Luckau besonders ausgezeichnet haben.

Das war wie ein elektrischer Schlag für mich; meine Niedergeschlagenheit verwandelte sich in ein Aufjauchzen. Ich sollte meinen Blond wieder sehen! Ha, Kosaken und wenn dabei Blut fließen sollte! - Ich bekam gleich Urlaub und das Pferd eines blessierten Jägers. Ich ritt ab. Da auf einmal wird in unserem Lager Alarm geblasen! Was sollte ich nun machen? Ich musste doch bei der Standarte bleiben! Ein Jeder von uns glaubte, der Feind rücke wieder an.

So ließ ich meinen Gelben im Stich und rückte mit den anderen in Reih' und Glied. Oh, hätte ich gewusst, dass es kein Kriegs-, sondern ein Friedenssignal war, das uns zusammenrief, ich hätte meinen Ritt zu den Kosaken fortgesetzt und meinen herrlichen Blond wiedererhalten.

Der Waffenstillstand war abgeschlossen und nun brach alles aus den Lagern auf, Preußen und Russen. Mein Gelber war für mich verloren, wieder zu seinen Landsleuten gekommen; - er war ja ein Asiate.

Ich sollte das Pferd eines blessierten Kameraden behalten, bis er wieder hergestellt wäre. Bei seiner nur leichten Verwundung war das sehr bald zu erwarten und dann war ich wieder ohne Pferd. Geld hatte ich nicht, um mir eins zu kaufen. Da hörte ich, dass die Bauern des benachbarten Dorfes Soldatenpferde, die im Bruch steckengeblieben waren, in ihre Ställe gebracht hätten. Ich erbat sofort Urlaub und ritt nach dem Dorfe hin.

Wie war es heute so friedlich in der Gegend, wo gestern noch der Krieg getobt hatte! Der raue Lärm der Geschütze hatte die gefiederten Sänger nicht verscheucht; die Nachtigall flötete in den Büschen. Die Landleute gingen wieder ihrer Beschäftigung nach; sie waren fleißig bei der Heuernte. Man sah Arbeit des Schaffens, nicht des Zerstörens. Es wurde Abend und der Mond erhob sich am Himmel. In meiner Einsamkeit sprach ich vor mich hin:

> Der Mond blickt über die Heide
> so freundlich und so mild;
> man sieht nichts vom blutigen Leide
> ringsum im weiten Gefild'.

> Zu Ende sind alle die Reigen,
> die hier sich lustig gerührt;
> die Schlachtdrommeten schweigen,
> die schmetternd zum Tanze geführt.

> Und manche hat Schlummer umfangen
> bei klirrendem Schwerterklang;
> hinweg sind andere gegangen
> mit Flöten und Gesang.
>
> Ermüdet blieben vom Tanze
> auch manche der Gäste zurück
> und sandten zum zitternden Glanze
> des Mondes den brechenden Blick.

Im Waffengeräusche, in der Umgebung lustiger Kameraden, im täglichen Dienst, wo für tausend Dinge zu sorgen ist, kann der Soldat sich wenig sammeln, kann seinen Gedanken, wenn er auch möchte, nicht nachhängen. Hier in der Stille, allein, und für den Augenblick unabhängig, empfand ich die Freiheit des Empfindens recht wohltuend.

War ich auch nicht „mit Flöten und Gesang" aus der Schlacht zurückgekehrt, so hatte ich mich doch aus der drohenden Gefahr der Gefangenschaft gerettet. Ich sah auf zum Monde, doch nicht „mit brechendem Blick", sondern frisch und gesund. Eine eigentümliche Stimmung überkam mich; ich glaubte, ich war in meinem Dankgefühl an diesem Abend ein frommer Mensch.

Nach vielem Fragen und Mühen entdeckte ich am anderen Morgen das einzige Beutepferd, das noch im Dorfe war. Ich war unentschlossen, ob ich es nehmen sollte. Es war ein Schimmel, schwarz von anklebender Moorerde und geronnenem Blute. Ich untersuchte seine Wunden; es war ein Streifschuss am Halse. Immerhin, es war doch ein Pferd! Die Einwendungen der Bauersleute nicht beachtend und ihnen meine ganze Barschaft - zwei Taler - überlassend, führte ich das leidende Schlachtross hinaus auf die Straße. Sattel und Zaum hatte der blessierte Schimmel nicht, nur ein altes Halfter nebst Strick. Ich saß auf und nahm ihn an die Hand.

Als ich nun wieder in unser Biwak kam, wurde ich ausgelacht. Der Schimmel sah zu jämmerlich aus. Ich pflegte ihn aber, wusch seine Wunde, sie heilte und nach einigen Wochen war das Tier nicht wieder zu erkennen. Ich machte den ganzen Feldzug auf diesem Pferde mit, kehrte auf ihm in die Heimat zurück und mein alter Vater ist mehrere Male auf dem Schimmel ausgeritten, was für mich eine innige Freude war. Er hatte das Tier lieb, weil es mich in der Schlacht getragen hatte.

Im letzten Biwak, bevor wir in das Kantonierungsquartier für den Waffenstillstand rückten, lag ich abends nach der Retraite[21] auf dem Stroh und war wohl eben eingeschlafen, als ich geweckt wurde. Ich sah den Wachtmeister Eschment vor mir stehen und glaubte wieder zu irgendwelchem Dienst kommandiert zu werden.

„Mein Gott, Herr Wachtmeister", sagte ich mürrisch, „was gibt es schon wieder? Man kommt doch niemals zur Ruhe!"

„Nun, seien Sie nur nicht gleich so aufgebracht, wenn Sie einmal geweckt werden, Herr Stallmeister."

„Was soll ich denn nun schon wieder machen?"

„Nun, ich wollte Ihnen nur sagen, Sie sind zum Eisernen Kreuz vorgeschlagen."

Damit entfernte er sich, der gute, brave Wachtmeister[22] und wartete keine Antwort von mir ab.

---

[21] Retraite - (franz.) eigentlich Rückzug, hier jedoch Zapfenstreich
[22] Der brave Wachtmeister Franz Eschment erhielt schon Ende Mai 1813, zusammen mit seinem Regimentskommandeur, das Eiserne Kreuz und bei seinem Ausscheiden 1814 den Charakter als Sekondleutnant. Er wurde dann Königlicher Förster zu Theerbude, dem nachmaligen Forsthaus Rominten.

6. Kapitel
Waffenstillstandsleben

Köpenick wurde unser erstes Kantonnementsquartier im Waffenstillstande. Die Stadt ist mindestens zur Hälfte von Wasser umgeben; denn hier vereinigt sich die Wendische Spree mit der eigentlichen Spree, die kurz zuvor den Müggelsee durchflossen hat. Das dortige königliche Schloss war nicht bewohnt, doch der königliche Kastellan gewährte uns gerne Zutritt, auch zum Schlossgarten und -park.

Wir exerzierten zwar fleißig; aber es blieben doch täglich freie Stunden zur Verfügung. Dann wurden Spaziergänge oder Wasserfahrten unternommen; aus der nahen Residenz kam Besuch herüber und wir machten angenehme Bekanntschaften. Trotz allen Ernstes der Zeit entwickelte sich ein fröhliches Leben und Treiben.

Wir freiwillige Jäger bildeten bekanntlich ein besonderes Korps mit gewissen Prärogativen. Wir wurden „Sie" genannt und zogen nur vor dem Feinde auf Wache und Posten. Unsere Oberjäger[23] und Offiziere wählten wir selbst und nur im Dienst machte sich der Rangunterschied geltend. Unser Detachement war das stärkste der preußischen Kavallerie; es bildete zwei Schwadronen.

Junge Männer aller Berufsarten dienten in ihm; Landwirte und Kaufleute waren ebenso darin vertreten, wie das Berg-, Bau- und Forstfach. Auch an Künstlern fehlte es nicht; wir hatten Maler und Musiker unter uns, daneben Studenten aller Fakultäten. Und alle waren wir vereinigt durch den glühenden Wunsch, das Vaterland vom feindlichen Joch zu befreien.

Eine Jeanne d'Arc hatten wir meines Wissens nicht in unserer Mitte, wohl aber einen Latour d'Auvergne[24]. Das war der Hauptmann Petri von Hartenfels. Er war früher Kapitän in Füsilier-Bataillon *von Thümen* gewesen und, obwohl er im sechzigsten Lebensjahre stand, nun als freiwilliger Jäger eingetreten. Jetzt ritt er mit uns als gemeiner Soldat in Reih' und Glied.

Der Wachtmeister rief ihn beim Verlesen auf: „Jäger, Hauptmann von Hartenfels!"

---

[23] Oberjäger ist das Pendant zu dem Dienstgrad Unteroffizier der übrigen Infanterie
[24] Théophile Malo Corret de Latour d'Auvergne, „der erste Grenadier Frankreichs", geboren 1743, war als Kapitän verabschiedet worden, trat 1799 aber als gemeiner Soldat wieder ein und fiel 1800 bei Oberhausen an der Donau. Noch später wurde in einem französischen Regiment, wenn er zur Parade antrat, der Name Latour d'Auvergne aufgerufen, und regelmäßig erschallt aus den Reihen die Antwort: *„Mort sur le champ d'honneur!"*

„Hier!"
Wir wählten ihn später zum Oberjäger und, nachdem ihm zwei Pferde unter dem Leibe erschossen worden waren, zum Leutnant.

Dass unser Korps allgemeines Interesse einflößen konnte, wird man begreifen. Auch unsere Feste boten etwas Besonderes. Wir hatten einige sehr reiche junge Leute unter uns und diese knauserten nicht. Unser Chorgesang war rein und kunstgerecht und recht schön anzuhören, wenn er abends unter den alten Linden oder im Schlossgarten von Köpenick ertönte. Es befanden sich geistreiche Männer unter den Jägern; einige haben hernach eine glänzende Karriere gemacht und sind hohe Offiziere und Beamte geworden. Es ereignete sich wohl, dass hin und wieder eine reizende, gebildete und feine Dame dem Jäger vor dem Offizier den Vorzug gab.

Die schönen Tage von Köpenick gingen nur zu schnell vorüber! Nur zu bald hieß es: der Soldat „hat auf Erden kein bleibend Quartier", und die Stunde des Abschieds schlug... Ade, Köpenick! Der Trompeter bläst zum Satteln - zum Ausrücken! Mein Herz, wirst du auch schwer? Nein, wir Kämpfer für die Befreiung des Vaterlandes müssen standhaft sein. Die Rechte zum Gruß an den Tschako mit dem Totenkopf: Leb' wohl, mein Schatz!

„Stillgesessen!" „Gewehr auf! Zu Dreien rechts brecht ab! Vorwärts - Marsch!"

Der Markt wird leer. Der Zug geht durch die Straßen; aus den Fenstern wehen Tücher; ob aus lieben Augen wohl eine Träne fließt? Wir sind vor dem Tore. Da wird angestimmt:

> Schön ist's unter freiem Himmel
> stürzen in das Schlachtgetümmel,
> wo die Kriegsdrommete schallt ...

Zwischen den beiden, von Berlin nach Charlottenburg und nach Potsdam führenden Straßen liegt das freundliche Wilmersdorf mit seinem hübschen See in der Mitte. Dort bezogen wir unser neues Quartier. Als wir uns eingerichtet und uns abends bei herrlichem Wetter auf einem grünen Platz vor dem Dorfe versammelt hatten, hörten wir aus dem Berliner Tiergarten Musik zu uns herüberschallen. Das lockte zu baldigem Besuch des herrlichen Parks. Charlottenburg war ja auch nicht viel weiter; aber „Unter den Zelten" im Tiergarten waren wir lieber und die Jäger strömten bald in hellen Scharen nach diesem berühmten Vergnügungsort.

Da saßen wir denn unter den Leinwanddächern und erfreuten uns der Waffenruhe. Man sah dort Uniformen aller Waffengattungen und - viele reizende Damen, die von den Männern der Schlacht umschwärmt wurden. Ein Oberjäger von den Garde-Dragonern machte Aufsehen; er trug eine schöne silberne Schärpe und am Gefäße seines Säbels, mit einer Schnur befestigt, den französischen Orden der Ehrenlegion.

„Kamerad", sagte ich, zu ihm herantretend, „Sie tragen die Oberjägertressen und dazu eine Offiziersschärpe? Wie kommt das?"

„Das werde ich Ihnen erklären; folgen Sie mir gefälligst."

Er sprang auf, reichte mir den Arm und führte mich durch dieses Gewühl nach einem abgelegenen Wege. „Da, lesen Sie!", er nahm ein Pergament, das er unter dem Kollett auf der Brust trug, hervor, entfaltete es und reichte es mir dar. Es enthielt ein ausgezeichnetes Lob für sein Benehmen in der Schlacht bei Bautzen. Er hatte den gefangenen Stewart[25] aus einem feindlichen Karree herausgehauen und die englische Regierung hatte ihm dafür die silberne Ehrenschärpe und auf Lebensdauer einen Ehrensold von täglich einem Dukaten verliehen!

Ich betrachtete ihn nun mit anderen Augen; er aber lächelte sehr wohlgefällig und erzählte mir die näheren Umstände seiner Heldentat. „Sehen Sie, den französischen Oberst, der diesen Orden trug, stieß ich nieder."

Sein Name war Roeversdroff. Er hatte in Heidelberg Medizin studiert, war nicht sehr groß, aber kräftig gebaut; sein Gesicht war pockennarbig, doch ausdrucksvoll und kriegerisch; eine große und tiefe Narbe lief über die eine Wange. Jenseits des Rheins bin ich später noch einmal mit ihm zusammengetroffen; da trug er das Eiserne Kreuz und den russichen St. Georgs-Orden und war wütend darüber, dass man ihn noch nicht zum Offizier gemacht hatte.

Während ein Teil von uns sich in den herrlichen Zelten vergnügte, wartete ein anderes kleines Korps die Mitternachtsstunde ab, um sich nach einem duftenden Kleefeld zu begeben. Leider muss ich gestehen, dass auch ich zu dieser Räuberbande gehört habe!

Richte nicht zu strenge, Philisterseele; es ist der einzige Raub, den ich in meinem Leben begangen habe. Der Klee war zu prächtig, das Feld nur eine halbe Stunde entfernt und der arme Schimmel musste sich noch etwas Fleisch auf die Rippen fressen, damit er mich bei Wiederausbruch des Krieges nicht im Stich ließ. Wenn ich ihn auch täglich im Wilmersdorfer See badete und wusch, sein Haar wollte noch immer nicht glatt, sein Rücken nicht rund werden. Die tägliche Ration setzte kein Fett an.

Es ist dunkel; die Pferde werden leise auf Trense ohne Sattel oder Decke aus dem Stalle geführt; sachte schwingen wir uns auf und gelangen ins Freie.

[25] Sir Charles Stewart war als britischer Militär-Attaché bei der preußischen Armee akkreditiert

Stille! Es wird Halt gemacht und gehorcht... Nur ein Hundegebell in der Ferne. Weiter! Jetzt sind wir auf dem Kleefelde; der Klee liegt schon geschnitten bereit. Zwei Bunde werden hurtig zusammengeschnürt und aufs Pferd gelegt, mein Schimmel spitzt die Ohren. Ohne dass jemand ihre Abwesenheit geahnt hätte, sind die Marodeurs mit ihrer Beute wieder im Stall.

„Nun friss, Schimmel; Du hast ja auch geblutet in der Schlacht! Der Klee hat viel Zuckerstoff, er schmeckt Dir gewiss recht süß."

Doch der Amtmann und rechtliche Besitzer des Kleefeldes bemerkte am Ende doch die Kosakenwirtschaft. Er lauerte uns mit seinen Leuten auf, bekam freilich niemanden, weil unsere Pferde zu schnell waren; aber es ging Klage über unser nächtliches Furagieren ein; wir mussten es einstellen und der Schimmel musste sich fortan mit seiner Ration behelfen.

Unser Detachement hatte mit dem Regiment zusammen große Parade vor dem Könige auf dem Tempelhofer Felde gehabt. Der Regimentskommandeur war mit uns Jägern nicht zufrieden gewesen. Bei einer nochmaligen besonderen Parade wurde er noch mehr aufgebracht und bestrafte einige von uns wegen Mangels an Persönlichkeit.

Darauf unterfing sich das Detachement eine Beschwerde an den General von Bülow einzureichen und, obgleich mir die Sache gar nicht einleuchten wollte, unterschrieb auch ich die Klage, aus Kameradschaft. Obenan stand der Oberjäger Pfoertner von der Hölle, ein Schlesier von Geburt und Studiosus[26].

Die Antwort ließ nicht lange auf sich warten; sie wurde uns vom Regiment in Abschrift zugestellt und lautete:

„Bescheid auf die Eingabe des Jäger-Detachements 1. Leib-Husaren-Regiments. Der Regimentskommandeur wolle die ihm untergeordneten freiwilligen Jäger strenger halten, damit sie es für die Folge unterlassen, solche Vorstellungen, wie die vom ...Juli a.c., an das Generalkommando zu richten."

Punktum! Das war wundervoll. Die meisten machen lange Gesichter; ich freute mich im Stillen. Ohne die strengste Disziplin kann keine Armee bestehen.

Viele Jäger, die sich ursprünglich für das 2. Leib-Husaren-Regiment entschieden hatten, waren verhindert gewesen, zu ihm zu stoßen. Sie waren zunächst bei uns geblieben und hatten unsere Gefechte mitgemacht. Das 2. Leib-Husaren-Regiment hatte nun aber den Leutnant Hellwing[27] entsandt,

---

[26] Später Geheimer Justiz- und Appellationsgerichtsrat

um sie während des Waffenstillstandes nach Schlesien zu führen; denn dieses Regiment gehörte zum Yorkschen Korps und zur Schlesischen Armee unter General von Blücher.

Das Regiment hätte keinen besseren als Hellwing zu uns kommandieren können. Abgesehen davon, dass er ein junger und schöner Mann von imponierender militärischer Haltung war, gewann ihm auch sein leutseliges Wesen alle Herzen. Ernst und nötigenfalls strenge im Dienst, war er außer Dienst der herzlichste Kamerad.

Es ist ein schöner Nachmittag. Das Detachement hält in Linie auf einer Wiese; Major von Sandrart erscheint vor der Front.

„Meine Herren, es soll jetzt die Trennung stattfinden zwischen den Jägern meines und denen des 2.Regiments. Von Ihnen, die sich ursprünglich beim 2.Regiment engagieren wollten, hängt es ab, ob Sie sich wirklich von meinem Regiment trennen werden oder nicht. Sie haben bereits gemeinschaftliche Bluttaufen empfangen und es ist einem jeden von Ihnen unbenommen, bei seinen bisherigen Kameraden zu verbleiben. Wer aber zum 2. Regiment will, der reite vor und zu jener Linde."

Er zeigte auf den etwa 200 Schritt entfernten Baum. Hellwing hielt seitwärts vom Major und sprach kein Wort. Aber es kam doch nicht so, wie von Sandrart erwartet hatte; denn nicht nur fast alle für das 2. Regiment engagierten, sondern auch einige von uns begaben sich nach der Linde.

Sandrart wurde nun aufgebracht; er sagte: „Ich sehe dazu keinen Grund. Das 2.Regiment hat sich überfallen lassen und ein solches Unglück ist uns nicht widerfahren."

Da sprengte Hellwing an ihn heran, legte die Hand an seinen Tschako und sprach sehr ernst: „Herr Oberstwachtmeister[28], ich stehe hier im Namen meines Regiments und ich glaube, das eben Gesagte gehört nicht hierher."

Nun entspann sich ein Wortwechsel zwischen den beiden und unterdessen wandte ich ganz sachte meinen Schimmel aus dem Gliede nach links, um mich auch nach der Linde zu begeben. Ich dachte an den kalten Empfang zurück, der mich von meinem Kommandeur im Biwak bei Luckau, am Morgen nach den Gefecht zuteil geworden war. Aber ich war noch nicht auf der Hälfte des Weges zur Linde, als etwa 10 Jäger, die mir nachgesprengt waren, mich packten und mein Pferd an der Kandare herumrissen.

---

[27] Wilhelm Theodor Hellwing, vielfach und so auch in der Originalhandschrift dieser Erinnerungen „von Hellwig" genannt, war Sekondleutnant im Schillschen Husaren-Regiment und wurde 1809 bei Dodendorf verwundet. Später wieder im 2.Leib-Husaren-Regiment angestellt, fand dieser ausgezeichnete Offizier in der Schlacht bei Laon am 08.März 1814 den Tod.

[28] Oberstwachtmeister - (veraltet) Major

„Kerl, Du willst von uns? Daraus wird nichts. Plagt Dich denn der Teufel? Wir haben Dich zum Gefreiten gewählt, und Du bleibst! Marsch zurück, lasst ihn nicht los!"

Ich ließ mich geduldig führen und es wurde mir in dem Augenblick auch leichter ums Herz; hatte ich auch einige gute Freunde bei denen an der Linde, so waren dies doch meine älteren Kameraden. Es waren Königsberger Studenten, die mich zurückbrachten.

Unterdessen hatte der Wortwechsel unseres Regimentskommandeurs mit Hellwing ein Ende genommen. Sandrart zog die Uhr und sagte: „Die Zeit ist abgelaufen. Rittmeister von Strantz, rücken Sie mit unseren Jägern ins Quartier."

Wir marschierten nach unserem Dorf, Sandrart und Hellwing ritten zur Linde. Das vom Major am seine bisherigen Jäger gerichtete Lebewohl muss kurz gewesen sein; denn als wir uns vor dem Dorfe noch einmal nach ihnen umsahen, zogen sie schon in der Richtung nach Schlesien von dannen. Unser Detachement war nun fast um die Hälfte schwächer geworden; aber bald strömten so viele neue Freiwillige zu uns, dass wir fast die alte Stärke wieder erreichten.

Am Vorabende des erneuten Krieges wandern zwei freiwillige Jäger vom 1.Leib-Husaren-Regiment aus ihrem Standquartier Wilmersdorf in die noch friedliche und stille Flur hinaus. Die beiden Jünglinge sind treue Freunde und heute sind sie ernst gestimmt. Werden sie die ersehnte Befreiung des Vaterlandes beide erleben? Oder wird einer von ihnen oder werden sie beide im Kampfe bleiben?

„In 15 Minuten geht der volle Mond auf", hatte ich zu meinem Freunde gesagt. „Komm mit mir, Siewert!"

Er hatte mir den Arm gegeben; wir gingen vor das Dorf und setzten uns auf den Stamm einer gefällten starken Eiche in der einsamen Aue nieder. Nach einiger Zeit begann mein Freund: „Ein Glück, dass Österreich zu uns übergetreten ist. Nun kann noch alles glücklich enden."

Ich: „Eine Hauptsache ist, dass wir Vertrauen zu unseren Führern haben."

Siewert: „Bülow ist ein guter Feldherr."

Ich: „Ich habe unbegrenztes Zutrauen zu ihm."

Siewert: „Zu Bernadotte habe ich kein Vertrauen."

Ich: „Ich auch nicht."

Inzwischen war der Mond aufgestiegen, ganz rund und so blutrot, als wollte er uns sagen: Lasst euch nur noch ein Weilchen Zeit; ihr werdet wieder viel Menschenblut sehen. Die ganze Natur war still und feierlich und wirkte auf unsere Stimmung. Auch wir saßen still nebeneinander.

Endlich nahm Siewert das Wort: „Lietzmann, Du musst mir einen Gefallen bezeigen."

Ich: „Was willst Du?"

Siewert: „Wenn ich bleibe, schreibe gleich an meine Mutter."

Ich: „Wie kommst Du darauf? Ebenso könnte ich ja auch Dich bitten, es gleich meinem Vater zu schreiben, wenn ich falle."

Siewert: „Nein, nein, Lietzmann, ich bleibe! Und Du weißt, meine Mutter ist Witwe und ich bin ihr einziges Kind. Sie wird sich grämen."

Ich: „Mach Dir keine Gedanken, Siewert; unser Leben steht bei Gott."

Mein Freund nahm seine Taschenuhr, zeigte auf das Zifferblatt und sagte: „Sieh diese Uhr. Ich kann mir den Elsässer gar nicht aus dem Sinn schlagen; ich denke so oft an ihn."

Ich kannte die Geschichte der Uhr. Sie lieferte den Beweis, dass mein Freund ein Mann von Entschlossenheit und Geistesgegenwart war, was man ihm im gewöhnlichen Umgange, wo er sich oft zurückhaltend und schweigsam verhielt, kaum zutraute.

Der Mond stand nun in seiner vollen Pracht am fast wolkenlosen Himmel; nur hin und wieder zog sich ein zarter Schleier über sein mildes Licht. Ich hielt die Uhr in meiner Hand und betrachtete sie. Auf dem Zifferblatt stand mit zierlichen Lettern in deutscher Sprache die Worte: Eine von diesen Stunden wird meine Letzte sein!

Ich: „Was zeigte der Weiser, als der Elsässer starb?"

Siewert: „Er zeigte gerade auf drei."

Ich: „Hast Du an seine Mutter nach Straßburg geschrieben?"

Siewert: „Ja."

Die Geschichte der Uhr ist in Kürze die folgende: Siewert war zu einer Patrouille kommandiert, die der Rittmeister von Blankenburg führte. Er reitet allein in der äußersten rechten Flanke, die eine Pistole in der rechten Faust, den blanken Säbel am Faustriemen hängend. Da brechen aus einem Gebüsch auf einmal drei feindliche Chasseurs à Cheval[29] gegen ihn vor. Siewert hält und nimmt die zweite Pistole in die linke Hand.

Ehe der Hieb des vordersten Gegners niedersaust, ist die Pistole in seiner Rechten abgefeuert; der Reiter stürzt aus dem Sattel. Siewert lässt die Waffe zu Boden fallen, ergreift im Nu die andere Pistole mit der Rechten und, indem schon der Säbel des zweiten Chasseurs nach seinem Haupte geschwungen ist, trifft seine zweite Kugel: der Reiter flieht. Nun erfasst Siewert den Säbel und stürzt sich auf den dritten Gegner, der gleichfalls die Flucht er-

[29] Chasseur à Cheval - Jäger zu Pferde, neben den Husaren bildeten sie die leichte Kavallerie in der kaiserlich französischen Armee

greift! Blankenburg hat von einer Anhöhe alles mit angesehen und ruft: „Bravo, Siewert!"

Das Pferd des ersten Angreifers ist fortgelaufen; sein Herr liegt blutend auf dem Rasen. Siewert sitzt ab und reicht dem Sterbenden die Hand. Es ist ein blutjunger Mann, der gut Deutsch spricht, ein Elsässer. Er gibt seinem Überwinder die Uhr zum Andenken und bittet ihn flehentlich, seine Mutter in Straßburg zu benachrichtigen: „Schreib', Kamerad, grüß' meine Mutter; ich bin ihr einzig Kind." Er stirbt!

An der Uhr waren noch kleine Spuren von seinem Blute zu sehen. Ich gab sie meinem Freunde zurück und bat ihn, nicht weiter an den Elsässer zu denken. Er erwiderte einfach: „Vergiss nicht, an meine Mutter zu schreiben. Vielleicht bleibe ich um die selbe Stunde!"

- Es war Mitternacht, als wir heimkehrten.

Mein guter Siewert, Deine Ahnung sollte sich erfüllen! Bei Dennewitz, am 06.September, etwa um 03.00 Uhr nachmittags, nahm eine Kanonenkugel meinem Freunde den Kopf weg. Ich habe mich um ihn gegrämt und meine Tränen flossen, als wir seine Leiche begruben. Seine Uhr war verschwunden.
- Ich schrieb an seine Mutter.

Lieber Siewert, Du starbst einen schönen Tod. Auf Wiedersehen im Jenseits!

Am folgenden Tage, nachts 12.00 Uhr, war der Waffenstillstand zu Ende; mit der ersten Stunde des 17.August 1813 fing der Krieg von Neuem an und um Mitternacht, mit dem Glockenschlage 12.00 Uhr, brachen wir auf und standen nach einem anstrengenden Marsch wieder vor dem Feinde. Es kam aber nicht früher als am 23. zur Schlacht.

7. Kapitel
Großbeeren, 23. August 1813

Unser Regiment hatte mit drei Bataillonen und einer halben reitenden Batterie die Avantgarde und hielt die Höhen bei dem Dorfe Großbeeren besetzt. Wir waren abgesessen und kochten ab. Ich hatte mit einem Menage-Kameraden ein Huhn im Kochgeschirr und wollte es eben verzehren, als uns die Franzosen um 03.00 Uhr nachmittags angriffen[30]. Das Huhn konnten wir nicht im Stiche lassen! Ich hielt beim Trabe das Kochgeschirr immer senkrecht, konnte es aber doch nicht verhindern, dass fast die Hälfte von der schönen Suppe herausschwappte.

Dann wurde Halt gemacht und nun wurde die heiße Suppe heruntergeschluckt, das Huhn auseinander gerissen und verschlungen. Aber, oh weh! Dabei kamen meine Zahnschmerzen wieder, an denen ich schon mehrere Tage gelitten hatte und dieses Mal so heftig, das ich fast die Besinnung verlor. Die Flanquer-Züge unseres Regiments waren den feindlichen entgegengeschickt. Wir anderen saßen wieder ab und ich wühlte vor Schmerz mit den Händen im Sande. Der Himmel weiß, wie es kam, ich hatte hierbei die Zügel losgelassen und - dahin ging mein Schimmel, im Galopp, gerade nach dem Feinde zu! Man denke sich meine Bestürzung. Verzweiflungsvoll schaute ich dem Schimmel nach. Wer aber jagte hinter ihm her? Wer überflügelte ihn und schnitt ihm vom Feinde ab? Wer brachte ihn mir wieder? Das war unser Rittmeister von Strantz. Welche Dankbarkeit fühlte ich für ihn! Ich hatte mein Pferd wieder und mit einem bloßen Verweis war die Sache abgetan.

„Aufgesessen! Vorwärts - Marsch! Halt!"

Unsere reitende Batterie ist vorgaloppiert und feuert auf die auffahrenden feindlichen Geschütze; wir sollen sie decken. Nun bekommen wir aber selbst ein furchtbares Feuer. Die Kugeln schlagen in unsere Reihen; Mann und Pferd fallen zu Boden. Wo bleiben da meine Zahnschmerzen! Ach, sie sind verschwunden. War dies Zufall? Ich glaube nicht. Die Aufregung meiner Seele war zu gewaltig.

„Gefreiter Lietzmann!"
„Hier, Herr Wachtmeister!"
„Reiten Sie aus dem Gliede und melden Sie sich beim Regimentskommandeur."

---

[30] Das VII. französische Korps unter Reynier. Von den übrigen Korps der „Berliner Armee" unter Marschall Oudinot ging das IV. eine Meile rechts davon gegen Blankenfelde, das XII. eine Meile links vom VII. gegen Ahrensdorf vor.

Major von Sandrart sagte: „Jäger, reiten Sie zum Kronprinzen von Schweden[31], er hält dort auf dem Windmühlenberge bei Ruhlsdorf und machen Sie ihm Meldung, dass ich von einer fünffach stärkeren Artillerie beschossen werde, mich nicht länger zu halten vermag und um Verstärkung und Verhaltensbefehle bitte. Reiten Sie Karriere!"

Ich galoppierte zur Windmühle. Auf dem Berge standen viele Offiziere, unter denen ich auch den Leutnant Cesar vom 1.Leib-Husaren-Regiment erkannte, der bei Bernadotte Ordonnanzoffizier war. Ich übergab mein Pferd einem Feldgendarmen, ging zu Cesar heran und sagte ihm, was ich dem Kronprinzen von Schweden melden sollte.

„Kommen Sie mit mit, der Prinz ist auf der Mühle."

Was sehe ich dort? Einen Mann im Überrock, bleich wie der Tod, mit großen schwarzen Augen; neben ihm stehen zwei schwedische Generale in steifer, ehrerbietiger Haltung.

Cesar sagt dem Prinzen meine Meldung in französischer Sprache. Bernadotte scheint wenig darauf zu achten; er geht mit gekreuzten Armen auf und nieder. Sein Gesicht macht einen tiefen Eindruck auf mich; - es ist sorgen- und gedankenvoll. Er nimmt ein großes Perspektiv vom Tische und sieht zum Mühlenfenster hinaus. Er winkt nach mir; ich trete vor.

„Is sik das Großbeere, das brennt?"

Ich schaue zum Fenster hinaus und sage: „Ja!"

Er spricht einige Worte mit den schwedischen Generalen, die ich nicht verstehe, schlägt das Fernrohr zusammen, legt es auf den Tisch und verlässt die Mühle. Die beiden Generale, Cesar und ich folgen. Unten tritt Bernadotte zu den Offizieren, die ihn umringen, spricht mit ihnen und scheint mich ganz vergessen zu haben. Auch Cesar scheint weiter gar nicht an mich zu denken, der ich einige Schritte außerhalb des Offizierskreises in gerader militärischer Haltung des Bescheides harre.

Inzwischen donnern die Geschütze immer stärker und zusehends entwickelt sich die Schlacht. In Gedanken sehe ich, wie meine Kameraden dem feindlichen Feuer zum Opfer fallen. Die Sache wird mir zu toll, ich habe keine Ruhe mehr, durchbreche den Kreis, trete dreist auf Cesar zu und sage: „Herr Leutnant, ich bitte um den Bescheid für meinen Kommandeur."

„Zurück, lassen Sie sich Zeit!"

---

[31] Karl Johann, Kronprinz von Schweden. Ehemals Jean Baptiste Bernadotte, französischer Marschall, jetzt Oberbefehlshaber der verbündeten Nord-Armee, die aus den preußischen Korps von Bülow (III.) und Graf Tauentzien (IV.), dem russischen Korps von Wintzingerode und dem schwedischen unter Graf Stedingk bestand. Das 1.Leib-Husaren-Regiment gehörte jetzt zur Division des Prinzen von Hessen-Homburg des Korps Bülow.

Ich trete wieder aus dem glänzenden Zirkel; aber im Herzen kocht es und ich denke an meine Kameraden. Ich war geritten, was mein Schimmel laufen konnte, ich hatte ihn nicht geschont und hier wurde ich nicht abgefertigt; man schien mich gar nicht zu beachten! Und ich kam doch von der Avantgarde, die im heftigsten Feuer stand und sich gegen fünffach überlegene Kräfte nicht mehr halten konnte. Trotzigen Schrittes durchbreche ich den Kreis aufs Neue, gehe bei Bernadotte vorbei, gerade auf Cesar zu und sage:

„Meine Geduld ist zu Ende, Herr Leutnant. Entweder Sie schaffen mir jetzt Bescheid oder ich reite ohne Bescheid zum Regiment zurück."

Cesar wird blau vor Ärger über meine Dreistigkeit, mäßigt sich aber und sagt: „Treten Sie zurück, ich werde mit dem Prinzen sprechen."

Ich verlasse abermals den Kreis und gleich darauf tritt Cesar an Bernadotte heran und spricht mit ihm. Der sieht sich jetzt nach mir um und geht auf mich los, - die Offiziere machen ihm Platz. Er stürmt auf mich ein, als wolle er mich umrennen, und fährt mich an: „Husar, was gehst Du mir an! Reit' zu Dein General Bülow, da hol' die Befehl. Marsch!"

So angeblasen zu werden, wenn man glaubt, seine Schuldigkeit getan zu haben, das ist zu toll. Aber wie ich den Bernadotte angesehen habe, ehe ich Kehrt machte, dessen erinnerte ich mich heute noch. Ich hätte ihn mögen ... Stille! Der Soldat muss gehorchen; aber - einem Franzosen!

Am Fuße des Windmühlenberges stand die schwedische Armee. Längs derselben nehme ich meinen Weg. Ich wusste nicht, wo ich den General von Bülow finden sollte[32] und fragte einen schwedischen Offizier, der in Gesellschaft anderer vor der Front stand, ob er Deutsch spräche und mir vielleicht sagen könnte, wo ich den General zu suchen hätte. Er antwortete mir in ganz gutem Deutsch: „Nun, Preuß, das ist doch traurig, wenn Du nicht einmal weißt, wo Dein General ist. Such' ihn Dir!"

Was ich erwiderte, verschweige ich hier; es war eine deutsche Antwort! Ich glaubte aber, man würde auf mich schießen und ritt in der Karriere fort. Auch nach der Schlacht besorgte ich mich noch, es möchte Klage kommen, was aber nicht geschah.

Endlich erreichte ich den General von Bülow. Ich ritt an seine linke Seite und in der Aufregung erzählte ich ihm alles, wie es mir ergangen und wie ich behandelt worden war. Der General sah sich nach den Offizieren seines Stabes um, nickte ihnen zu und - lachte! Dann nahm er die Zügel seines Pferdes aus der linken in die rechte Hand, legte die Linke auf meine Schulter und sagte: „Mein lieber Jäger, beruhigen Sie sich. Reiten Sie wieder zu Ihrem Regiment; es hat schon seine Verhaltungsbefehle von mir bekommen."

---

[32] Das war auch ganz natürlich. Denn Bülow war am Vormittag, um sich dem bei Blankenfelde kämpfenden Tauentzien zu nähern, ostwärts abmarschiert und erst um 01.00 Uhr wieder bei Heinersdorf, hinter Großbeeren eingetroffen.

Freundlich und wohlwollend nickte er mir zu, als er mich entließ und ich frage Dich, lieber Leser, ob man für einen solchen Mann nicht gern Alles tut und freudig ins Feuer geht! Aber der Kronprinz von Schweden gefiel mir in der Schlacht bei Großbeeren nicht. Ein Mann von solchem Benehmen ist nicht geeignet, den Soldaten anzufeuern.

Ich meldete mich beim Regiment zurück; es hatte seinen Platz etwas verändert, weil inzwischen die ganze Artillerie unseres Korps gegen die französische aufgefahren war. Wir hatten den rechten Flügel unserer Artillerie zu decken und erlitten dabei große Verluste.

Seit dem Morgen strömte der Regen herab. Es war ein trüber, kalter Tag; aber um so heißer wütete die Schlacht. Jetzt, um 06.00 Uhr nachmittags, rückten unsere Infanteriekolonnen vor. Mit klingendem Spiel zogen sie bei uns vorüber. Ein Jäger-Detachement der Infanterie sang laut sein Schlachtlied, als schon die feindlichen Kugeln in seine Reihen einschlugen. Der Regen hatte die Gewehre durchnässt; bald wollten sie nicht mehr losgehen. Da ging es im Sturmschritt mit gefälltem Bajonett vorwärts.

Großbeeren wurde genommen! Wir rückten nach und mussten öfter Platz machen, um gefangene Franzosen durchzulassen. Endlich kam auch wieder die Reihe an uns. Wir sollten den geschlagenen Feind verfolgen und trabten durch die Lücken der Infanterie gegen das Vorwerk Neu-Beere vor. Die Franzosen warfen, da es bereits dunkel geworden war, Leuchtkugeln gegen uns und schickten uns gleich darauf eine Lage Kartätschen entgegen.

Plötzlich kam die Meldung, drei feindliche Kavallerie-Regimenter nähmen uns die rechte Flanke[33]. Unsere beiden Jäger-Eskadrons erhielten Befehl, rechts abzuschwenken und dem Feinde aufklärend entgegenzugehen, während das Regiment zunächst halten blieb. Wir mochten ungefähr 2.000 Schritte getrabt sein, als wir die feindliche Reiterei vor uns sahen, in der Dunkelheit anzuschauen wie ein sich bewegender Wald. *„Qui vive, qui vive?"*[34], hörten wir rufen und nun stürmte die lange feindliche Linie auf uns ein.

„Brave Jäger steht, brave Jäger steht!", wurde von uns geschrien. Aber zurück ging es! Ich war einen Augenblick mitten unter den Franzosen, machte dann aber auch, dass ich zurückkam. Unsere Ulanen und Dragoner nahmen

---

[33] Es war die Kavallerie-Division Fournier, die von Ahrensdorf durch den Schlachtendonner herbeigerufen war, eine bedeutend überlegene Reitermasse. Der siegreich zu Ende geführte Kampf bildete ein Ruhmesblatt in der Geschichte des 1.Leib-Husaren-Regiments und seiner freiwilligen Jäger. Welchen hervorragenden Anteil die Jäger an der Schlacht bei Großbeeren überhaupt genommen haben, geht schon daraus hervor, dass ihre Verluste um die Hälfte stärker gewesen sind als die der vier Husaren-Eskadronen zusammen.

[34] *„Qui vive?"* - (franz.) „Wer ist da?" - Postenruf der französischen Armee

uns auf; es wurde wieder Front gemacht und da gleichzeitig unser Regiment dem Feinde in die Flanke gefallen war, so wurde seine Linie durchbrochen und kam auseinander. Bald wurde truppweise und einzeln gefochten; man konnte aber in der Dunkelheit kaum noch Freund und Feind unterscheiden.

Plötzlich sah ich mich mit einem Franzosen ganz allein. Er mochte ein tüchtiger Kerl sein. Obgleich ich ihm den Tschako vom Kopfe gehauen hatte, konnte ich ihm nichts anhaben. Wir galoppierten nebeneinander; er retirierte, ich verfolgte ihn. Er schwang seinen Säbel mit einer solchen Schnelligkeit im Kreise über seinem Kopfe, dass ich keinen zweiten Hieb anbringen konnte. Auf einmal war ich von einem ganzen Trupp Franzosen umringt und ergriff meinerseits die Flucht. Wer aber war der Vorderste von meinen Verfolgern? Der Franzose ohne Tschako! Etwa 500 Schritt wurde ich gehetzt; da sah ich niemanden mehr hinter mir.

Ich kam an einen Graben, an dessen Rand ein schönes Pferd mit einer Generalsschabracke stand. Wenn ich dieses Pferd erbeute! Ich nahm im Nu seine Zügel herunter: „Komm, Pferdchen, komm über den Graben!"

Aber es wollte nicht, sträubte sich und zerrte so heftig, dass ich fast aus dem Sattel glitt. Und in dem Augenblick führte der Teufel wieder den Trupp Franzosen heran und der ohne Tschako hieb auf mich ein! Die Sporen in die Seite und mein Schimmel war über den Graben. Aber der schöne, reiterlose Braune blieb jenseits. Was sollte ich machen? Ich konnte das Pferd nicht erbeuten; es waren der Feinde zu viele. Mit einer Verwünschung verließ ich die Stelle und war noch nicht weit geritten, als ein Kosak mit eingelegter Lanze auf mich einstürmte. Hätte ich nur eine Sekunde später „*Pruß, Pruß.*" gerufen, so wäre ich verloren gewesen. Seine Lanze fuhr wenige Zoll an mir vorüber. Er wandte sein Pferd, kam auf mich zu, reichte mir die Hand und sagte gutmütig: „*Dobri Pruß, dobri Pruß.*" Er hatte mich in der Dunkelheit wohl für einen Franzosen gehalten.

Im völligen Dunkel traf ich schließlich auf eine Abteilung unseres Detachements. Wir erreichten zusammen ein Dorf, wo wir noch mehrere der Unseren, aber auch Russen und gefangene Franzosen fanden. Neben einem Teiche im Dorfe schlugen wir unser Biwak auf. Keinen trockenen Faden auf dem Leibe, so lagerten wir in dem aufgeweichten, schmutzigen Lehm; denn ein jeder war todmüde. Und ich Armer! Mit erneuter Wut kehrten hier meine Zahnschmerzen wieder. Ich hätte verzweifeln mögen. Da kam ein Jäger und hatte ein Bund Stroh. Stroh - darauf zu ruhen, welche Wonne! Zu Essen gab es nichts; aber ein Strohlager?

„Wenn Du noch etwas Stroh haben willst", sagte mein Kamerad, „dann mach' geschwind, sonst bekommst Du keins mehr; die Russen räumen gerade auf."

An der Scheune wimmelte es von Stroh tragenden Russen. Ich drängte mich so gut wie möglich durch und war endlich in der ganz dunklen Scheune; aber es war nicht möglich, an das Stroh heranzukommen und in der Betäubung meines wütenden Zahnschmerzes kam ich auf den verzweifelten Gedanken, am Boden längs der inneren Mauer hinzukriechen. Wirklich gelangte ich nun an das Stroh, ergriff ein Bund und wollte eben damit abziehen, als sich auf meinen Hals, der auf einem anderen Strohbunde lag, ein gestiefelter Fuß senkte!

Hier hätte ich nun um ein Haar mein Ende gefunden; denn der Eigentümer dieses Fußes war ein riesiger, schwerer Kosak. Er ahnte nichts davon, dass er einem Menschen ins Genick trat, sonst hätte er seinen Fuß gewiss aufgehoben. Schon hatte ich fast alle Besinnung verloren, da, in der grässlichsten Todesangst kniff ich meinem Peiniger durch die weiten Kosakenhosen ins Bein. Der Fuß hob sich, ich war gerettet. Das Bund Stroh war erobert und ich hatte mein Nachtlager.

Endlich erwachte der ersehnte Morgen. Wir brachen auf, vereinigten uns im Laufe des Tages mit dem Regimente und erfuhren, wer von uns Jägern bei Großbeeren blessiert worden war und wer den Tod gefunden hatte[35].

Schon fing es an, wieder dunkel zu werden, als der Wachtmeister Eschment im Biwak zu mir kam.

„Nun, Lietzmann, können Sie den blessierten Jäger J. nach Berlin fahren. Ihr Pferd binden Sie an den Wagen, um hernach zurückzureiten. Sie bekommen in Berlin Quartier. Lassen Sie sich Ihren kranken Zahn herausziehen! Mit Zahnweh dürfen wir uns jetzt nicht herumquälen."

Er reichte mir die Hand: „Auf ein gesundes Wiedersehen!"

Es war 10.00 Uhr abends, als wir in Berlin ankamen. In einer Straße machten wir Halt. Männer und Frauen umstanden uns bald und reichten uns Kuchen und Wein.

„Ach, die armen Leute", sagte ein junges Mädchen, das eine Laterne in der Hand hielt, „sieh, Mutter, diesem sein Mantel ist voller Blut!"

„Wo sind Sie blessiert[36]?", fragte mich ein Herr.

„Hier, hier", sagte ich, nach meiner linken Seite zeigend; denn es war mir unmöglich, zu antworten: „Ich habe nur Zahnweh!"

---

[35] Das ganze Detachement allein hatte an Toten und Verwundeten 1 Offizier, 6 Oberjäger und 60 Jäger verloren.
[36] blessiert - (veraltet) verwundet, verletzt

Mein Kamerad mit dem „blutigen Mantel" kam ins Lazarett; ich wurde einquartiert. An der Haustür nahm mir ein Diener das Pferd ab mit der Versicherung, es solle gut gepflegt werden. Der Herr des Hauses reichte mir freundlich den Arm und führte mich die Treppe hinauf. Es war der Bankier von Halle. Ich trat in ein großes Zimmer. Wohl zwanzig Damen saßen um einen Tisch und zupften Scharpie.

„Hier, meine Damen", sagte Herr von Halle, „stelle ich Ihnen einen jungen Krieger vor, der eben vom Schlachtfelde kommt und Ihnen etwas erzählen kann."

Alle sprangen auf, umringten mich und betrachteten mich mit erstaunten Blicken. Wie sah ich aber auch aus! Tschako, Mantel und Füße waren mit Lehm bedeckt; auch das Gesicht durch Schmutz wohl ziemlich unkenntlich.

„Mein Gott, sagen Sie doch, lebt A? Lebt B? Lebt C? Ist er blessiert? Ist er glücklich davongekommen?"

So wurde ich mit Fragen bestürmt. Ach, die lieben Frauen und Jungfrauen hielten mich in ihrer so liebenswürdigen Teilnahme für allwissend. Was wusste ich von A., B., C. usw.! Sie standen bei anderen Truppenteilen, ich kannte sie ja nicht und wusste ihnen somit gar keinen Bescheid zu erteilen.

Endlich sagte von Halle: „Meine Damen, der Herr ist müde, gönnen Sie ihm die Ruhe. Kommen Sie, Herr Lietzmann."

Ich empfahl mich und wurde in ein schönes Zimmer geführt. Von Halle drückte mir die Hand: „Könnten Sie noch etwas Essen vor dem Schlafen? Morgen sind Sie dann von Ihrem Zahnleiden befreit. Gute Nacht!"

Lieber Leser, stelle Dir einen 21-jährigen Menschen vor, der sich die Nacht mit dem Feinde herumjagt und geschlagen hat, sich dann im Kote auf spärlichen Stroh ausstreckte, um die ermatteten Glieder auszuruhen und der in einigen dreißig Stunden nichts genossen hat, als nur einen Schluck Suppe und ein halbes Huhn. Er ist entsetzlich hungrig und wird dabei von dem heftigsten Zahnschmerzen gequält.

Und nun stelle Dir denselben Menschen vor, wie er sich in der darauf folgenden Nacht in der königlichen Residenz und in einem prächtigen Zimmer befindet. Sein Tisch ist mit köstlichen Speisen und Flaschen edlen Weines bedeckt und wenn er gegessen und getrunken hat, ladet ihn ein schwellendes, mit schneeweißen Linnen überzogenes Bett zur Ruhe ein.

Stelle Dir dies vor und Du wirst einen Begriff von meinen Empfindungen haben. Der Bediente blieb bei mir und half, die nassen Kleider auszuziehen. Feine Wäsche, Pantoffeln und ein herrlicher Schlafrock wurden zu meiner Verfügung gestellt. Bald saß ich am gedeckten Tisch; der freundliche Diener reichte mir zuerst einen duftende Weinsuppe und als ich diese genossen hatte, waren meine Zahnschmerzen plötzlich verschwunden. Nun war ich oben auf; ein Göttermahl wurde gehalten und ein Glas köstlichen Weines nach dem anderen geleert. Endlich brachte mich der alte Diener zu Bette und als er das Licht ausblies, war ich auch schon entschlummert. Kein Traum störte den erquickenden Schlaf.

Es war 10.00 Uhr nachmittags, als ich erwachte. Mein Zahnweh war nicht wiedergekommen. Auf mein Klingeln erschien der Diener mit meinen getrockneten Kleidern. Alle Uniformstücke waren sauber geputzt und glänzten. Ich nahm den Kaffee und bat dann den Diener, mich zuerst zu meinem Schimmel, danach zum Zahnarzt zu führen. Der Schimmel war ebenso gut gepflegt worden, wie ich selbst. Er war blank geputzt, spitzte die Ohren und schien mir sagen zu wollen: „Hier ist gut Quartier."

Herr Lazarus, genannt Lohde, der berühmte Zahnarzt, hatte eben eine Dame vor. Als ich eintrat, hörte ich einen gellenden Schrei, sah aber gleich darauf, wie sie einen dankbaren Blick auf ihren Befreier warf.

Mit einer unglaublicher Kunstfertigkeit befreite er mich von meinem kranken Zahn. Ich wollte ihm mit herzlichem Dank einen Taler überreichen, aber er lehnte die Bezahlung ab: „Wenn Sie glücklich aus dem Feldzuge zurückkehren und Beute gemacht haben, bitte ich um Ihren Besuch und will dann nachträglich das Honorar annehmen."

Ich reichte ihm dankend die Hand und begab mich wieder in mein Quartier. Beim gemeinsamen Frühstück mit der liebenswürdigen Familie von Halle ergriff der Hausherr das Glas und ersuchte die Anwesenden, mit mir auf einen siegreichen Feldzug und glückliche Heimkehr anzustoßen. Ich brachte das Wohl der Berlinerinnen und Berliner auf. Dann musste ich scheiden. Der Schimmel stand vor der Tür; ich war im Nu in den Bügeln. Noch ein Gruß, ein herzlicher Dank und ich verschwand im Galopp um die Ecke der schönen langen Friedrichstraße.

So regnerisch und kalt es am Schlachttage, dem 23., gewesen war, so herrliches Wetter war heute, am 25.August. Die Straßen Berlins waren von frohen, jubelnden Menschen bedeckt. Die große, ängstliche Sorge war ihnen von der Seele genommen, der Feind vor ihren Mauern zurückgeschlagen.

8. Kapitel
Dennewitz - Leipzig

Der Abend des 25. August dunkelte bereits, als ich den langen, hellleuchtenden Strich unserer Lagerfeuer vor mir sah. Ich gelangte zuerst auf den rechten Flügel des Lagers und erfuhr dort, dass unser Regiment - auf dem äußersten linken biwakiere! Nun musste ich an der ganzen langen Front entlangreiten.

Welches Treiben überall! Am muntersten ging es indes wohl bei den Russen zu, zumal bei der russischen reitenden Artillerie. Über gewaltigem Feuer stand dort ein riesenhafter Kessel. Die dicke Suppe wurde gerade mit großen Kellen ausgeschöpft, in die Kochgeschirre der Artilleristen. Die ihr Kochgeschirr gefüllt bekommen hatten, lagerten sich dann gruppenweise vor ihren Zelten und hielten fröhliche Mahlzeit. Andere Feuer loderten hoch empor. Dort standen die Offiziere; die Musiken spielten.

Als ich endlich mein Regiment erreichte, fand ich es dort schon still geworden; am stillsten war es bei den Jägern. Einige schliefen in selbstgebauten Hütten, andere unter freiem Himmel. Dies war auch mein Los. Zuvor aber band ich meinem Schimmel den mit Hafer gefüllten Fresssack vor und während er sein Nachtfutter zu sich nahm, verzehrte ich selber den Rest von Brot, Fleisch und Wein, womit die gute Frau von Halle meine Packtasche hatte ausstatten lassen. Dann entschlummerte ich auf blanker Erde, ebenso sanft, wie die vergangene Nacht im weichen Daunenbett.

Das Wirbeln der Trommeln, das Schmettern der Trompeten, das Rufen der Hörner weckte mich. Es war der Morgengruß, der durch das Lager schallte: Auf, ihr Schläfer! Alles wurde lebendig. Der Tag graute und mahnte zu neuer Arbeit.

„Zurück von Berlin!", meldete ich mich beim Wachtmeister.

Ich wurde durch die freundliche Erwiderung beglückt, dass ich mich sofort bereit machen sollte, eine vom Rittmeister von Blankenburg geführte Patrouille mitzureiten. Es handelte sich um die Feststellung, wo der von uns geschlagene Feind nun geblieben war. Wir fanden ihn schließlich auch.

Zwei Tage später biwakierten wir bei Klausdorf, eine Meile südöstlich von Treuenbrietzen, wo unser Armee-Korps stand. Am nächsten Morgen rückte Major von Sandrart mit dem Regiment in den vor uns liegenden Wald. Dort ließ er halten, ritt an der Kolonne entlang und sagte uns, wir würden gleich durch den Wald sein, dann aufmarschieren und auf feindliche Kavallerie einhauen. Er ermahnte uns zur Aufmerksamkeit, zum Zusammenhalten und zur Tapferkeit im Gefechte.

Wir Jäger schlugen unsere Säbel aneinander: „Jawohl, Herr Oberstwachtmeister, wir wollen unsere Schuldigkeit tun!"

Gleich darauf hörten wir wildes Schreien vor uns. Niemand wusste, was das zu bedeuten hatte. Es war ein unheimlicher Moment; denn im Walde kann Kavallerie nicht viel ausrichten. Es wurde aber gleich wieder vorgerückt und wir erreichten eine große Lichtung. Was sahen wir dort? Eine Schwadron feindlicher Chasseurs hielt fest geschlossen auf der Lichtung; sie wurde von etwa 60 Kosaken umschwärmt, wie ein Habicht von den Krähen. Und wie diese machten auch die Kosaken ein fürchterliches Geschrei.

„In Eskadrons links marschiert auf!", erscholl unseres Majors Kommando.

Der Aufmarsch geschah unter Schwierigkeiten, weil überall Baumstümpfe und Holzklaftern umherstanden. Die Chasseurs schwenkten inzwischen mit Zügen „Kehrt" und gingen bis an den jenseitigen Rand des Waldes zurück. Dort machten sie wieder Front gegen uns. Während nun die beiden Jäger-Eskadrons ihnen gegenüber in Linie halten blieben, trabten die Husaren-Schwadronen recht heraus, schwenkten dann gegen den Feind ein und - machten gleichfalls Halt! Das war uns unerklärlich; wir wollten einhauen und mussten ruhig halten bleiben!

Nun kamen noch drei weitere feindliche Eskadrons aus dem Walde, schlossen sich der vor uns befindlichen an und alle vier rückten auf uns vor. Die Kosaken schwärmten zurück, machten in unserer Linie wieder Front und schienen nur auf unsere Attacke zu warten. Aber - wir griffen nicht an!

Einzelne Jäger sprengten aus dem Gliede vor und riefen: „Warum hauen wir nicht ein? Sechs Eskadrons gegen vier, und noch die Kosaken bei uns!"

„Zurück", schrie Leutnant Matzkewitz, „oder ich steche Sie vor der Front nieder!"

Das feindliche Regiment rückte uns im Schritt immer näher, die Offiziere stattlich vor ihren Zügen und wir - blieben unbeweglich! Auch unsere Husaren-Eskadrons rührten sich nicht. Als nun die Feinde wieder mit Zügen kehrtmachten und zurückgingen und wir noch immer keinen Befehl zum Draufgehen erhielten, da wurde das Murren bei den Jägern allgemein. Einige erlaubten sich sogar Äußerungen ge- gen den Kommandeur!

„Ruhe", riefen die Offiziere, „Stille, Jäger!"

Für die Kosaken war es ein Gaudium, als die Franzosen Kehrt machten. Mit wütendem Geschrei sprengten sie wieder vor und hielten erst, als einer der ihrigen durch den Schuss eines feindlichen Flanquers getroffen, vom Pferde fiel. Sie brachten den schwer Blessierten zurück. Das feindliche Regiment machte aber am gegenüberliegenden Waldrand abermals Front. Vor ihm befand sich ein kürzlich gemähtes Buchweizenfeld. Ein Kosak sprengte hin, saß ab, band sich so ein Bündel Buchweizen zusammen und aufs Pferd, sprang in den Sattel, schwenkte seine Lanze und jagte im Triumph zurück. Solche Kühnheit mussten wir mit ansehen und selber untätig bleiben! Es war zum Verzweifeln.

Was tauchte da plötzlich links von uns aus dem Walde hervor? Eine leuchtend rote Uniform. Der Reiter hält und schwenkt ein weißes Tuch. Unser Kommandeur fliegt in der Karriere vor unsere Linie: „Ein Jäger vor, der Französisch spricht!"

Zehn sprengen aus dem Gliede. Keber aus Elbing[37], auf seinem stattlichen Fuchs, ist der Auserwählte. Nach wenigen Worten des Kommandeurs begibt er sich zu dem roten Reiter, gleichfalls ein weißes Tuch schwenkend. Sie sprechen miteinander, kommen dann im Trabe zum Major von Sandrart.

Und nun? Der dunkle Wald in unserer linken Flanke wird bunt von roten Uniformen! Das Pariser Husaren-Regiment erscheint auf dem Kampfplatze. Da heben wir uns im Sattel, - nun einhauen! Doch nein!

„Mit Zügen rechts um Kehrt, schwenkt. Trab!" Zurück! ...

Aber von wo wir gekommen sind, erscheint jetzt ein neuer Feind, ein drittes Reiter-Regiment! - Unser Jäger-Detachement vereinigt sich mit der 4.Husaren-Eskadron zur Arrieregarde. Die übrigen Eskadrons unseres Regiments gehen im Trabe zurück, brechen ab in Züge, dann zu Dreien und benutzen einen über Moorbruch führenden Knüppeldamm. Wo blieben die Kosaken?

„Kuli, Kuli, Franzuski!"[38], so rufen sie und mit verhängtem Zügel ging es Hals über Kopf über den Knüppeldamm rückwärts. Sie waren die Ersten bei der Retirade.

Während unser Regiment über den Damm zurücktrabte, hielten wir mit der 4.Eskadron kampfbereit in Linie davor. Da erschien in unserer rechten Flanke das vierte feindliche Kavallerie-Regiment! - Es war ein Glück, dass bald der Damm für uns frei wurde! Wir Jäger gingen nun auch zurück. Ich blickte mich noch einmal um und sah, wie Stabsrittmeister von Egloff, der Kommandeur der 4.Schwadron und der Braveste der Braven, einen ihn bedrängenden Chasseur vom Pferde hieb. Egloff war der Letzte, der der Übermacht wich. Mehrere Husaren seiner Schwadron hatten Blessuren; aber nicht ein Mann ging verloren.

So wurde der Rückzug noch glücklich bewerkstelligt und der Feind hätte uns nur auf dem Knüppeldamm folgen können, was er nicht tat. Der feindliche rote Husar war ein Überläufer und gerade noch zur rechten Zeit mit der Nachricht zu unserem Kommandeur gekommen, dass uns vier feindliche Regimenter umzingelt hatten. So aufgebracht wir vorher gegen den Major von Sandrart gewesen waren, weil er uns nicht einhauen ließ, solchen Respekt

---

[37] später Präsident des Oberlandesgerichts zu Insterburg und geadelt
[38] „Kulj" (russ.) „plumper, unbeholfener Mensch", „Mehlsack". „Kuli" ist Plural.

hatten wir jetzt vor ihm und das Misstrauen zu seiner Führung beseitigte sich nun immer mehr.

Wenn er der lockenden Herausforderung der zuerst auftretenden feindlichen Chasseurs gefolgt wäre und die Attacke auf sie befohlen hätte, dann hätten uns die anderen drei Regimenter in Flanken und Rücken genommen und wir wären wohl aufgerieben worden. Dass uns aber der Gegner im Trabe abziehen ließ und nicht in der Karriere auf uns losging, das verstehe ich nicht.

Napoleon hatte die Aufgabe auf Berlin vorzugehen, die seinem Marschall Oudinot misslungen war, nun wieder seinem Marschall Ney übertragen. Jener war bei Großbeeren geschlagen worden, diesem sollte bei Dennewitz am 06.September das gleiche Schicksal zuteil werden.

Er war am 05.September von Wittenberg aufgebrochen und hatte dem Korps des Generals von Tauentzien die Gefechte von Seyda und Zahna geliefert. In die Gegend von Zahna wurde auch unser Regiment vom General von Bülow entsandt, um zu helfen. Wir kamen aber nicht zum Eingreifen. Abends bezogen wir ein Lager bei Kaltenborn, eine Meile westlich von Dennewitz. Hier und bei Kurz-Lipsdorf, also seit- wärts der über Dennewitz und Jüterbog führenden Vormarschlinie des Feindes, lagerte das ganze Korps Bülow in der Nacht vom 05. zum 06.September, wegen der Nähe des Gegners in voller Gefechtsbereitschaft und ohne Biwakfeuer.

Wenn wir unbemerkt blieben und wenn Marschall Ney am folgenden Tage in der bisherigen Richtung weitermarschierte, so konnten wir ihm in die Flanke fallen. Das war dann um so günstiger für uns, als das Korps des Generals Tauentzien auf den Höhen westlich von Jüterbog dem Feinde in der Front gegenüberstand.

Hell und schön stieg die liebe Sonne für uns hinter Nieder-Görsdorf empor und verkündete einen heißen Tag. Wir wussten noch nicht, dass es die „Sonne von Dennewitz" war! - Ohne gefrühstückt zu haben, wurde ich zu einer Patrouille kommandiert, die 30 Pferde stark über Göhlsdorf zur Aufklärung vorging. Bei diesem Dorfe stießen wir auf eine feindliche Eskadron und mussten zurück.

Wir erreichten unser Regiment wieder, wurden aber sogleich fortgeschickt, diesmal nach links, um in der Flanke aufzuklären und die Verbindung mit dem Korps Tauentzien zu unterhalten.

Bald nahm die Schlacht ihren Anfang. Wir sahen zu unserer Rechten den Staub und den Pulverdampf und hörten das Geschütz- und Gewehrfeuer. Wir durften aber nicht dorthin eilen, wo der Kampf wogte, sondern mussten unseren Auftrag erfüllen. Was mussten unsere armen Pferde dabei aushalten!

Als der Abend kam und die Schlacht ausgetobt hatte, waren sie nicht mehr imstande, irgend etwas zu leisten. Wir suchten ein Dorf auf, um sie zu füttern. Dort lagen viele Blessierte, von denen ich mehrere verbinden half.

Am anderen Morgen ritten wir über das Schlachtfeld. Mein Gott, wie sah es da aus! Überall tote und verwundete Menschen und Pferd! Ich nahm mein Taschentuch aus der Säbeltasche und bedeckte damit den zerhauenen Kopf eines französischen Chasseurs, der noch am Leben war. Der Staub fiel in seine klaffende Wunde. Ich kniete bei ihm nieder und drückte ihm die Hand. Er sah mich an, als wollte er mir danken; aber sein Auge war fast schon gebrochen.

Schließlich erreichte ich mein Detachement; doch meinen besten Freund fand ich nicht mehr vor, Siewert hatte gestern in der Schlacht einen feindlichen Stabsoffizier gefangen genommen. Als er ihn zurückbringen soll, weigert dieser sich so hartnäckig, dass ein anderer Jäger dazu kommandiert werden muss. Er sprengt wieder in die Flanquerlinie, - da trifft ihn die Kugel.

Unser Regiment hatte eine glänzende Attacke auf zwei polnische Ulanen-Regimenter geritten. Dabei hatten sich die Leutnants Matzkewitz und Petri von Hartenfels und die Jäger von der Hölle und Keber besonders ausgezeichnet, alles Männer, von denen ich schon gesprochen habe.

Auf die merkwürdigste Weise tat sich aber der freiwillige Jäger Busse hervor. Er hatte vor der Schlacht sein Pferd verloren und war darum zur Bagage nach Dahme kommandiert worden. Als man dort die Kanonade von Dennewitz hörte, wollte der Führer der Bagage Erkundigung einziehen, machte Busse beritten und gab ihm 10 Landwehrleute mit.

Busse stieß unterwegs auf mehrere feindliche Truppe und schloss aus deren Zustand, dass die Franzosen geschlagen sein müssten. Nach dem Dunkelwerden entdeckte er in einem Gehölz nahe der Straße eine größere biwakierende Abteilung französischer Infanterie. Er fasste den Plan, sie gefangen zu nehmen und brachte es unter Anwendung einer Kriegslist, indem er nämlich Kommandos für ein fingiertes Regiment abgab, wirklich dahin, dass die Abteilung die Waffen wegwarf und sich ihm ergab. Er bewachte sie die Nacht hindurch und erkannte beim Hellwerden, dass er - an 200 Mann gefangen genommen hatte![39]

---

[39] Durch mehrere amtliche Berichte bestätigt, vgl. Mackensen, Band I., Seite 422. Busse lieferte am 07.September 1 Offizier und 194 Mann im Hauptquartier des Kronprinzen von Schweden zu Jüterbog ab. General von Bülow nannte die Tat in einem Parolebefehl „die gelungenste Unternehmung von allen im III.Armee-Korps vorgekommenen Beweisen von Mut und Entschlossenheit."

Vier Wochen vergingen nun unter anstrengenden Hin- und Hermärschen. Der Wacht- und Patrouilledienst nahm uns unaufhörlich, bei Tag und Nacht, in Anspruch. Wenn wir dabei den Feind zu sehen kriegten, zog er gleich ab, so dass es nie zu einem ordentlichen Gefecht kam. Endlich, am 05. Oktober, überschritten wir bei Roßlau die Elbe[40].

Am 13. standen wir in der Gegend südlich von Zörbig. Da lief die Nachricht ein, dass ein feindliches Korps von Wittenberg auf dem rechten Elbufer vorgehe. General von Bülow entsandte den vielbewährten Rittmeister von Blankenburg mit 100 Pferden zur Rekognoszierung. Auch ich wurde dazu kommandiert und es ist der angreifendste Streifzug gewesen, den ich im ganzen Feldzug mitgemacht habe.

Am 14. gingen wir bei Aken auf das rechte Elbufer zurück und ritten von da stromaufwärts. Das feindliche Korps hatte schon wieder Kehrt gemacht, als wir seiner ansichtig wurden. Wir folgten seiner Arrieregarde, die aus etwa 300 polnischen Ulanen bestand.

In der Nacht zum 16.Oktober durchzogen wir Coswig; am Morgen lag Wittenberg vor uns. Wir mochten eine Stunde lang vor der Festung im Versteck gelegen haben, da sahen wir den Feind über die Wittenberger Elbbrücke wieder nach dem linken Elbufer zurückgehen. Als auch die ersten Lanzenfähnlein der Ulanen über die Brücke flatterten, konnte Blankenburg nicht länger an sich halten: wir brachen in der Karriere gegen die Brücke vor und machten mit unseren Karabinern und Pistolen einen heillosen Lärm. Aber der Feind zog ab.
Bald darauf kam ich mit einer Meldung zum Rittmeister. Er nimmt kaum Notiz von dem, was ich melde: „Horchen Sie", sagte er zu mir, „hören Sie es auch?"
Von drüben, jenseits der Elbe und weit aus der Ferne, ein Dröhnen und Zittern der Luft! Ich hörte es wohl. Ja, das war Kanonendonner!
„Das ist eine Schlacht", sagte Blankenburg, „wir müssen augenblicklich dorthin abrücken."
Aber es kam nicht so bald dazu. Blankenburg hielt sich durch die empfangene Instruktion für verpflichtet, die Festung noch diesen Tag über zu beobachten. Wir blieben also halten und lauschten dem fernen Getöse. Dass an

---

[40] Der Kronprinz von Schweden hatte sich nicht entschließen wollen, den Sieg Bülows bei Dennewitz auszunutzen. Er baute dem Gegner goldene Brücken, indem er nur zögernd und immer wieder Halt machend gegen die Elbe vorrückte. Blüchers Übergang bei Wartenburg am 03.Oktober nötigte ihn schließlich dazu, auch die Nord-Armee auf das linke Stromufer zu führen.

diesem 16.Oktober die Völkerschlacht bei Leipzig ihren Anfang genommen hatte, konnten wir natürlich nicht wissen.

Am 17. vernahmen wir keinen Kanonendonner und marschierten darum ruhig nach Roßlau zurück.

Am 18.Oktober überschritten wir die Elbe. - Was ist das? Wieder trifft der Schall einer ferner, unaufhörlichen Kanonade unser Ohr! Es ist wie der Donner eines weit von uns tobenden Gewitters. Welch' bedrückendes Gefühl überkommt uns! Dort eine Schlacht und wir sind nicht dabei. Vielleicht ist unser Regiment im Feuer; warum sind wir nicht bei ihm! - Doch Blankenburg kommandiert schon: „Trab!" Er will mit seinen ermüdeten Leuten und Pferden, die seit fünf Tagen keine Ruhe gehabt haben, auf das Schlachtfeld eilen. Hätte ich nur noch meinen bei Luckau verlorenen Blond! Dem Schimmel muss ich die Sporen in die Rippen drücken, um mitzukommen.

Je weiter wir traben, um so vernehmlicher wird der Kanonendonner, bis er mit Eintritt der Dunkelheit verstummt. Aber nun können unsere Pferde nicht weiter; wir nehmen in der Stadt Zörbig Quartier.

Ist es denn möglich? Als wir am Morgen des 19.Oktober ausgerückt sind, erhebt sich der Schlachtenlärm aufs Neue! Doch nun haben die Pferde geruht; vorwärts also zum Kampfplatz! Abwechselnd Trab und Galopp reitend, so legen wir fünf Meilen zurück. Da sind wir auf dem Schlachtfelde!

Wir traben über die Wahlstatt vom 16.Oktober[41]. Das Feld ist bedeckt mit Leichen und alle sind bereits entkleidet! Hat man die Ruhe vom 17. dazu ausgenutzt? Mir schaudert. - Je näher an Leipzig, desto dichter liegen die Toten, nun auch die Blessierten. Wir müssen noch durch einen Hohlweg bei einer Mühle; er ist von Leichen versperrt.

„Vorwärts!", ruft Blankenburg und wir jagen hindurch, über die toten Kameraden hinweg! Es ist grausig. Aber nur weiter, immer weiter; denn dort vor uns wird noch gekämpft! Jetzt sprengen wir über eine Anhöhe. Mann an Mann liegen hier die Opfer, von den feindlichen Kartätschen niedergemäht. Und jetzt ist Leipzig erreicht. Heiliger Gott, wie sieht es hier aus! An einer gesprengten Brücke liegen die Toten in Haufen übereinander. Und hier, am Tore! Zerschossenen Bäume, zertrümmerte Geschütze und Munitionswagen, Menschen- und Pferdeleiber im wirren, blutigen Knäuel. Ich hatte ja schon einige Schlachtfelder gesehen; aber dies war zu viel, zu viel! Ein Gefühl der Übelkeit packte mich, ich glaubte mich einer Ohnmacht nahe. Zum Glück ging es gleich vorüber.

---

[41] das Schlachtfeld bei Möckern

Die Schlacht war gewonnen; für uns war keine Arbeit mehr. Nun galt es, unser Regiment zu finden. Wir gelangten mit Mühe zum Marktplatz mitten in der Stadt. Da kommandierte unser Rittmeister: „Stillgesessen, Augen rechts!"

Auf wenig Schritt Entfernung marschierten wir an unserem König, den Kaisern von Österreich und Russland und dem König von Sachsen vorbei. Die Monarchen standen zu Fuß vor der Wache, die von russischen Garde-Grenadieren besetzt war.

Am jenseitigen, dem Grimmaer Tore, saßen wir ab. Blankenburg ritt fort, ich glaube, um den General von Bülow aufzusuchen. Neben uns war ein großer hölzerner Schuppen. Dort hinein wurden ganze Massen von Leichen geschleppt.

Endlich kam der Rittmeister zurück; es wurde schon Abend, als wir zum Regiment stießen. In unserem Kummer, die Entscheidungsschlacht nicht mitgemacht zu haben, wurden wir einigermaßen getröstet, als wir erfuhren, dass unser Regiment nicht zum Einhauen gekommen war.

9. Kapitel
Durch Nordwest-Deutschland und Holland

Während Blücher und die Hauptarmee der Verbündeten dem westwärts fliehenden Feinde folgten, setzte sich unsere, die Nord-Armee, zur Befreiung des nordwestlichen Deutschlands in Marsch. Bald wandte sich der Kronprinz von Schweden gehen den Marschall Davout auf Hamburg; unser General von Bülow aber nahm Westfalen in Besitz.

In Münster erkrankte ich, vielleicht infolge zu reichlichen Genusses des dort gebräuchlichen schwarzen Brotes, des so genannten *„bon pour nickel"* [42], das uns vortrefflich schmeckte.

Nach acht Tagen ziemlich wieder hergestellt, fuhr ich mit noch drei anderen Jägern, gleichfalls Rekonvaleszenten, im Wagen über Coesfeld und Stadtlohn dem Regimente nach. Wenn mir damals jemand gesagt hätte, dass ich in Coesfeld einst Tage verleben würde, „himmelhoch jauchzend, zu Tode betrübt", ich hätte es ihm nicht geglaubt.

Wir fuhren weiter, nach Holland hinein und kamen durch Zutphen, Apeldoorn und Utrecht. Gegend und Bevölkerung, deren Lebensweise und Sitten, alles war hier anders und für uns ungewohnt. Es fiel mir auf, dass in Holland allgemein stark geraucht wurde, zuweilen selbst von den Frauen.

In Vianen am Leck verlebten wir das Weihnachtsfest. Ich ging in die Kirche. Die holländische Sprache konnte ich schon ganz gut verstehen, und die sehr patriotisch gehaltene Predigt erbaute mich.

Mit einem Male erblickte ich einen großen, noch jungen Menschen, der ganz ungeniert im Gotteshause aus seiner Tonpfeife raucht! Ich trete auf ihn zu und fordere ihn auf, das Rauchen zu unterlassen. Er weigert sich. Da schlage ich ihm die Pfeife aus dem Munde; sie fällt auf die Steinfliesen und zerspringt in Stücke. Dann höre ich der Predigt bis zum Schlusse andächtig zu. - Es war töricht von mir, die dortigen Sitten ändern zu wollen. Was gingen sie mich an!

Zu Beginn des Jahres 1814 waren wir in Waalwyk; wir waren durch die Schwierigkeit, über verschiedene Wasserläufe zu kommen, sehr aufgehalten worden und hatten unser Regiment immer noch nicht eingeholt. In Waalwyk befand sich nun aber ein Depot des Bülowschen Korps und sein Kommandant war Leutnant Nagel, der rechnungsführende Offizier unseres Regiments. Er ließ mich zu sich bescheiden und empfing mich sehr freundlich.

„Gut Quartier, lieber Lietzmann?"

---

[42] der Autor meint hier die wohl bekannte Schwarzbrotart Pumpernickel, die ursprünglich aus dem Raume Münster in Westfalen kommt

„Mittelmäßig, Herr Leutnant"
„Sie sollen ein besseres haben. Hören Sie, ich habe hier viel zu tun, viel lästige Schreiberei. Sie sollen bei mir bleiben und mir dabei helfen."
„Herr Leutnant, wenn ich bitten dürfte, mich ohne weiteren Aufenthalt zum Regiment eilen zu lassen ..."
„Nein, Sie bleiben hier, Sie können sich hier ebenso nützlich machen wie bei Ihrem Detachement."
„Verzeihen Sie, Herr Leutnant! Ich habe ja den Krieg mit dem Säbel und nicht mit der Feder mitmachen wollen ..."

Diese Äußerung war dem Herrn Leutnant gegenüber jedenfalls unpassend; denn er kommandierte gegenwärtig das Depot und war, wenn beim Regiment etwa jetzt ein Gefecht vorfiel, auch nicht dabei. Er konnte also meine Bemerkung recht gut auf sich beziehen. Er geriet in fürchterlichen Zorn und schrie mich an:

„Herr, ich befehle es Ihnen und werde es verantworten. Morgen früh 08.00 Uhr finden Sie sich in meinem Büro ein!"

Damit war ich entlassen. Sehr missgestimmt kehrte ich zu meinem Quartier zurück, war hier aber Zeuge einer so drolligen Szene, dass ich doch wieder lachen musste. In demselben Hause wie ich war auch der Büchsenmacher des Blücherschen Husaren-Regiments, Herr Giese, einquartiert. Er wollte ausreiten und ließ sich eben sein Pferd vorführen. Ich muss gestehen, die Blücherschen hatten ihren Büchsenmacher ein sehr altes Tier gegeben. Es mochte ja noch ganz brauchbar sein; aber die Zähne standen ihm recht auffallend sichtbar hervor. Einige Jäger befanden sich vor unserem Hause und zufällig gingen gerade ein Major und zwei Leutnants von der Infanterie vorbei, als Giese in den Sattel stieg.

Da sagte der Infanteriemajor scherzend: „Aber, Herr Büchsenmacher, Ihr Pferd zeigt ja gewaltig die Zähne!"

Giese legte die Hand salutierend an den Tschako und im Abreiten, sehr höflich und lächelnd erwiderte er: „Verzeihen Sie, Herr Oberstwachtmeister, das tut es jedes Mal, wenn es Infanterie sieht."

Ein allgemeines Gelächter erschallte, und der Stabsoffizier war klug genug, herzhaft mit einzustimmen.

Es wurde Abend. Die Geschichte mit dem Leutnant Nagel wollte mir nicht aus dem Sinn. War ich erst einmal in seinem Büro, wer konnte wissen, wann ich herauskam! Ich hielt im geheimen Kriegsrat mit meinen Kameraden. Ich wollte entfliehen, aber nicht gern ohne Zeugen. Wirklich, Jäger Hannemann wollte mir beistehen.

„Ja, ich begleite dich; aber dann - rasch!"

Es wurde ein einspänniger Karren requiriert und gegen Mitternacht verließen wir Waalwyk in aller Heimlichkeit. Als der Morgen graute, hielten wir Umschau, ob wir etwa verfolgt würden. Aber nein! Wie ließen ja auch tüchtig zutraben und hatten bis 08.00 Uhr, wo der Herr Leutnant in sein Büro kam und ich nicht, einen schönen Vorsprung gewonnen.

Über Breda erreichten wir das große Dorf Zundert an der holländischen Südgrenze. Dort war ich endlich wieder bei meinem Detachement. Die Sonne war im Untergehen, als ich die Dorfstraße entlang wanderte. Einer der Ersten, die mir begegneten, war der Wachtmeister Eschment.

„Ah, Lietzmann, guten Abend, sind Sie wirklich da! Nun, Sie werden schön ankommen; Sie sind ja desertiert! Leutnant Nagel hat Sie beim Regimentskommandeur verklagt und der hat den Rittmeister von Strantz beauftragt, die Sache streng zu untersuchen und Sie zu bestrafen. Sie sind Arrestant!"

Ich bat den Wachtmeister, mich doch wenigstens erst meinen Schimmel besuchen zu lassen.

„Ja, ja", sagte er, „der wird wohl Sehnsucht nach Ihnen haben. W. dem ich ihn übergeben habe, futtert und putzt nicht so gut wie Sie."

Der liebe Wachtmeister, er begleitete mich zu meinem Schimmel. Wir sahen uns wieder, mein treues Tier und ich und freuten uns beide.

„Sie können hier gleich Quartier nehmen", sagte der Wachtmeister, „ich werde zum Rittmeister gehen und Ihre Rückkehr melden. Er hat einige Offiziere zu sich geladen."

Ich war wieder bei meinen Kameraden und bei meinem Schimmel und war ganz glücklich. Was weiter kommen würde, wollte ich ruhig abwarten.

Aber der Wachtmeister war bald wieder da: „Sie sollen sogleich zum Rittmeister kommen. Sie sind zwar Arrestant, schnallen Sie sich aber nur Ihren Säbel um, ich kann Ihnen den ja abnehmen, wenn Sie zurückkommen."

Beim Rittmeister waren die Zimmer hell erleuchtet. Um einen Tisch mit einer große Bowle saßen mehrere Offiziere des Regiments, das in nahe gelegenen Dörfern kantonierte. Auch ein paar Jäger und Oberjäger waren zugegen und alle unsere Jägeroffiziere, natürlich auch der Rittmeister.

Ludwig von Strantz war ein glänzender Reiteroffizier. Er war wie Fritz von Blankenburg aus der Schillschen Kavallerie hervorgegangen und hatte ein ausgezeichnetes Avancement gemacht; er zählte erst 26 Lebensjahre. Als ich zur Meldung an ihn herantreten will, springt er auf und ich denke, der große stattliche Mann will mich über den Haufen rennen! Und nun brüllt er mich an: „So, also da sind Sie schon, Sie Deserteur!"

Ich will mich zu entschuldigen suchen; aber er lässt mich gar nicht zu Worte kommen.

„Ja, ja, bei Nacht und Nebel sind Sie ausgekniffen von Waalwyk, weil Sie nicht haben schreiben wollen beim Leutnant Nagel! Der Regimentskommandeur hat mir aufgetragen, Sie hart zu bestrafen. Kommen Sie her, ich werde Kriegsrecht über Sie halten."

Dabei ergreift er meine Hand und führt mich zum Tisch. „Platz da für den Deserteur!" Und, sich gegen die Husarenoffiziere wendend: „Was bildet Ihr Euch denn eigentlich ein, Ihr Herren Husaren? Ihr wollt' mir meinen Jäger wegnehmen für Eure Schreiberei? Nehmt Euch doch einen von Euren eigenen Leuten! Haha, brav, Lietzmann! - Ihr denkt wohl, meine Jäger sind so dumm, sich von Euch einfangen zu lassen?"

Er reicht mir ein volles Glas: „Hier Lietzmann, stoßen Sie mit mir an! Legen Sie ab und bleiben Sie bei uns!"

Die Sache war „*bon*". Ich musste Platz nehmen und mein Erlebnis mit dem Leutnant Nagel ausführlich erzählen. Die Husarenoffiziere lachten aus vollem Halse und meinten, es müsse doch sehenswert gewesen sein, wie Nagel getobt hätte, als er von meiner Flucht erfuhr. Aber Leid tat er ihnen doch bei seinem unangenehmen Kommando in Waalwyk.

Bis in die Nacht hinein wurde gezecht. Dann schwangen sich die Herren vom Husaren-Regiment in den Sattel und sprengten fröhlich davon. Wir Jäger sagten auch „Gute Nacht". Unser Wachtmeister, der sich noch eingefunden hatte, nahm mich unter den Arm; denn ich hatte bei dem jähen Übergang von der Sorge zur Freude doch etwas viel getrunken.

„Unter uns", sagte er, „dem Regimentskommandeur wird berichtet, dass Sie 24 Stunden Arrest bekommen haben. Sie können aber Ihren Säbel behalten, die Sache ist abgemacht."

10. Kapitel
Gefecht bei Lier -
Ende des Feldzuges von 1814 - für mich!

Ein Gefecht unseres Regiments hatte ich übrigens doch leider versäumt: Hoogstraeten. Nachdem mit Schluss des Jahres 1813 ganz Holland von den Franzosen befreit war, hatte General von Bülow am 11.Januar 1814 diesem im nördlichsten Belgien liegenden Ort angegriffen.

Hoogstraeten bildete das Zentrum einer ausgedehnten Stellung, die der französische General Maison vorwärts der Festung Antwerpen besetzt hielt und wurde von den Unsrigen genommen. General Maison überließ es darauf der Besatzung von Antwerpen, die Festung zu verteidigen und ging in eine Stellung bei Lille zurück. General von Bülow aber wollte den Versuch machen, sich Antwerpens zu bemächtigen. So kam es am 31.Januar zum Gefecht bei Lier.

Unser Regiment hatte Zundert am 29.Januar verlassen und, an der Spitze der Vorhut marschierend, am 30. Santhoven erreicht. Hier, etwa zwei Meilen östlich von Antwerpen, wurde ein Biwak bezogen. 15 Jäger, unter denen ich auch war, wurden als so genannter „Verlorener Posten" weit über die sonstigen Vorposten hinaus gegen Lier vorgeschoben.

Diese links seitwärts von Antwerpen gelegene Stadt sollte vom Feinde besetzt sein. Die größte Aufmerksamkeit wurde uns eingeschärft und alle zwei Stunden sollte an den Regimentskommandeur gemeldet werden, auch wenn nichts besonders vorfiel. Oberjäger Borchardt kommandierte unseren Trupp. Wir lehnten uns an ein Dorf an und da wir uns nicht bloß nach vorn und in den Flanken, sondern auch rückwärts sichern mussten und im ganzen nur 15 Mann zählten, konnten nur einzelne Leute auf Vedette[43] geschickt werden, nicht zwei, wie es sonst die Regel ist. Ich musste daher, obwohl Gefreiter, auch auf Vedette ziehen.

Die Nacht war kalt und dunkel. Ich hatte einen einzelnen Posten nach dem Feinde zu und hielt bei einer einsamen Kate, in der ein trübes Licht brannte.

Gegen 10.00 Uhr kam der Bewohner mit seinem Hunde heraus und sah sich um; pfiff dann den Hund, der die Hütte umkreist hatte, zurück und ging wieder hinein. Kurz darauf verlosch das Licht. Der Mann hatte sich zur Ruhe begeben. Ich dachte bei mir, der hat es besser als du und selbst der Hund darf sich ruhig niederlegen, während du ... .

Die Füße erstarrten mir in den Bügeln, so kalt war die Januarnacht. Bald aber vergaß ich den Mann, Hund und die Kälte; denn im Trabe hörte ich es

---
[43] Vedette - (veraltet) militärischer Posten

näherkommen! Schnee war nicht gefallen und auf dem hartgefrorenen Boden konnte man deutlich die Hufschläge vernehmen. Das war eine feindliche Patrouille, also aufgepasst! Den Säbel am Faustriemen hängend, die Pistole mit gespanntem Hahn in der Rechten, so lauerte ich mit angestrengten Sinnen. Immer näher kam das Getrappel, dann - Halt! Und es entfernte sich wieder. Der bestimmt erwartete Angriff blieb aus. Um 11.00 Uhr wurde ich abgelöst und konnte nun beim Trupp eine Tasse warmen Kaffee trinken. Denn Borchardt hatte Tisch und Schemel herausstellen lassen und auf dem Tisch dampfte die große niederländische Kaffeekanne. Auch Brot, Käse, Milch und Zucker waren zur Stelle und zwei Bauern beordert, das Getränk im nächsten Hause immer warm zu halten und für Ersatz zu sorgen, sobald die Kanne leer wurde. Feuer durften wir wegen der Nähe des Feindes nicht anzünden. Wir saßen um den Tisch herum und niemand durfte sich niederlegen; abwechselnd hielten zwei Jäger die Pferde.

Ich hatte eben die Tasse am Munde, als der Jäger, der mich auf Vedette abgelöst hatte, im vollen Galopp angejagt kam, von Ferne schon rufend: „Der Feind ist da!"

Augenblicklich springen wir auf und an unsere Pferde. Aufgesessen, die Säbel heraus und vorwärts! „Wo ist der Feind?"

„Er muss gleich hier sein, ich habe ihn antraben hören."

„Herr, Sie haben Ihren Posten verlassen, ohne angegriffen worden zu sein", schreit Borchardt den unglücklichen Jäger an, „Sie sind Arrestant!"

Sofort wird ein anderer kommandiert und sprengt zur einsamen Kate vor. Drei Jäger werden weiter vorgeschickt; sie hören noch das sich entfernende Pferdegetrappel. Es war wieder nur eine feindliche Patrouille gewesen. Wir waren mit dem Schreck davongekommen; aber der Tisch war in der Hetze umgeworfen und unser Kaffee war verschüttet zwischen den zerbrochenen Tassen. Die guten Bauern jammerten, mussten aber neue Tassen und Kaffee beschaffen.

Ich ritt, da es Zeit zum Rapport war, zum Regimentskommandeur und nahm gleich den Arrestanten mit. Der war sehr niedergeschlagen, hatte aber keine Gelegenheit viel zu klagen; denn wir legten unseren Weg sehr eilig, im Trab und Galopp zurück.

Oberstleutnant von Sandrart, er war im Dezember befördert worden, lag in einem einzelnen Hause, neben dem Biwak unseres Detachements. In voller Uniform und mit umgeschnalltem Säbel ruhte er auf einer Holzbank. Sofort sprang er auf, als ich in die Stube trat und ich berichtete über das vernommene Pferdegetrappel.

„Polnische Ulanen", meinte er. „Seid ja recht aufmerksam, Ihr habt den Feind ganz nahe vor Euch."

Ich trabte mit dem für den Arrestanten kommandierten Ersatzmann zu unserem Trupp zurück. In der dritten Morgenstunde bezog ich wieder den Posten an der einsamen Kate.

Gegen 05.00 Uhr vernahm ich den Schall französischer Trommeln. Kurz darauf kam Borschardt; er hatte die Nachricht erhalten, dass wir noch vor Tagesanbruch weiter vorgehen würden.

Wirklich traf auch bald ein Offizier mit dem Vortrupp des Regiments bei uns ein. Wir zogen schnell unsere Vedetten ein und schlossen uns an. Ich erhielt mit noch einem Jäger die vorderste Spitze und vorwärts ging es, auf Lier zu.

Nun erwachte der Morgen. Was ist denn das vor uns, 200 Schritt links von unserem Wege? Zwei Kosakenpferde neben einem großen Haufen Stroh? Jetzt sehen wir auch Kosakenlanzen aus dem Strohhaufen hervorschimmern. Ich galoppiere hin. Da wird es unter dem Stroh lebendig. Zwei Gestalten kriechen hervor und schauen mich aus ihren bärtigen Gesichtern freundlich an.

„*Ah, Kosaki*. Guten Morgen!"

Sie nicken mit den Köpfen: „*Ah, prußki Gußarri!*" Sie, mit der Hand winkend: „*Franzußki, pascholl!*"

Noch ein Gruß mit meinem Säbel und ich sprenge wieder an die Spitze. War es möglich? Also zwischen uns und dem Feinde hatten diese Söhne der Steppe ihr Nachtlager gesucht und vermutlich, vom Stroh warm zugedeckt, sanft geschlafen, während wir uns kein Auge zu schließen getrauten! Ich hatte bemerkt, dass die Kosaken die Zügel ihrer Pferde an ihren Leibgurten befestigt hatten. Sie verließen sich auf die Wachsamkeit der Tiere und waren sicher, durch einen Ruck geweckt zu werden, wenn sich in der Nacht jemand nähern würde.

Vor Lier angekommen, marschierte unser Regiment zur Linie auf, während zwei Bataillone und eine Jäger-Kompanie weiter vorgingen. Der Feind eröffnete das Geschützfeuer und seine Kugeln schlugen in unsere Linie ein. Aber nun feuerte auch unsere Artillerie.

Während die Stadt von unserer Infanterie erstürmt werden sollte, erhielten wir den Befehl, uns auf die von Lier nach Antwerpen führende Straße zu setzen, um dem Feinde den Rückzug dorthin zu verlegen. Das ging aber nicht so leicht. Wir schlugen einen halbrechts führenden Feldweg ein, der von hohen Hecken eingefasst war und so schmal wurde, dass wir bald einer hinter dem anderen reiten mussten. Der Weg war außerdem sehr holprig; wir ritten gestreckten Galopp und mehrere stürzten. Es war ein hässliches Defilee, durch das wir hindurch mussten und nur zu oft wurden wir aufgehalten. Endlich erreichten wir die Chaussee nach Antwerpen. Aber, aber! Es war zu spät. Der Feind war eilig abgezogen und hatte schon einen Vorsprung gewonnen. Wir sahen seine Infanteriekolonne vor uns abmarschieren.

Es wurden Flanquers zur Verfolgung vorgeschickt; das Regiment rückte nach. Attackieren konnte es nicht, weil das Terrain dazu ganz ungeeignet war. Unter den Flanquers war auch ich und wir schossen nun mit unseren Pistolen auf die dicht gedrängte Kolonne; doch die Pistolenkugeln reichten wohl kaum weit genug[44]. Der Feind feuerte auch, um uns in Respekt zu halten, aber nur mit einzelnen Schüssen. Dennoch trafen einige seiner Kugeln.

Wenn wir unsere Pistole abgeschossen hatten, setzten wir über den Chausseegraben, um zu Laden; setzten dann wieder auf die Chaussee und drückten ab. Damit wurde fortgesetzt, solange die Munition reichte. Jäger Hofmann und ich luden gerade, als mehrere Kugeln uns um die Ohren sausten.

„Hofmann", rief ich und wollte ihn halten. Aber er sank zur Erde. Ich war mit einem Sprung vom Pferde; er lag unter dem seinigen. Ich half meinem Kameraden auf die Beine; er war unversehrt, nur die Sohle seines rechten Stiefels war von einer Kugel zerrissen. Aber sein schöner Brauner war tot; der hatte zwei Schüsse abbekommen. Ich half Sattel, Mantelsack und Zaum abnehmen und legte alles auf Hofmanns Schulter. Sehr betrübt ging er damit zurück.

Als ich wieder auf der Chaussee war, sah ich, wie von der anderen Seite her drei polnische Ulanen mit eingelegter Lanze unseren Rittmeister von Blankenburg verfolgten. Er setzte über den Graben und der Ulan, der zunächst an ihm war, durchstach nur noch seinen fliegenden Mantel.

Dies sehen und über den Graben weg mich auf die Ulanen stürzen war das Werk eines Augenblicks. Sie jagten aber zurück und ich konnte sie nicht einholen. Zwei andere Jäger waren mir gefolgt; nun sprengten wir zur Chaussee zurück. Ich erlaubte mir, an Blankenburg heranzureiten:

„Verzeihen Herr Rittmeister; aber Sie sollten sich nicht immer der größten Gefahr aussetzen. Wir möchten Sie gerne behalten."

„Was kommt es auf mich an!", rief er, „heute ist mir alles gleich!", und galoppierte wieder auf die feindliche Infanterie los. Er schien sehr schlechter

---

[44] Man muss an die glatten Steinschlosspistolen der damaligen Zeit denken. Sie waren nur auf ganz kurze Entfernung brauchbar. So konnte man mit der Kavalleriepistole M/1809 nach den Ermittlungen Scharnhorsts auf 25 Schritt (18,75 m) mit etwa 50% Wahrscheinlichkeit die 1,20 x 1,80 m große Scheibe treffen!
(aus: Militärgewehre und Pistolen der deutschen Staaten 1800 - 1870. Hans-Dieter Götz, Motorbuch Verlag, Stuttgart, 1996)

Laune zu sein, vermutlich, weil es nicht geglückt war, dem Feinde den Rückzug zu verlegen. Wenn er uns geführt hätte, wäre es gewiss gelungen.

Nun sprengte von rückwärts ein Stabsoffizier heran. „Herunter von dieser Chaussee!", schrie er, „Flanquers über die Gräben! Hier fährt Artillerie auf."

Wir setzten nach rechts und links über die Gräben, die Chaussee wurde frei und wir sahen unsere reitende Artillerie in der Karriere herankommen. Eine Strecke hinter uns protzte sie ab und ihre Kugeln sausten bei uns vorbei dem Feinde nach.

Der aber hatte Glück, die Straße machte gerade eine Biegung und gleich darauf war seine Infanterie hinter dichtem Gebüsch verschwunden. Die Franzosen erreichten nun den Schutz der Festung; unsere Verfolgung hatte ein Ende und eine weiter vorgeschickte Patrouille konnte nur melden, dass der Feind in Antwerpen einmarschiert sei.

Wir gingen nach Lier zurück, wo ich ein angenehmes Quartier erhielt. Oh, wie schmeckten Braten und Wein nach der getanen Arbeit! Am folgenden Morgen sagte mir der Wachtmeister, dass ich im Bericht über das gestrige Gefecht belobt worden sei.

Vom 03. bis 05.Februar ließ General von Bülow die Festung Antwerpen beschießen; aber das genügte nicht, um den Kommandanten zur Übergabe zu bewegen. Der Platz wurde darauf von anderen deutschen Truppen eingeschlossen und unser General marschierte nach Brüssel, wo das Leib-Husaren-Regiment schon am 04. eingerückt war. Wir hatten ja immer die Ehre und Freude, vorne zu sein!

Am 15.Februar erreichten wir Mons an der Südwestgrenze Belgiens und dieses Land war, von einigen Festungen abgesehen, nun auch befreit. Denselben Tag noch betraten wir französischen Boden. Es ging, wenn auch nicht schnell, in das schöne Frankreich hinein. Leider sollte ich für dieses Mal nicht viel davon zu sehen bekommen!

Am 07.März stand unser Regiment zwischen Soissons und Compiegne; nach links hatten wir Fühlung mit der Kavallerie des Feldmarschalls Blücher. Da dieser in wohlberechneter Absicht vor dem überlegenen Stoß des Kaisers Napoleon nach Laon auswich, konnten wir in unserer sehr vorgeschobenen Stellung auch nicht länger bleiben und traten am 08. den Rückmarsch an.

Wir waren aber zu gewaltigen Umwegen gezwungen, weil die Franzosen inzwischen schon weit gegen Laon vorgedrungen waren. Da wir damals eine Batterie und eine Kompanie Fußjäger bei uns hatten, ging unser Marsch obendrein nur langsam vonstatten und nahm auch noch die Nacht zum 09. März in Anspruch.

Ich war auf Seitenpatrouille. In der Finsternis stolperte mein Schimmel auf dem holprigen Boden und fiel. Mein linker Sporn geriet dabei in den am Gepäck befestigten Futtersack und blieb fest darin stecken. Als der Schimmel aufsprang, hin ich, den Kopf nach unten, an seiner Seite! „Mein Gott, also auf diese Weise sollst Du so Dein Leben verlieren", dachte ich.

Mein Kopf schleifte an den Hufen der Hinterfüße meines Pferdes und der Futtersack wollte nicht reißen; ich kam nicht los. Ich war ganz allein seitwärts der Marschstraße und rief nun um Hilfe. Da fing der Schimmel an zu traben! Das war nicht zum Aushalten; mein Kopf erhielt auf dem gefrorenen Boden und vom Hufe entsetzlichen Stöße. Statt weiter zu schreien, suchte ich das Pferd zu beruhigen. Das kluge, gute Tier schien meine traurige Lage zu begreifen und näherte sich im Schritt der Straße; aber niemand bemerkte mich. Jetzt war das Regiment vorüber und ich glaubte mich verloren. Auf die Gefahr hin, dass mein Schimmel galoppieren und mein Kopf dabei in Stücke gehen würde, schrie ich da, so laut ich konnte: „Helfet, rettet!"

Da kam ein dunkle Gestalt angesprengt. Der Reiter griff in die Zügel meines Pferdes, saß ab und befreite mich. Es war unser Doktor. Er wurde mein Lebensretter und ich bleibe ihm ewig dankbar. - Ich saß wieder auf und begab mich auf die befohlene Stelle, zur Seite der Kolonne; aber Kopf und rechte Schulter schmerzten mich sehr.

Als der Morgen kam, waren wir wieder bei unserem Korps. Beim Flecken Crécy-sur-Serre saßen wir ab. Wir waren 13 Stunden hindurch marschiert und Mann und Pferd waren völlig erschöpft.

Es war aber der Schlachttag von Laon, wo Feldmarschall Blücher den Kaiser Napoleon entscheidend schlug. Wir waren keine zwei Meilen davon entfernt und hörten den wütenden Kanonendonner. Dabei kochten wir ab und gleichzeitig wurde Crécy von den Kosaken geplündert, angeblich, weil ein Einwohner von seinem Hause einen Kosaken erschossen hatte.

Während mein Schimmel sein Futter verzehrte, lief ich mit meinem Kochgeschirr in das nächste Haus und stieg in den Weinkeller hinab, um das Geschirr zu füllen. Aber die gottlosen Kosaken hatte alle Fasshähne aufgedreht und nicht wieder geschlossen. Die Fässer waren leer gelaufen und man watete bis an die Knöchel im Wein. Sehr ärgerlich suchte ich im Gewölbe umher und, oh Glück, in einer Nische versteckt, fand ich ein noch volles kleines Fass. Es war Apfelwein. Ich füllte mein Kochgeschirr, eilte ins Biwak und kochte mir Weinklöße von dem Rest meines Mehles. Es war ein Göttermahl für meinen ausgehungerten Magen. Und der Kanonendonner von Laon machte dazu die Tafelmusik! Dort kämpften unsere Brüder und sanken dahin und wir konnten ihnen nicht beistehen. General von Bülow hatte befohlen; dass wir erst ausruhen und Kräfte schöpfen sollten.

Übrigens stellten sich nun bei mir die Folgen dieses nächtlichen Unfalles ein. Die Schulter war stark geschwollen und ich war nicht mehr imstande, den Säbel aus der Scheide zu ziehen. Meine Bitte, trotzdem beim Detachement bleiben zu dürfen, wurde nicht gewährt; als es am folgenden Tage aufbrach und wieder vormarschierte, musste ich zurück! Wenn ich nun wenigstens von einem Feldlazarett aufgenommen wurde! Aber auch da wies man mich ab und obendrein in sehr barschem Ton.

„Marsch nach Brüssel!", hieß es. „Wer transportabel ist, muss weiter. Wir haben hier gerade genug mit Schwerblessierten."

Mit einem Fieberkranken zusammen fuhr ich in einem Karren zurück. Wir suchten uns gegenseitig zu trösten, erneuerten auch in jedem Etappenort unsere Bitte um ärztliche Hilfe, wurden aber von keinem Lazarett auf französischem Boden aufgenommen. Immer wieder hieß es: „Zurück nach Brüssel!" Wir mussten uns fügen. Der Feldzug war für mich zu Ende!

11. Kapitel
Abenteuer in Brüssel und Oudenaarde

Es war schönes, sehr heiteres Wetter geworden. Die Frühlingssonne schien warm hernieder und tat uns wohl auf unserer traurigen Fahrt. Der Weg ging durch einen Wald. Ich rauchte meine kurze Husarenpfeife; mein Kamerad lag im Fieber. Der Fuhrmann, ein junger Franzose in blauer Bluse, ging neben dem einspännigen Karren her und pfiff sich ein Lied. Mit einem Male war er seitwärts, im dichten Unterholz verschwunden. Kein Rufen und Schreien brachte ihn zurück. Es blieb mir nichts übrig, als fortan selber den Fuhrmann zu machen. Ihm war die Reise nach Brüssel wohl zu weit gewesen und so hatte er es vorgezogen, Pferd und Karren in Stich zu lassen. Auf diese Weise kamen wir unfreiwillig in den Besitz einer Equipage. Wir veräußerten sie gleich bei unserer Ankunft in Brüssel und steckten jeder 20 Franken in die Tasche.

Ich wurde auch in Brüssel nicht ins Lazarett aufgenommen, sondern einquartiert und hatte mich nur jeden Morgen im Lazarett vorzustellen. Ich benutzte Einreibungen und trug den Arm in der Binde. Der Frühling des Jahres 1814 brachte herrlich warmes Wetter und jeden Vormittag saß ich an einer einsamen Stelle des schönen, inmitten der Stadt, gelegenen Parks, mit einem Band aus Schillers Werken, die mein Quartierwirt besaß.

Nachmittags kamen viele Besucher in den Park. Dann wimmelte es dort von geputzten Damen und Herren. Auch an Uniformen mangelte es nicht, man sah preußische, österreichische und russische, britische, schwedische und belgische Offiziere. Mancher von ihnen ging freilich auf Krücken, anderen fehlte ein Arm. Manche glänzende Uniform umhüllte einen elenden Krüppel!

Nach drei Wochen war ich so weit hergestellt, dass ich hätte abreisen können. Aber ich musste Order abwarten, wohin ich mich zu begeben habe, und diese Order kam nicht, obwohl ich schon darum gebeten hatte.

Mehrere andere Jäger, die gleichfalls krank oder verwundet gewesen, nun aber wieder hergestellt waren, befanden sich in derselben Lage wie ich. Um uns die Zeit zu vertreiben, unternahmen wir kleine Ausflüge. Für den heutigen Tag war ein solcher nach dem eine Stunde entfernten, reizend gelegenen Königlichen Lustschlosse Laeken verabredet. Die Kameraden hatten sich Pferde gemietet und ritten hinaus; ich wollte zu Fuß nachfolgen.

Am Laekener Tor stoße ich auf eine schreiende, tobende Menschenmenge. In ihrer Mitte sehe ich vier Husaren von der russisch-deutschen Legion, die auf die Menge scharf einhauen. Ich laufe hin. Alles stürzt durcheinander;

hier ein Blutender, dort einer mit klaffender Wunde am Kopf, ein dritter mit herabhängendem Ohr! Ich bin einem der Husaren nahe gekommen und rufe: „Kamerad, was machst Du?"

Er sieht sich nach mir um, schwingt den Säbel; sein Pferd macht einen Satz und er ist frei. Er hat sich durch die Menge, die ihn zwischen den Torpfeilern vom Pferde herabreißen will, durchgehauen. Er ist der Letzte; die anderen drei Husaren sind jenseits des Tores. Was ist denn nur hier geschehen? Ein Mensch in Livree, ein blutiges seidenes Tuch in der Hand haltend, schreit und heult: „Mein armer Herr, mein armer Herr!"

Im Gewühl erblicke ich dann die zertretene Leiche eines sächsischen Offiziers.

Jetzt stürzt die Torwache, etwa 15 Mann, Schweden, mit gefälltem Bajonett auf den Platz. Hundert Bürger fallen über sie her. Mancher bekommt zwar das Bajonett in den Leib; doch etliche der Soldaten werden von der wütenden Menge überwältigt, ihre Gewehre zerschlagen. Da wird ein Mann von den Bürgern getragen, ein großer, kräftiger Mann. Sein Kopf ist von einem Säbelhieb gespalten, das blasse Gesicht mit Blut bedeckt; er ringt mit dem Tode. Ein junges, stolz blickendes Weib in vornehmer Kleidung, mit flatterndem schwarzen Haar wie eine Furie anzuschauen, will zu dem Sterbenden durchdringen. Ein schwedischer Soldat stößt sie mit dem Kolben vor die Brust; sie sinkt zur Erde.

„Verruchter Schwede, was tust Du!", rufe ich, eile zur Frau, hebe sie auf und führe sie aus dem Getümmel zum nächsten Hause. Die Haustüre ist verschlossen! Ich ziehe die Glocke; ein Diener öffnet.

„Schutz für diese Dame!"

Der Diener nimmt die Hand der halb Ohnmächtigen, will sie hineinführen. Da kommt sie wieder zu sich. Schrecklich tönt ihr Geschrei; sie will zurück, zu ihrem Manne. Ich widersetze mich; die Schweden würden sie vermutlich töten! Sie will Gewalt gebrauchen; es entsteht ein Ringen. Ich werde ihrer Meister und zwinge sie in das Haus. Der Diener schließt die Tür... .

Ich denke ein gutes Werk vollbracht zu haben und - sehe mich doch im Augenblick von mehr als zwanzig wütenden Bürgern bedroht. Ich stehe mit dem Rücken gegen die Haustür. Sie umzingeln mich, erheben ihre Stöcke, um auf mich einzudringen! Jetzt gilt es, mein Leben teuer zu verkaufen. Aber lange wird's nicht währen, denn mein Arm ist noch schwach von der Verletzung.

In dieser Not erscheint weitere schwedische Infanterie. Vor ihren Bajonetten zerstieben meine Angreifer wie Spreu vor dem Winde. Ich bin frei! Auch eine Schwadron russisch-deutscher Husaren sprengt heran; bald ist der Platz gesäubert.

Die ganze Garnison von Brüssel trat unter die Waffen und blieb drei Tage und Nächte in voller Bereitschaft. Man befürchtete eine allgemeine Revolte; es kam aber nicht dazu.

Was war denn nun eigentlich am Laekener Tor vorgegangen? - Es liefen dort mehrere belebte Straßen zusammen, so dass häufig Gedränge entstand. Ein sächsischer Offizier zu Pferde, den berittenen Diener hinter sich, hatte sich Bahn brechen wollen. Ein angesehener Brüsseler Kaufmann, der seine Gattin am Arm führte, weigerte sich, Platz zu machen. Es entstand ein heftiger Wortwechsel, und schließlich versetzte der Offizier dem Bürger einen Schlag mit der Reitpeitsche.

Darauf griff dieser dem Pferd in die Zügel; der Offizier wurde durch die schnell erregte Menge heruntergerissen, zu Boden geworfen und buchstäblich zertreten. Der Diener war vom Pferde gesprungen, konnte aber nicht helfen. Von den zerfetzten Kleidern seines Herrn ergriff er nur das blutige Tuch und lief damit jammernd umher.

Das sahen vier herbeikommende Husaren und sprengten in die Menge. Ein einziger Säbelhieb spaltete dem Kaufmann den Schädel. Nun fiel alles über die Husaren her; sie hieben sich aber durch. In diesem Augenblick hatte ich dann den Kampfplatz betreten.

Am 04.Mai erhielt ich endlich den Befehl meines Regiments, in Ypern zu ihm zu stoßen, zugleich einen langen, freundlichen Brief vom Wachtmeister Eschment. Er schrieb mir, ich hätte nicht viel versäumt; denn das Regiment hätte seit meinem Abgange kein Gefecht mehr gehabt. Es sei aber in Paris eingezogen und vier Tage in Versailles einquartiert gewesen. Nun ginge es über Arras und Lille nach Ypern.

Es betrübte mich, dass ich die schönen Tage in Paris und Versailles nicht miterlebt hatte. Dass ich übers Jahr doch noch dahin kommen würde, konnte ich damals nicht ahnen.

Ich eilte auf die Munizipalität[45], um mir die Marschroute zu erbitten. Sie lautete auf mich und einen gleichfalls genesenen Oberjäger von den Dragonern, der auch in die Gegend von Ypern beordert war und sie berechtigte uns, in jedem Nachtquartier zur Fortsetzung der Reise ein neues Fuhrwerk anzufordern.

Am 05.Mai verließen wir in der Frühe Brüssel; am 06. erreichten wir Oudenaarde. Der dortige Etappenkommandant, ein belgischer Hauptmann, verweigerte uns das Fuhrwerk. Dabei stürmte und regnete es draußen!

---

[45] Munizipalität - Bürgermeisteramt einer Stadt, einer Gemeinde

Das Kommandantur-Büro war ein geräumiges Zimmer. In der Mitte befand sich ein Tisch; an ihm saßen zwei Schreiber. Der Oberjäger und ich standen vor dem Tische, auf der anderen Seite, uns gegenüber, der Hauptmann mit zwei preußischen Gendarmen. Es entspann sich folgender Dialog:

Der Hauptmann: „Ihr könnt keine Karre bekommen, Ihr müsst zu Fuß gehen."

Ich: „Herr Hauptmann, wir bitten um Fuhrwerk!"

Er: „Schweig Du! Ist genug, wenn einer von Euch spricht."

Ich: „Herr Hauptmann, ich bitte gehorsamst, mich „Sie" zu nennen. Wir Jäger werden von den Offizieren „Sie" genannt."

Der Hauptmann: „Wirst Du augenblicklich schweigen oder soll ich Dir was anderes zeigen!"

Ich: „Ich verbitte mir von Ihnen das „Du"! Die preußischen Offiziere sagen „Sie" zu mir."

Er: „I, das ist aj ein sackermentscher Raisonneur. Halt's Maul!"

Gibt es kleine Teufelchen in den menschlichen Adern, die das Blut augenblicklich in Wallung bringen können? Mein haarscharfer Säbel fliegt aus der Scheide, ist hoch erhoben! - Um den Tisch herum stürze ich auf den Belgier zu. Aber es kommt gar nicht zum Schädelspalten - glücklicherweise! Der eine Gendarm fällt mit blitzschnell in den Arm, der andere springt gleichfalls herzu und hält mich fest. Die Schreiber haben sich entsetzt von den Stühlen erhoben. Der Hauptmann selbst ist zwar schwerttumgürtet, hat aber nicht vom Leder gezogen. Er ist einige Schritte zurückgesprungen und fahl im Gesicht. Seine ersten Worte sind:

„Kugel vor den Kopf! Arrestant! Zum Gouverneur!"

Merkwürdigerweise lässt er mir aber den Säbel nicht abnehmen; ich werfe ihn in die Scheide zurück.

Die beiden Gendarmen nehmen mich in die Mitte und der Gang zum Gouverneur wird angetreten. Nebenher geht der Oberjäger, hinter uns der Hauptmann.

War nicht Napoleon ein großer Feldherr und doch von den Preußen geschlagen? Ich hatte in ihren Reihen mitgekämpft und ein Belgier hatte es gewagt, mich verächtlich zu behandeln! Jetzt wurde ich wie ein Verbrecher über die Straße geführt. - Solche Gedanken bestürmten mich. Was sollte nun noch kommen?

Überall blieben die Leute auf der Straße stehen und sahen unserem Zuge nach. Endlich erreichten wir das Gouvernementsgebäude. Ich wurde eine breite Treppe hinaufgeführt; der Hauptmann ließ sich anmelden und eine Minute später standen wir alle in einem hohen Saal. Durch die geöffnete Flügeltür trat aus einem Nebenzimmer der Gouverneur auf uns zu. Noch heute, nach langen Jahren, schwebt mir seine Gestalt vor: damals erschien er mir gleichsam als Kriegsgott. Er war ein Oberst von den russisch-deutschen Husaren, seine Brust mit Orden geschmückt. Freundlich schritt er auf uns zu.

Der Hauptmann trug seine Meldung vor, indem er mit dem Finger auf mich zeigte. Das Gesicht des Obersten verfinsterte sich. Er fragte mich streng, was ich auf diese Anklage zu erwidern hätte. Mein Gott, ich wusste nicht viel zu sagen. Ich fühlte wohl, dass ich mich vergangen hatte. Ich sagte nur, dass der Herr Hauptmann mich verächtlich behandelt und mich dadurch gereizt habe.

Da erbat der Oberjäger das Wort und erhielt die Erlaubnis zu reden. Er trug bereits das Eiserne Kreuz, das mir damals noch nicht zugegangen war. Es mochte ihn beim Herrn Oberst empfehlen.

„Wir kommen aus dem Lazarett, Herr Oberst", so sprach er. „Wenn wir bei diesem Wetter zu Fuß marschieren, müssen wir fürchten, wieder krank zu werden und unsere Truppe nicht zu erreichen. Nach unserer Marschroute hatten wir Anspruch auf ein Fuhrwerk und wir haben darum in aller Höflichkeit gebeten. Mein Kamerad wurde darauf vom Herrn Hauptmann in wirklich empörender Weise behandelt. Dass er sich vergessen hat, ist freilich nicht gut. Aber die Gendarmen sind Zeugen, dass Herr Hauptmann von seinem Säbel nicht berührt worden ist."

Darauf der Oberst zum Hauptmann: „Warum haben Sie diesen Herren das Fuhrwerk verweigert?", und - ohne seine Antwort abzuwarten - „Augenblicklich stellen Sie einen Wagen! Das übrige gehört nicht vor mein Forum. Männer von Ehre wissen, was sie zu tun haben, Herr Hauptmann!"

Dann ein Wink zum Abschied. Hauptmann, Oberjäger und Gendarmen verließen den Saal.

Das war zu viel! Das hatte ich nicht erwarten dürfen. Ich blieb wie angewurzelt stehen und war kaum meiner mächtig.

„Herr Oberst, ich danke!"

Mehr konnte ich nicht herausbringen. Er blickte mich freundlich an und schien sich an meiner Rührung zu weiden. Dann nickte er mir zu; ich folgte den übrigen. Aber in der Tür sah ich mich doch noch einmal um. Mein Blick mochte wohl meine grenzenlose Dankbarkeit völlig wiedergeben. Er lachte und drohte mir mit dem Finger. Ich musste gehen; aber ich hätte diesen Mann an mein Herz drücken mögen.

An der Treppe wartete der Hauptmann und mein Kamerad auf mich. Der Hauptmann hatte seinen Patenthut unter dem Arm. „Ah, ich gar nicht gewusst hab, meine Erren! Sind Gardes d'honneur! Ah, bitt um Verzeihung! - Ick sehr bitt, bei mir zu speis zu Mittag, bitt sehr darum!"

Ich bat darauf meinerseits wegen meiner Übereilung ebenfalls um Entschuldigung und unter vielen Höflichkeitsbezeigungen wurde geschieden, nachdem wir die Einladung zu Tische dankend abgelehnt hatten.

Eine Viertelstunde später saßen wir in einer mit zwei Pferden bespannten Kutsche und fuhren ab nach Kortryk. Dort musste sich mein Reisegefährte von mir trennen; allein ich fuhr weiter nach Ypern und war nun wieder bei meinem Detachement, meinen Kameraden und meinem Schimmel.

12. Kapitel
Eine Duellgeschichte -
Auflösung des Jäger-Korps

Am 11. Juni trat unser Regiment den Rückmarsch in die Heimat an. Beim Städtchen Rousselaere trennte sich das Jäger-Detachement von den Husaren und marschierte von nun an selbstständig[46].

Wir nahmen unseren Weg durch Flandern und Brabant und durchritten schöne, reizvolle Landstriche. Wie herrlich ist das Reisen zu Pferde! Hoch zu Ross möchte ich die ganze Welt durchziehen.

Eine Stunde vor Brüssel erschien Oberstleutnant von Sandrart bei uns. Wir standen zu einer Linie aufmarschiert und unser bisheriger Regimentskommandeur, vor dem wir alle die größte Hochachtung empfanden, hielt vor der Mitte unserer Front. Er sagte uns Dank für die treue Pflichterfüllung und ein herzliches Lebewohl. Dann waren wir für immer getrennt von ihm!

Du altertümliche Stadt Löwen mit deinem gotischen Rathaus, dem Dom und deiner alten Universität, einst die meist besuchteste Hochschule Europas und die tapferste Gegnerin der Jesuiten war! Auch schöne Blumen hast du uns sehen lassen und schöne Frauen.

In Diest hatten wir Ruhetag. Wir lagerten dort, wie schon seit einigen Tagen, mit dem Jäger-Detachement des 2. westpreußischen Infanterie-Regiments zusammen im Quartier; wir sollten mit diesem gemeinsam den Marsch bis an die Elbe machen.

Es war Nachmittag. Nach dem bei meinem Quartierwirt, einem reichen Baronet, eingenommenen Mittagsmahl begab ich mich in die Taverne, um mit einem Infanterie-Jäger eine Partie Billard zu spielen. Nebenan wird Hasard gespielt und es liegt viel Geld auf dem Tische. Urplötzlich entsteht dort ein entsetzlicher Lärm. Alles springt auf, flucht und tobt durcheinander!

Ein Husaren-Jäger stürzt auf mich zu, reißt mir meinen Billardstock aus der Hand und schlägt damit auf einen Infanterie-Oberjäger ein. Nun rennen alle Jäger von der Infanterie bei mir vorbei aus der Taverne.

„Zu den Büchsen!", schreien sie, „wir werden es Euch zeigen, Ihr verdammten Schleppsäbelträger!"

---

[46] Mackensen sagt in seiner Geschichte der Leib-Husaren (Band I., Seite 456): „Die abmarschierenden Jäger begleitete der Dank ihres Königs, die Anerkennung ihres Regiments und die Liebe und Achtung der Kameraden. Die Jäger hatten, jeder nach seinem besten Können, die Tätigkeit des Regiments, namentlich im kleinen Kriege, wesentlich unterstützt und seine Erfolge gefördert."

Unsere Jäger verfolgen sie. Vor der Taverne liegt ein Marktplatz. Ich sehe, wie dort der Infanterie-Oberjäger zu Boden geworfen und mit dem Billardstock über den Kopf geschlagen wird! Ich stürze auf ihn zu und beuge mich über ihn, um weitere Schläge von ihm abzuhalten. Da holt er in blinder Wut gegen mich zum Schlage aus.

„Nun, dann hol' Dich der Teufel!", rufe ich und überlasse ihn seinem Schicksal.

In diesem Augenblick erscheint unser Leutnant Matzkewitz. Er hat den Säbel gezogen und gebietet Ruhe. Er befiehlt uns, sofort den Platz zu verlassen. Die Husaren-Jäger entfernen sich auch; ein Jäger bleibt aber stehen. Matzkewitz setzt ihm den Säbel auf die Brust: „So wahr ein Gott lebt, ich durchsteche Sie, wenn Sie nicht gehorchen!"

Der Jäger macht stolz links kehrt um und geht. Mit unserem Leutnant Matzkewitz war nicht zu spaßen; er hätte seine Drohung sicher ausgeführt. Nun bliesen die Trompeter und die Hornisten zum Appell. Sämtliche Jäger gehorchten unwillkürlich dem so oft gehörten Signal und traten an. Die Offiziere beider Detachements sprachen einige Minuten miteinander; dann trat der Rangälteste von ihnen, ein Hauptmann von der Infanterie, vor unsere Front und sprach uns an.

Er beklagte, dass die bisherige Eintracht zwischen den beiden Detachements nun plötzlich gestört worden sei und ermahnte uns, sie wieder herzustellen. Der bedauerliche Vorfall selbst sei freilich ohne Duell nicht gutzumachen. Sein Oberjäger sei schwer tätlich beleidigt und fordere Satisfaktion und zwar auf Pistolen und zehn Schritte Distanz; Kugelwechsel bis zur Kampfunfähigkeit eines Teils. Wer von den Kavallerie-Jägern das Duell annehmen wolle, möge vortreten. Augenblicklich trat ich vor.

„Aber Sie haben ja gar nichts mit der Sache zu tun gehabt", sagte unser Rittmeister.

„Nicht so, Leutnant v.H.?" Dieser hatte nämlich mitgespielt und bestätigte jetzt: „Lietzmann ist gar nicht bei uns im Spielzimmer gewesen."

Ich erwiderte, dass ich nun einmal vorgetreten sei und die Annahme des Duells gewiss nicht wieder rückgängig machen würde. Übrigens hätte der Oberjäger, als ich ihn schützen wollte, nach mir gestoßen. Ich würde mich jedenfalls mit ihm schießen und zwar im Namen meines Detachements.

Die Offiziere traten wieder zusammen und besprachen sich. Dann wandte sich der Hauptmann an mich: „Ich bedaure, dass gerade Sie es sind, der sich für sein Detachement opfern will. Am nächsten Ruhetage wird das Duell stattfinden."

Wir traten ab und die Sache war vorläufig erledigt. Ich begab mich zu meinem Baronet, der mich freundlich empfing: *„Nu Myn heer, een pijpje ta-*

bac!" - Er reichte mir eine Tonpfeife und öffnete eine Schublade seiner Kommode, die mit herrlichsten Tabak bis oben hin angefüllt war.

Am Abend erfuhr ich denn auch, wie ich eigentlich zu meinem Duell gekommen war. Infanterie- und Kavallerie-Jäger hatten an einer langen Tafel gespielt. Der Oberjäger von der Infanterie hatte bedeutend verloren. Plötzlich vermisste er eine Rolle Geld. Er ist sehr aufgeregt und sagt das unüberlegte Wort: „Die hat mir einer von der Kavallerie genommen!"
Sofort springen meine Kameraden auf. „Halt!", rufen sie, „das Spiel hat ein Ende. Keiner verlässt das Zimmer. Visitation![47]"

Der vom Wein und Spiel berauschte Oberjäger erhebt sich auch, - da liegt hinter ihm, auf seinem Sitz, die Geldrolle! Gleich wird er von einem der empörten Kavallerie-Jäger gepackt und aus dem Zimmer geworfen. Die Infanterie-Jäger wollen ihm beistehen und so entsteht der beschriebene Skandal. - Zum Schießen konnte es übrigens vorläufig nicht kommen, weil mein Gegner erkrankt war.

Am 26.Juni erreichten wir den Rhein. Sei gegrüßt, Du deutscher Strom! Wir überschreiten ihn bei Wesel. Vor sieben Jahren hatte der damals allmächtige Korse dort ein starkes Fort erbaut; es trug seinen Namen: *Fort Napoleon*. Jetzt heißt es nach unserem Marschall Vorwärts: *Fort Blücher*.

Ich besuchte die Grabstätte der 11 Schillschen Offiziere, die am 16.September 1809 auf Befehl Napoleons ermordet wurden. Ein so genanntes Kriegsgericht hatte sie unmittelbar vorher wegen „Straßenraubs" zum Tode verurteilt. Das war nichts wie eine schmachvolle Lüge und besonders schmachvoll war, dass sich unter den Richtern ein deutscher Edelmann befand.[48]

Sie mussten sterben, diese jugendlichen Helden, weil sie treue und begeisterte Preußen waren. Das konnte ihnen der Usurpator nicht verzeihen! Und sie fielen als Helden. Als sie auf dem Richtplatz, zu zwei und zwei mit Stricken aneinander gebunden, den 66 französischen Grenadieren gegenüberstanden, da verbaten sie das Verbinden der Augen, warfen ihre Mützen in die Luft und riefen: „Es lebe unser König! Preußen hoch!" - Die Schüsse krachten und zehn von den Jünglingen sanken tot auf den Sand.

Dem elften, Albert von Wedell, war nur der Arm durchschossen worden. Er riss Kollett und Hemd auf und bot die entblößte Brust dar: „Schießt bes-

---
[47] Visitation - (veraltet) Durchsuchung
[48] Freiherr von Harff, Kurmainzer Kammerherr, dazu Direktor der Rheinischen Ritterschaft und von Napoleons Gnaden Kohorten-Chef der Nationalgarde.
(vgl. Ferdinand von Schill... von Freiherr Binder von Krieglstein.)

ser! Hier sitzt das preußische Herz!" Dann wurde auch er zu Boden gestreckt.

Unter drei Grabhügeln ruhen die Tapferen und noch schmückt kein Denkmal die weihevolle Stätte. Aber es wird euch gewiss errichtet werden und selbst ohne Monument bleibt ihr ewig unvergessen.[49] - Ernst und feierlich gestimmt gehe ich in mein Quartier zurück. „Ihr seid gerächt", sage ich zu mir, „Euer Mörder hat zwar nicht den Tod gefunden; aber er ist entthront, gedemütigt, ein Verbannter und das ist vielleicht noch bitterer für ihn."

Heute ist der 02.Juli. Wir haben Parade in Münster und wir sehen ihn wieder, unseren tapferen und gütigen Divisionskommandeur aus der Herbstkampagne von 1813, den Prinzen von Hessen-Homburg. Auch er scheint sich unseres Anblicks zu freuen. Wir bringen ihm ein dreifaches Hurra. Könnten wir doch noch einmal mit ihm in den Krieg, zur Schlacht und zum Siege ziehen! Aber der Krieg ist ja zu Ende und es ist Friede.

Doch nein! Für mich heißt es noch einmal: Kämpfen! Der Oberjäger H. ist genesen und am nächsten Ruhetage soll nun endlich unser Duell ausgefochten werden. Wir waren in einem Dorfe zwischen Celle und Gifhorn einquartiert, die Infanterie-Jäger im Nachbardorfe. Zwischen beiden Ortschaften lag ein Wäldchen und dort hatte ich früh 08.00 Uhr zu Fuß, aber im Paradeanzug, zu erscheinen. Es war ein lieblicher Sommermorgen; im Wäldchen sangen die Vöglein - nur Töne der Liebe und nicht des Kampfes auf Leben und Tod! War das ein Vorzeichen? Es kam wieder einmal ganz anders, als ich gedacht hatte.

Auf einer Lichtung versammelten sich sehr zahlreiche Zeugen. Drüben, bei meinem Gegner, standen alle Infanterie-Offiziere und 20 ihrer Jäger, gegenüber, bei mir, unsere Offiziere und 20 meiner Kameraden. Der Infanterie-Hauptmann trat vor, wies auf den Ernst der Stunde hin und sagte, es sei der Wunsch sämtlicher Offiziere beider Waffen, dass der notwendigerweise so lange aufgeschobene Zweikampf nun überhaupt vermieden werden möchte. Er müsse es aber dem Oberjäger H. überlassen, den ersten Schritt zur Versöhnung zu tun. Da stellte sich dieser an seine Seite und erklärte: Er habe nach mir gestoßen, als ich mich über ihn beugte, weil er geglaubt habe, auch ich wolle ihn malträtieren. Nun wisse er aber, ich gerade sei der Einzige von den Husaren gewesen, der ihm habe beistehen wollen. Er bäte mich darum öffentlich und herzlich um Verzeihung und er hoffe, ich werde die dargebotene Hand nicht zurückweisen.

Gern gab ich ihm meine Hand und versicherte ihm, dass die Angelegenheit soweit sie uns beide persönlich beträfe, hiermit erledigt sei. Aber ich wäre

---

[49] das Denkmal ist im Jahre 1835 errichtet worden

in Diest nicht nur für mich selber, sondern für mein ganzes Detachement vorgetreten und sei auch jetzt noch bereit, für das Detachement den Zweikampf auszufechten. Wenn nicht mit dem Oberjäger H., ich hatte erfahren, dass zu Hause Frau und Kinder auf seine Rückkehr warteten, dann mit einem anderen. Das Infanterie-Detachement möge ihn mir gegenüberstellen.

Darauf nahm unser Rittmeister von Strantz das Wort. Von jedem der beiden Detachements seien 20 Jäger zur Stelle. Die möchten untereinander beraten, wie der Streit geschlichtet werden könne. Die übrigen, nicht anwesenden Jäger würden sich gewiss ihrer Entscheidung fügen, um so mehr, als dies auch die sämtlichen Offiziere tun wollten. Es entstand eine Pause; in beiden Abordnungen besprachen sich die Jäger. Endlich trat einer von der Infanterie in den Kreis, ein Hallenser Student und ein stattlicher Jüngling. Er redete zu uns mit echter Begeisterung und wahrem poetischen Schwunge.

Er sagte, es seien genug von uns dem Kriege zum Opfer gefallen; warum wollten wir uns nun, im Frieden, untereinander töten! An Todesverachtung fehle es uns wahrscheinlich nicht, das hätten wir vor dem Feinde genugsam bewiesen. Auch ihm fehle es nicht daran und er sei bereit, anstelle des Oberjägers H. das Duell sofort zu übernehmen; er sei nicht Familienvater. Die Jäger seines Detachements seien allerdings der am meisten beleidigte Teil. Denn wenn auch Oberjäger H. das ganze unselige Vorkommnis verursacht habe, wir von der Kavallerie hätten uns übereilt zu Tätlichkeiten hinreißen lassen. Aber im Namen seiner Abordnung und des ganzen Infanterie-Detachements böte er die Versöhnung an! Nun sei es den Husaren-Jägern überlassen, ob wir uns wieder als gute Kameraden die Hand drücken wollten oder ob einer von uns heute im Duell fallen solle.

Wieder eine Pause; meine Kameraden waren noch einmal zur Beratung zusammengetreten. Dann sprach unser Oberjäger Pfoertner von der Hölle: Er glaube nicht, dass ein Duell bei dem vermutlich nur einer der Kämpfenden sein Leben lassen würde, die Kameradschaft zwischen beiden Detachements wiederherstellen könne. Wohl aber werde dies erreicht, wenn Versöhnung eintrete. Die Jäger von den Husaren nehmen daher die ihnen gebotene Hand bereitwillig an. Wir hätten in Not und Gefahr treu zueinander gestanden; nun wollten wir in Eintracht heimwärts ziehen. Wir würden uns ohnehin bald genug trennen müssen! - Er ging zum Oberjäger H. und drückte ihm die Hand; dieser stürzte auf mich zu und umarmte mich.

So wurde der Wunsch unserer Offiziere erfüllt. Sie hatten schon lange vorher die Möglichkeit einer Aussöhnung beraten, ihren Plan aber geheim gehalten. Die beiden Abordnungen hatten sie klug ausgewählt. Jetzt traten sie auf H. und mich zu und reichten uns ihre Rechte.

„Ihr Hitzköpfe!", sagte Rittmeister von Strantz, „heute Nachmittag 04.00 Uhr kommt ihr alle hierher ins Wäldchen, wir wollen vergnügt miteinander sein."

Aus Celle war Wein beschafft worden; eine Marketenderbude wurde aufgeschlagen und von ein paar Schönen bedient. Sämtliche Jäger beider Waffen kamen zusammen; Infanterist und Kavallerist gingen nun Arm in Arm miteinander; es bildeten sich Gruppen und die alten Kriegslieder wurden angestimmt. Als es dunkelte, zündeten wir Biwakfeuer an und genossen noch einmal das Lagerleben. Die Töne des Flügelhorns zogen durch den Wald; eine feierliche Stimmung ergriff uns. Vorbei waren Zorn und Streit; wir hatten uns in Waffenbrüderschaft wiedergefunden.

Weiter ging der Marsch durch Heide und blühende Buchweizenfelder. Dann betraten wir preußischen Boden, die Altmark, und üppige Getreidefluren grüßten uns. Wir näherten uns der Elbe und damit einem Abschnitt in unserem Leben, dessen Vorgefühl uns schon alle ans Herz griff.

In dem Dorfe Eichstedt bei Stendal, wo wir Quartier nahmen, sollte das Jäger-Detachement des 1.Leib-Husaren-Regiments aufgelöst werden! Unsere Offiziere lagen im hier gräflichen Schlosse und waren von Schreibarbeit stark in Anspruch genommen; sie fertigten unsere Führungszeugnisse aus. Der gute alte Wachtmeister überreichte mir das meinige: „Nummer Eins", sagte er lächelnd. Aber die Zeugnisse waren alle günstig.[50]

Nach zwei Tagen war alles in Ordnung, ein jeder im Besitz einer Marschroute in seine Heimat und der Besoldung. Nun konnte jeder reiten wie er wollte, allein oder in Gesellschaft anderer, die den gleichen Weg zu nehmen hatten.

Die Sonne des 18.Juli neigte sich zum Untergange; wenn sie nun wieder aufging, sollte es kein Jäger-Korps der Totenkopfhusaren mehr geben, dann sollten wir uns nach allen Himmelsrichtungen zerstreuen! Wie in der Braut von Messina hieß es bei uns: „Sage, was werden wir jetzt beginnen, da die Fürsten ruhen vom Streit?"

„Oh je, ich werde wieder im Kontor die Feder spitzen müssen", klagte der eine;

„Ich muss wieder die Kollegia besuchen", sagte ein zweiter;

„Ich gehe zu meinen staubigen Akten",

„Ich werde wieder säen und ernten",

„Ich nehme wieder den Zirkel in die Hand", meinten andere.

In der Mitte des Dorfes und unweit des Schlosses befand sich ein großer freier Platz. Dorthin wurden Tische und Bänke geschafft und wir beschlossen, hier zusammen den Morgen zu erwarten. Wenn der Trompeter die Re-

[50] Das vom Rittmeister von Strantz unterschriebene Zeugnis des Oberjägers Fritz Lietzmann ist noch erhalten und allerdings glänzend.

veille[51] blasen würde, wollten wir uns trennen, die Pferde satteln und in die weite Welt reiten. Wir aßen und tranken und waren ziemlich vergnügt. Unser Lied erhob sich zum Abendhimmel, die Offiziere waren abwechselnd unter uns und rund herum standen die Dorfbewohner und hörten uns zu. Die gräfliche Familie blickte von der Hecke am Schloss zu uns herüber. Zahlreiche Lichter brannten auf unseren Tischen; es war eine wunderbare schöne Sommernacht. Aber immer näher rückte der herzzerreißende Augenblick, wo wir unseren Offizieren auf immer Lebewohl sagen sollten!

Die Dorfuhr schlug die zehnte Stunde. Da traten wir an und marschierten nach dem Schlosse. Wir stellten uns in Linie davor auf und sangen zwei unserer Kriegslieder. Die Offiziere und sämtliche Bewohner des Schlosses standen uns gegenüber; um uns herum war das ganze Dorf versammelt. Nun trat ein dazu erwählter Sprecher vor die Front, ein Kandidat der Theologie. Er hielt die Abschiedsrede und dankte dem Rittmeister und allen Offizieren für die uns erwiesene Liebe und Güte. Herrlich, ergreifend sprach er und so laut und deutlich, dass es bei der Stille der Nacht über das ganze Dorf hinhallte. Fast kein Auge blieb trocken. Die Erwiderung unseres Rittmeisters war sehr herzlich. Er dankte uns für die bewiesene Treue und Tapferkeit. Er wie alle Offiziere waren von dem Ernst des Augenblicks tief bewegt.

Die Diener des Grafen brachten uns Wein; ich war trübe gestimmt, um davon zu nehmen. Die Offiziere gingen die Front entlang, sprachen mit jedem Einzelnen von uns und sagten uns Lebewohl.

„Stillgestanden!" Ein dreimaliges donnerndes Hoch erfüllte die Luft: „Es lebe der König!"

Darauf Totenstille; die Offiziere traten wieder auf ihren Platz am Schlosse zurück. „Schön ist's unter freiem Himmel. Stürzen in das Schlachtgetümmel ..." so stimmten wir an und mit diesem, so oft vor dem Feinde gesungenen Schlachtliede marschierten wir zum Dorfplatze zurück, um es dort zu beenden. Mit unserer Fröhlichkeit war es nun gänzlich vorbei; wir empfanden es zu schwer, dass die Gefährten aus Zeiten der Not, wo die Herzen sich so eng aneinander geschlossen hatten, sich nun für immer trennen sollten.

Es waren traurige Stunden bis zum Sonnenaufgang! Die Lichter erloschen und die Dorfbewohner verließen einer nach dem anderen den Platz. Jeder von uns ging noch zu dem, den er lieb hatte und der am Morgen eines anderen Weges ziehen sollte.

„Leb' wohl! Schreib', wie es Dir geht, halte Wort!" - Mir war es öde ums Herz.

---

[51] Reveille - Weckruf beim Militär

Endlich ging die Sonne auf. Der Trompeter schmetterte noch einmal den Morgengruß; wir gingen zu unseren Pferden, sattelten, saßen auf und verließen auf verschiedenen Wegen das Dorf.

Es gab nun kein Jäger-Korps der Totenkopfhusaren mehr!

13. Kapitel
Heimkehr ins Vaterhaus.
Wieder Landwirt und abermals Soldat!

Unserer acht schlugen wir von Eichstedt aus gemeinsam die Richtung auf Berlin ein. Es war ein heiterer Morgen; aber wir ritten still nebeneinander und ein jeder hing seinen Gedanken nach. Die meinigen waren recht trübe; was sollte nun weiter aus mir werden?

Mit einem Male ließ der Jäger Krüger seinen Rotschimmel Galopp anspringen, ritt ein Volte um uns herum und rief: „Brüder, seid keine Kopfhänger! Es ist nun einmal so, die schöne, herrliche Zeit ist vorüber. Aber das ist nicht zu ändern und wir müssen doch wieder fröhlich werden, wir freiwillige Jäger!"

Wirklich wurden wir mit der Zeit wieder heiterer gestimmt; indes zu einem Liede kam es auf dem heutigen Marsche nicht.

Wir waren 14 Stunden unterwegs, bis wir das Dorf Nennhausen bei Rathenow erreichten. Morgen war Sonntag und es sollte ein Ruhetag sein. Gegen Abend erschien ein Diener des Barons de la Motte-Fouqué bei uns im Quartier und brachte uns acht Jägern eine Einladung zum Mittagessen. Der berühmte Dichter war ja Schlossherr zu Nennhausen.[52]

Unter uns befand sich ein Jäger W., Jurist seines Zeichens, von erstaunlicher Belesenheit, aber geringerem Sinn für einen adretten Anzug. Wir ermahnten ihn, doch recht sauber zu erscheinen. Er lachte: „Ach, ich steche Euch ja doch alle aus! Wartet einmal! Ich habe von ihm gelesen: *Die Musen, Markgraf von Brandenburg, Der Pilger, Die Ritter und die Bauern.* Von seiner Gemahlin habe ich gelesen: *Kleine Erzählungen über deutsche Geselligkeit, Briefe über die griechische Mythologie für Frauen.* Kerls! Lasst mir nur

---

[52] Friedrich Heinrich Karl Freiherr de la Motte Fouqué (literarische Pseudonyme: Pellegrin und A.L.T. Frank) *12.Februar 1777 in Brandenburg/Havel - †23.Januar 1843 in Berlin. 1798 heiratete er Marianne von Schubaert (1783 - 1862), die Ehe wurde aber bereits 1802 schon wieder geschieden. Während dieser Zeit hatte Fouqué auch eine Begegnung mit Goethe, Schiller und Herder. Ebenfalls 1802 trat er aus der Armee aus, nur ein Jahr später heiratete er Caroline von Rochow auf dem Gut Nennhausen bei Rathenow. Dort und in Berlin wurden Fouqué und seine Frau schriftstellerisch tätig, und beide stiegen zu zentralen Figuren des literarischen Lebens der nächsten 3 Jahrzehnte auf. Fouqués galt im 19.Jahrhundert als einer der bedeutendsten Repräsentanten der Romantik. Sein Kunstmärchen Undine (erschienen 1811) beispielsweise wurde in alle Weltsprachen übersetzt und diente bis 1966 rund dreißig (!) verschiedenen Opern als Vorlage.

das Wort führen bei Tische und wenn Ihr gefragt werden solltet: Haben Sie auch das oder jenes gelesen, so antwortet nur immer mit „Ja!"

Ich erwiderte, dass ich gleichfalls für de la Motte-Fouqué eingenommen sei. „Auch Theodor Körner hat ihn ja als „Heldensänger des Nordens" verherrlicht:

> Aus dem Tiefsten meiner Seele
> biet ich dir den Gruß des Liedes;
> Aus des Herzens tiefsten Tiefen
> biet ich dir der Liebe Gruß!
>
> Hab' dich nimmer zwar gesehen,
> nie erblickt des Skalden Antlitz,
> der mit großen, heil'gen Worten
> mir Begeist'rung zugeweht.

„Bravo, Bruder!", rief W. „Sieh einmal, Du weißt ja auch etwas! Also sei nicht blöde; sprich morgen ein Wort mit. Aber Ihr müsst Euch alle zusammennehmen. Du, Leinweber, bist ja der große Courmacher[53], Du kannst die Damen unterhalten."

Am nächsten Mittag um 12.00 Uhr stellten sich alle in meinem Quartier ein und wir musterten gegenseitig unseren Anzug. Wunderbarerweise war auch an unserem W. diesmal kein Tüttelchen auszusetzen; Knöpfe, Säbel, Sporen, alles blitzte.

Wir gingen zu dem in einem Park reizend gelegenen Schlosse. Der Baron empfing uns aufs freundlichste und führte uns in den Gartensaal, wo seine Familie und einige Gäste aus der Nachbarschaft bereits versammelt waren. Er stellte uns seiner Gemahlin[54] vor, einer Dame von hohem Wuchs und stolzer Haltung, doch liebenswürdigstem Wesen. Er selbst ist mittlerer Größe und erschien mir so, wie ich mir einen hohen englischen Lord vorstelle. Beide bezauberten uns.

---

[53] Courmacher - Schürzenjäger, eigentlich „den Hof machen"
[54] Caroline Auguste de la Motte Fouqué (auch: Karoline; geb. von Briest) *1773 auf Gut Nennhausen bei Rathenow; † 20. Juli 1831 in Nennhausen, war eine deutsche Schriftstellerin der Romantik. Caroline, die als geistvoll und von schönem Äußeren beschrieben wird, heiratete zunächst 1789 einen Herrn von Rochow und nachdem sie von diesem geschieden war, 1803 den Schriftsteller Friedrich de la Motte Fouqué. Sie schrieb viele Romane und teilte mit ihrem Mann das Schicksal ihren eigenen Ruhm zu überleben.

„Nun legt Eure Säbel und Mützen ab, Kriegskameraden!", sagte der Baron und zu seiner Frau gewandt: „Sieh, Karoline, das sind die Totenköpfe." Dabei reichte er ihr eine unserer Mützen.

Bei Tische entspann sich eine sehr lebhafte Unterhaltung und unser W. konnte sein Licht leuchten lassen. Die Baronin freute sich über sein Interesse für ihre Dichtungen und erzählte ihm, dass sie jetzt an einem neuen Roman arbeite: *„Edmunds Wege und Irrwege"*.

Bei dem herrlichsten Wetter wurde im Garten der Kaffee genommen und später auch soupiert. Dazwischen führte uns der Baron in die am Park gelegene schöne Dorfkirche. Dort hing eine Tafel mit der Aufschrift: „Dieses Schwert führte der Baron de la Motte-Fouqué in den Jahren 1813 und 1814", darüber war der Degen angebracht.[55]

Die Stunden entflohen und die Nacht war längst angebrochen, als wir uns empfahlen, um in unsere Bauernquartiere zurückzukehren.

Zwei Tage später waren wir in Berlin und hier musste ich auch von meinem letzten Waffengefährten trennen. Auf dem Weiterritt über Stettin nach Kolberg war der treue Schimmel mein einziger Kamerad. Endlich erblickte ich den breiten Turm meiner Vaterstadt.

Ich hatte erfahren, dass die aus Kolberg stammenden freiwilligen Jäger des 1. und 2.pommerschen Infanterie-Regiments und der pommerschen Dragoner und Blücher-Husaren schon in der vergangenen Woche zurückgekehrt und festlich empfangen worden waren. Der Gedanke, nun ganz allein einreiten zu sollen, stimmte mich traurig und ich beschloss, dazu den späten Abend abzuwarten.

Es schlug 11.00 Uhr, als ich ganz still das Festungstor passierte. Ich brachte den Schimmel im nächsten Gasthofe unter und ging zu unserem Hause. Mein Vater war noch auf und kam mir mit dem Licht in der Hand entgegen. Er hatte mich noch nicht in Uniform gesehen, erkannte mich aber sofort. „Fritz!", rief er und ich lag in seinen Armen. Ich war ja sein einziger Sohn und seine Freude war groß, aber ebenso groß war die meinige; denn ich liebte ihn innglich.

„Wo ist denn Dein Pferd?", fragte der Vater, ließ es sogleich in seinen Stall bringen und liebkoste es. Schon am nächsten Morgen ritt er auf dem Schimmel spazieren und mein Herz hüpfte vor Freude, als ich den fast Sieb-

---

[55] Fouqué trat schon in sehr frühem Alter der preußischen Armee bei. Bereits 1794 hatte er den Rang des Fähnrich inne und nahm als Kornett am ersten Koalitionskrieg gegen Frankreich teil. Später diente er als Leutnant im Kürassier-Regiment des Herzogs von Weimar. 1813 führte ihn seine patriotische Begeisterung in die Armee zurück. Er nahm als Leutnant und Rittmeister an den Befreiungskriegen teil und erhielt 1815 den Abschied als Major.

zigjährigen so rüstig im Sattel sitzen sah und - auf meinem Schimmel, der mich bei Großbeeren und Dennewitz getragen hatte!

Zu Beginn des Jahre 1815 wurde ich Wirtschaftsführer auf dem Rittergute Nemitz. Da mir hier ein Reitpferd gestellt wurde, musste ich mich von meinem treuen Schimmel trennen. Das wurde mir sehr schwer; aber ich gab ihn wenigstens wieder in gute Hände.

Übrigens fühlte ich mich in Nemitz bald gedrückt und unbehaglich, da der Besitzer, ein Herr von W., obwohl er nur ein paar Jahre älter war als ich, es für nötig hielt, mich sehr von oben herab zu behandeln. Wie doch so viele Menschen sich durch Äußerlichkeiten beeinflussen lassen!

Eines Tages erhielt ich einen Brief großen Formates mit einem Dienstsiegel. Ich öffnete ihn und - das Leutnantspatent war in meiner Hand!

Ein gleichzeitig eintreffender Brief meines Freundes von Döring, der jetzt Adjutant bei der dem 1.Leib-Husaren-Regiment vorgesetzten Brigade war, erhielt die folgenden Worte:

„Lieber Bruder! Du bist von Deinem Regimentskommandeur, besonders aber von Deinem Schwadronschef gewaltig belobt worden. Du darfst Dich daher nicht wundern, wenn Seine Majestät der König Dich zum Offizier gemacht hat. Mein General lässt Dich grüßen und beglückwünschen durch mich; er sendet Dir beifolgend das Offizierspatent..."

Ich war sehr beglückt über diese Auszeichnung; Herr von W. war aber wie ausgewechselt. Mit dem Titel „Herr Leutnant" war ich in seinen Augen ein anderer Mensch geworden und ich hatte fortan keine Ursache mehr über ihn zu klagen.

Da fuhr, wie ein Blitz aus heiterem Himmel, die wunderbare Kunde über Europa: Der Eiserne Riese Napoleon hatte seine Insel Elba verlassen, war in Frankreich gelandet und als Triumphator nach Paris gezogen, wo er aufs Neue den Herrscherstab ergriff! Es gab wieder Krieg!

Diese Kunde hatte meine sofortige Abreise von Nemitz zur Folge; denn ich wollte dabei sein. Leider gelangte ich zunächst nur bis Kolberg. Ein gastrisch-nervöses Fieber packte mich und ich wurde sehr hinfällig. Allmählich siegte aber meine gute Natur und mein fester Wille, in den Krieg zu ziehen, über die körperliche Schwäche; Ausgangs April konnte ich die liebe Frühlingssonne wieder im Freien genießen. Die Hilfe meines Schwagers, des Kaufmanns Plüddemann in Kolberg, ermöglichte es mir, mich neu zu equipieren und nach einigen Wochen konnte ich auch wieder ein Pferd besteigen, einen Rappen aus mecklenburgischer Aufzucht.

Am 01.Juni 1815 verließ ich meine Vaterstadt Kolberg. Die Meinigen begleiteten mich bis zum nächsten Dorfe. Meine Schwestern fürchteten, ich würde aus diesem neuen Kriege nicht wiederkehren, und weinten. Der Vater warf einen langen, mir unvergesslichen Blick der Liebe auf mich, als er mir zum Abschiede die Hand reichte. Es war für das irdische Leben eine Trennung für immer. Als ich 1817 nach Kolberg zurückkehrte, konnte ich nur noch seinen Grabhügel schmücken!

Von allen Seiten strömten nun die freiwilligen Jäger herbei, um am Kampfe teilzunehmen. In Greifenberg traf ich Löwe von den Blücherschen Husaren; wir machten den Marsch nach Berlin zusammen.

In Stargard hielten wir einen Ruhetag und begrüßten einen Trupp freiwilliger Jäger des 1. und 2.Leib-Husaren-Regiments, die gleichfalls zur Armee wollten; es waren ihrer fünfzig. Kurz darauf zogen an die 200 Jäger des 1. und 2.pommerschen Infanterie-Regiments durch Stargard.

Sie sangen ihr Kriegslied:

> Der Lenz erwacht; auf den erwärmten Triften
> schießt frohes Leben jugendlich empor.
> Die Staude würzt die Luft mit Nektardüften,
> zum Himmel jauchzt der muntren Sänger Chor. -

> Und wieder schallt das Horn weit in den Lüften,
> und Schlachtgesang schlägt wieder an das Ohr:
> der Mut in uns, er soll auch nicht erlahmen,
> und stürben alle, die da fröhlich kamen!

14. Kapitel
Leutnant bei den Blücher-Husaren

Ich hatte Order, mich im Büro des Generals von Tauentzien in Berlin zu melden; dort sollte ich über meine Wiedereinstellung Nachricht erhalten. Wir beeilten uns und machten einige Doppelmärsche, obgleich die eingetretene Hitze uns und die Pferde ermüdete.

Wir erreichten Berlin und ich begab mich sofort in das mir bezeichnete Büro. Dort war ein gewaltiges Treiben. Offiziere und Ordonnanzen kamen und gingen; zahlreiche Sekretäre saßen schreibend an Tischen. Ich wurde auf meine Meldung hin kurz damit abgefertigt, dass ich am nächsten Vormittag wiederkommen solle.

In den Straßen Berlins wimmelte es von allen möglichen Uniformen. Ich traf mit mehreren alten Kameraden vom 1.Leib-Husaren-Regiment zusammen; unter ihnen war auch Busse.

„Nun, ich gratuliere", sagte ich zu ihm, „ich sehe, Du hast sie ja doch bekommen, die schwedische goldene Medaille!"

„Ja, ich gratuliere auch", erwiderte er, „ich sehe Du bist Leutnant geworden!"

Busse war für seine außerordentliche Tat am Tage von Dennewitz ausgezeichnet worden.

Als ich mich am nächsten Tage zur befohlenen Stunde im Büro des Generals von Tauentzien meldete, erhielt ich denselben Bescheid wie das erste Mal: ich solle mich morgen wieder einfinden und als ich am dritten Tage wiederkam, wurde ich in gleicher Weise abgefertigt! Da verließ mich die Geduld; ich vergaß mich und sagte, ich hätte keine Lust, in Berlin auf der Bärenhaut zu liegen.

Ein Kapitän vom Stabe sprang auf mich zu: „Herr Leutnant, menagieren Sie sich! Ist das eine Sprache, hier, im Büro des Generals?" So donnerte er mich an.

Ich entfernte mich; aber ein Stabsoffizier folgte mir und als er die Tür des Bürozimmers hinter sich geschlossen hatte, rief er mir nach: „Lieber Leutnant, auf ein Wort!"

Das klang schon besser. Ich machte Kehrt und stellte mich in dienstlicher Haltung vor ihn hin.

„Wie heißen Sie?" - Ich sagte meinen Namen.

„Sie standen bei den Jägern im 1.Leib-Husaren-Regiment?"

„Zu Befehl, Herr Oberstwachtmeister."

„Sie waren bei der Patrouille unter Leutnant Müller, als die Muldebrücke bei Düben abgebrannt wurde?"
„Ja, Herr Oberstwachtmeister."
„Kennen Sie mich nicht mehr? Ich führte diese Patrouille."
- In diesem Augenblick erkannte ich ihn wieder, den Major vom Generalstabe.
„Sehen Sie", sagte er, „ich habe immer gewünscht, Sie wieder zu sehen und nun habe Sie früher erkannt als Sie mich." - Dabei reichte er mir die Hand.
„Herzlich freue ich mich, dass Sie zum Offizier befördert worden sind. Für Ihre Hingebung bei Düben danke ich Ihnen nachträglich. Morgen sprechen wir weiter darüber."

Am nächsten Tage wurde ich im Büro sehr freundlich empfangen. Leider war der Major nicht anwesend und ich habe ihn auch nie wiedergesehen. Es wurde mir nun aber eine Marschroute nach dem Rhein zugestanden und was das Beste war, nicht nur für mich, sondern auch für fünf Kameraden, mit denen ich mich in Berlin zusammengefunden und über den gemeinsamen Ritt geeinigt hatte. Es waren zwei vom ostpreußischen National-Kavallerie-Regiment, zwei von den Blücher-Husaren und zwei vom 1.Leib-Husaren-Regiment. Leinweber und ich waren Leutnants, die anderen Portepeefähnriche.

Am folgenden Tage befanden wir uns auf der belebten Straße von Berlin zur zweiten Residenz unseres Königs, Potsdam. „Platz da!", hieß es mit einem Mal. Ein Kurier kam angesprengt. Wir erfuhren bald darauf Näheres. Es war der Leutnant Nernst und er brachte die Nachricht vom Siege bei Belle-Alliance![56] Mit lautem Jubel wurde die Botschaft begrüßt, natürlich auch von uns. Aber es fiel uns doch dabei aufs Herz, dass wir diese Schlacht versäumt hatten.

„Werden wir nicht überhaupt zu spät kommen? Wird nicht schon alles vorbei sein, wenn wir die Armee erreichen?" - Allerdings war es ja nicht unsere Schuld und fast allen freiwilligen Jägern erging es wie uns: sie waren am 18.Juni noch nicht zur Stelle. Durch Belle-Alliance war aber, was wir zunächst freilich nicht wussten, der ganze Feldzug von 1815 entschieden.

Als wir den Boden Frankreichs betraten, war Napoleon Gefangener der verbündeten Monarchen und Ludwig XVIII. wieder König.

---

[56] Nach alter Sitte war es Usus, dass der Sieger einer Schlacht dieser einen Namen geben konnte. Also wurde die Schlacht vom 18.Juni 1815 bei den Preußen die von Belle-Alliance, auf englischer Seite die am Mont St. Jean und auf der Seite der Franzosen die Schlacht bei Waterloo genannt.

Über Magdeburg und Kassel ritten wir in guter Kameradschaft nach Koblenz. Dorthin lautete unsere Marschroute und beim General von Weltzien sollten wir den Befehl über unsere Wiederanstellung in Empfang nehmen.

Am Tag nach unserer Ankunft, bei der auf dem Schlossplatze befindlichen Paroleausgabe, meldeten wir uns. Der General empfing uns sehr freundlich, sagte uns aber: „Meine Herren, ich weiß nichts über Ihre Anstellung. Aber sie kann ja jeden Tag kommen und ich wünsche es Ihnen. Jedenfalls muss sich bis auf weiteres täglich einer von Ihnen zur Parole einfinden."

Wir waren entlassen und - sahen uns sehr enttäuscht an. Denn in Berlin war uns ja gesagt worden, dass wir unsere Anstellung hier bestimmt vorfinden würden!

Tag auf Tag verstrich und wir warteten immer vergeblich. Allmählich gingen unsere Gelder zur Neige. Was sollten wir nun machen? Wir versammelten uns wieder einmal alle Sechs auf dem Paroleplatz und stellten dem General von Weltzien unsere Lage vor.

„Wissen Sie was, meine Herren", sagte er, „reiten zwei von Ihnen nach Aachen zum General von Dobschütz. Dort ist auch der Oberpräsident von Sack. Dort gibt es Königliche Kassen; ich habe hier über keine zu verfügen. Zwei von Ihnen haben Urlaub; holen Sie sich die Marschroute und beschaffen Sie sich in Aachen Geld."

Am folgenden Morgen befanden Horn und ich uns auf dem Wege zur alten Kaiserstadt. Unser Ritt führte uns über Bonn, Köln nach Jülich. Endlich war das neue Ziel erreicht und am nächsten Morgen standen wir vor dem General von Dobschütz.

Der Herr General hatte im Augenblick keine Zeit für uns. „Morgen, morgen um 10.00 Uhr vormittags in meinem Büro!", damit waren wir abgefertigt. Aber sein Anblick hatte uns doch Vertrauen eingeflößt. Wir fanden auch wirklich Teilnahme und Fürsorge bei ihm.

„Schon monatelang im Königlichen Dienst und noch immer kein Traktament", sagte er uns bei unserer Wiederkehr, „das ist doch nicht in der Ordnung. Die Hauptsache ist jetzt, dass Sie Geld bekommen, das sehe ich wohl ein. Es ist Ihnen natürlich alle geworden?"

Dabei lächelte er uns schalkhaft an.

„Der Oberpräsident hat Geld; aber er wird keins herausrücken wollen und eine Anweisung kann ich Ihnen nicht geben. Sie sind mir nicht überwiesen und ich weiß ebenso wenig von Ihnen wie der General von Weltzien. Was ist nun zu machen? Das Beste wird sein, einer von Ihnen geht zum Oberpräsidenten und stellt ihm die Sache vor."

„Ich werde den Befehl des Herrn Generals befolgen", erwiderte ich.

„Gut; aber lassen Sie sich nur nicht gleich abweisen! Sagen Sie, Sie kämen von mir und ich hätte gesagt, Ihnen müsse geholfen werden."

Ich verfügte mich sofort zum Oberpräsidenten von Sack, ließ mich anmelden, wurde auch vorgelassen und trat in sein Arbeitszimmer. Der Oberpräsident saß an seinem Schreibsekretär, mit Arbeiten beschäftigt. Er erhob sich und hörte ruhig meinen Vortrag an. Als ich unsere Geldverlegenheit erwähnte, spielte ein Lächeln um seinen Mund. Dennoch lehnte er kurz ab: „Ich habe kein Geld für Sie und kann Ihnen nicht dienen." Er nickte mit dem Kopf zum Zeichen der Entlassung. Ich blieb regungslos stehen.

„Wünschen Sie sonst noch etwas?"

„Nein, Herr Oberpräsident, ich bitte nur um geneigte Anweisung auf Geld."

„Haben Sie mich nicht recht verstanden? Ich habe Ihnen ja erklärt, dass Sie von mir gar nichts erhalten können." Noch immer blieb ich regungslos auf meinem Posten.

„Herr Leutnant, halten Sie mich nicht auf, ich habe dringende Geschäfte. Ich bitte, mich nicht länger zu stören!" Dabei setzte er sich nieder, ergriff wieder die Feder und wollte weiterschreiben. Ich rührte mich nicht.

Da sprang er auf; seine Geduld war zu Ende. Er trat auf mich zu. Ich bekam wirklich einen Schreck. Der Gedanke fuhr mir durch den Kopf: was machst du, wenn er dich im Zorn vor die Brust stößt. - Das tat er aber nicht. Er lief im Zimmer ein paar Mal auf und ab und klagte: „Mein Gott, was soll ich mit dem Mann machen! Ich habe keinen Augenblick Zeit. Diese Störung!"

Dann rannte er an mir vorbei zur Tür, riss sie auf, zeigte hinaus und rief: „Empfehle mich Ihnen, Herr Leutnant, empfehle mich." - Auf diese Weise wurde mir fortgesetzt die Tür gewiesen. Aber ich stand wie eine Bildsäule.

Sonderbar! Er schloss die Türe wieder. - Nun war auch meine Geduld erschöpft. Ich trat einen Schritt vor und sagte laut und bestimmt: „Herr Oberpräsident, ich gehe nicht eher fort, bis Sie unseren Wunsch erfüllt haben. Der Herr General von Dobschütz hat mich an Sie gewiesen. - Auf meinen rückständigen Sold verzichte ich gern für jetzt. Aber ich spreche auch für meine Kameraden. Sie setzten in mich das Vertrauen, dass ich Hilfe schaffen würde und diesem Vertrauen will ich entsprechen. Wenn ihre Verlegenheit nicht so groß wäre, stün- de ich gewiss nicht hier."

Er sah mich einen Augenblick groß an, setzte sich nieder, ergriff die Feder und holte Atem; denn er hatte sich echauffiert. Dann stand er auf und sagte: „Nachmittags 04.00 Uhr kommen Sie wieder!" -

„Ich danke, Herr Oberpräsident!"

Als ich am Nachmittag wiederkam, überreichte mir ein Sekretär die erbetene Anweisung. Sie lautete nicht nur auf den rückständigen Sold für uns alle, sondern auch auf den für den kommenden Monat! Zugleich bestellte der Sekretär, der Herr Oberpräsident ließe uns grüßen und uns eine glückliche Reise wünschen. Wer war froher als ich! Ich bat meine Empfehlung und meinen verbindlichen Dank zu übermitteln und eilte zum General von Dobschütz, um über den glücklichen Erfolg zu berichten und uns, die beiden Sendboten, abzumelden. Auf der Regierungshauptkasse empfing ich einen ganzen Beutel voll Geld!

Am nächsten Morgen waren wir frühzeitig auf dem Rückweg. Wir näherten uns bereits Jülich, da sahen wir einen Reiterzug uns entgegenkommen und erkannten - unsere Kameraden. M's rote Uniform und sein Schimmel leuchteten weithin. Auf tausend Schritte sprengten wir gegeneinander. Ich hielt den vollen Beutel hoch in die Lüfte. „Geld!", riefen wir beide, „Geld, Geld!" - Was erwiderten die anderen?

„Wir haben noch besseres, unsere Anstellung!"

Wie einen elektrischen Schlag durchzuckte uns beide diese Kunde. „Zu welchem Regiment kommen wir?"

„Ratet!"

Jetzt waren wir beieinander und ich hielt meine Anstellungsorder in der Hand: Blücher-Husar! - Ich freute mich herzlich; denn damit war die Aussicht verbunden, wieder in meine Heimat zu kommen; das Regiment war ja ein pommersches. Frohen Herzens wandten wir die Pferde und ritten mit den Kameraden nach Aachen zurück.

15. Kapitel
Nach Paris und in die Normandie

Unsere weitere Marschroute war nach Paris ausgestellt; von dort sollte jeder sein Regiment aufsuchen. Als ich uns wieder beim General von Dobschütz meldete, gratulierte er mir zur Anstellung, fügte indes hinzu:

„Nun können Sie mir auch einen Gefallen tun, nämlich 300 Rekonvaleszenten nach Paris führen."

„Zu Befehl, Herr General!", war meine Antwort; ich dachte nun aber: jetzt hat das schöne Reiseleben ein Ende, es gibt Dienstgeschäfte.

Die fünf Kameraden wollten mich nicht verlassen und schlossen sich meinem Transport an, der zwei Tage darauf abging. Es waren Leute aller Waffengattungen, die ich zu führen hatte, ein Teil davon marschierte zu Fuß, ein anderer wurde gefahren. Das herrlichste Wetter begünstigte uns, während wir in Belgien, diesmal über Lüttich und Namur durchzogen. Bald hatten die 300 Mann ihren einstweiligen Kommandeur kennen gelernt und umgekehrt. Sie führten sich gut, ich sorgte nach Kräften für sie, und bald herrschte die fröhlichste Stimmung.

In Charleroi besichtigten wir das Haus, worin der große Schlachtenkaiser Napoleon vom 15. zum 16.Juni übernachtet hatte. Am Morgen nach Belle-Alliance kam er wieder durch Charleroi, aber auf der Flucht und um nie wieder in eine Schlacht zurückzukehren.

Und nun waren wir auf französischem Boden und zogen über St. Quentin, Compiegne und St.Denis nach Paris! An einem Septembermorgen rückten wir in die Hauptstadt Frankreichs ein. Über die Pariser Boulevards marschierten wir nach dem Vendômeplatz. Dort stellte ich meine Mannschaft in Linie auf und eilte auf das Büro des Feldmarschalls Blücher. Ein höherer Offizier seines Generalstabes nahm meine Meldung entgegen und beorderte einen Adjutanten, der das Rekonvaleszenten-Kommando von mir übernahm. Ich sagte den Leuten Lebewohl und sie brachten mir ein Hurra zum Abschied.

Wir sechs Kameraden wurden nun auf drei Tage in Paris einquartiert. Wir verabredeten ein Rendezvous bei mir und suchten unsere Quartiere auf. Zuerst wurde mein Rappe in seinen Stall gebracht und versorgt; dann begab ich mich zu dem mir selbst angewiesenen Hause. Der Husar, der mir als Bursche zugeteilt war, folgte mit meinem Mantelsack. Ich gelangte in eine enge Nebenstraße und siehe da! Das niedliche, freundliche Häuschen zur Rechten ist mein Quartier. Ich trete ein, wähle auf dem Flur die Türe rechter Hand, öffne und erblicke eine am Fenster sitzende junge Dame. Sie erhebt sich und nimmt freundlich das Quartierbillett entgegen.

Ich frage sie gleich nach meinem Zimmer. Befremdet sieht sie mich an: „Hier", sagt sie, „mein Zimmer ist zugleich das Ihrige und dort" - über den Flur weisend - „ist Ihr Schlafkabinett."

Die Stube meiner reizenden Wirtin war nicht groß, aber äußerst nett und sauber und es hätte sich wohl herrlich darin wohnen lassen. Indes in zwei Stunden wollten sich die Kameraden bei mir versammeln und hierzu schien mir das Quartier nicht geeignet zu sein! -

Indem kommt die Zofe, um für mich einen Imbiss zu servieren. Da frage ich tölpelhafterweise, ob ich denn nicht ein Zimmer für mich allein haben könnte.

Die junge Dame entschuldigt sich, sagt, sie habe kein anderes und fragt mich dann so naiv und lieblich, ob es mir denn nicht bei ihr gefiele. Und ich grober, ungeschickter Pommer sage kurzweg „Nein!" - Ein Schrei der Entrüstung ertönt aus ihrem schönen Munde und in dem Augenblick springt ein französischer Infanterieoffizier aus dem Nebenzimmer, dessen Tür offensteht, schlägt an seinen Degen und erklärt, ich hätte die Dame beleidigt und er fordere dafür Genugtuung. Ich greife an meinen Säbel, besinne mich aber noch zur rechten Zeit und frage, was ihn das überhaupt angeht.

„Ah", schreit er, „die Dame mir sehr vill angeht; ich Sie fordere auf Degen."

„Herr Leutnant", ruft mein Husar vom Flur aus, „soll ich den Kerl bei der Gurgel kriegen?"

Ich winke ihm zu, ruhig zu sein, und antworte dem Franzosen gelassen: „Ich nehme das Duell an. Ich hole mir jetzt auf dem Billett-Amt ein anderes Quartierbillett; erkundigen Sie sich dort nach mir, und suchen Sie mich auf."

Nun verbeugt er sich mit der größten Artigkeit: Er würde das tun. Ich empfehle mich bei der jungen Dame. Wie sie dasaß, das liebliche Frauenbild, Tränen in den Augen! Ich ärgerte mich sehr gewaltig über mich selbst.

Mein neues Quartier lag in einer stillen, aristokratischen Straße. Ein vornehmes altes Haus mit einem Vorhof, der nach der Straße zu durch eine hohe Mauer abgeschlossen war. Auf mein Klingeln erschien ein altersgrauer Diener, prüfte mein Billett und bat mich, einzutreten. Er war der einzige Bewohner des altertümlichen Hauses.

Wir schritten über den gepflasterten Hof und einige Stufen empor. Dann standen wir in einem großen, dunklen Saal. In einem Nebengemach erhob sich ein mächtiges Himmelbett mit dunkelrot-seidenen Vorhängen. Während ich Besitz von dem riesigen Saal nahm, mein Husar im Nebenzimmer den Mantelsack auspackte und der ehrwürdige Diener kalte Speisen und Wein servierte, stellte ich vergleichende Betrachtungen an zwischen diesem Quartier und dem von mir aufgegebenen. Dort alles heiter und einladend, hier düstere Melancholie! Ich kam mir jetzt wie ein Mönch in einem Trappistenkloster vor.

Meine fünf Kameraden erschienen; sie wohnten alle in der Nähe und ich hatte sie sofort von meinem Quartierwechsel in Kenntnis gesetzt. Ich erzählte ihnen mein Abenteuer. Da rief der große Courmacher Leinweber: „Mensch! Bei Dir muss es doch manchmal nicht richtig sein. Wie konntest Du ein solches Quartier verlassen! Ach, warum war ich nicht zur schönen Pariserin gekommen!"

M., der am besten von uns Französisch sprach, musste dem Alten erklären, dass hier im Saale das Duell mit einem französischen Offizier ausgefochten werden sollte. Er hatte meinen Gegner, wenn er käme, auf morgen früh 08.00 Uhr zu bestellen. Der Alte war bestürzt; wir beruhigten ihn aber einigermaßen.

Wir fuhren nun nach dem berühmten *Jardin des plantes* und erfreuten uns an dem Anblick des vielen fremdländischen Tiere, erstiegen auch den auf einem Schneckenberge thronenden Tempel und genossen den Überblick über einen großen Teil dieser Stadt, die so viel Schönes bietet, aber auch der Ausgangspunkt von so viel Unheil gewesen ist.

Danach begaben wir uns ins *Théatre francais*, hielten aber nur einen Akt über aus, weil es dort gar zu heiß war. In einem Restaurant des *Palais royal* speisten wir zur Nacht. Mitternacht war längst vorüber, als wir uns trennten.

„Lass Dir morgen nicht den Degen durch die Rippen rennen!", meinte M. zum Abschied. „Wir sind spätestens um 08.00 Uhr bei Dir."

Meine erste Frage an den öffnenden Diener war, ob der französische Offizier da gewesen sei. „Nein", war seine Antwort. Ich ging zu Bette und, ermüdet wie ich war, schlief ich gleich ein.

Wenn mein Husar mich nicht um 07.00 Uhr geweckt hätte, ich würde gewiss noch ein paar Stunden länger geschlafen haben. - Die Kameraden versammelten sich bei mir und freuten sich, dass mein Gegner nicht erschienen war. Der Alte trug ein prächtiges Frühstück auf und unsere Gläser erklangen um hohen Saal.

Heute besuchten wir die Tuilerien und bewunderten die Sammlung des Louvre. Aber was nutzt einem die nur flüchtige Betrachtung von Kunstwerken![57] Zu ihrem Genuss muss man Ruhe haben und womöglich allein und ungestört sein. Alles das fehlte uns. Wir waren an zwei Tagen jedes Mal drei Stunden in der Gemäldegalerie und wurden doch nicht fertig. Dabei war es ermüdend. Man wollte alles sehen und sah auf diese Weise eigentlich - nichts!

---

[57] Noch befanden sich hier die Kunstschätze, die Napoleon auf all seinen Siegeszügen durch Europa zusammengeraubt hatte. Sie wurden aber später, auf Grund des Zweiten Pariser Friedens, zurückgegeben.

Auf Leinwebers Vorschlag, nach der Beschauung so viel toter Kunstwerke nun auch ein lebendiges mit Fleisch und Blut zu sehen, bestiegen wir zwei Cabriolets und fuhren zum *Café de le belle Suisse*. Hier trafen wir drei freiwillige Jäger von der Garde-Infanterie, die sich dort völlig festgesetzt hatten und beteuerten, sie würden nicht eher Paris verlassen, ehe nicht ihr letzte Goldstück ausgegeben sei. Der Kaffee aus den Händen der „schönen Schweizerin" schmeckte uns ganz vortrefflich, war aber auch noch einmal so teuer als anderwärts.

Sehr spät in mein Quartier zurückkommend, fragte ich wieder nach meinem französischen Offizier. Er war noch immer nicht da gewesen. - Der Vollmond glänzte über der großen Stadt. Ich lag noch einige Zeit im offenen Fenster und schaute zu ihm auf. Wahrlich, beim Anblick des klaren Firmaments kam mir das wirre Treiben hier unten recht kleinlich vor.

Am letzten Tage unseres Pariser Aufenthalts besichtigten wir noch das Panthéon und die Katakomben. Trugen auch zwei von uns, Leinweber und ich, den Totenkopf am Tschako, dort unten, zwischen den vielen Tausenden von Schädeln, wurde uns allen doch recht unheimlich zumute. - Wir mussten nun aber auch wieder an unsere eigentliche Bestimmung denken und begaben uns in das Quartier des Generals von Gneisenau, um zu erfahren, wo sich eigentlich unsere Regimenter zur Zeit befanden.

Wie einfach wohnte dieser große Mann hier in Paris! Dort stand sein Bett und daneben ein langer Tisch, ganz mit Karten bedeckt. Der General war nicht zu Hause; aber sein Adjutant schlug die Listen nach und sagte in sehr freundlicher Weise Bescheid. Das Blüchersche 5. Husaren-Regiment stand am Kanal La Manche „zwischen Caen und Cherbourg". Ich ließ mir eine Marschroute nach Caen ausstellen.

Am nächsten Vormittag verließ ich Paris. In St.Germain, meinem ersten Marschquartier, blieb ich in der folgenden Nacht lange Zeit ohne Schlaf; die Eindrücke der gewaltigen Stadt standen noch zu frisch und lebhaft vor meiner Seele. Dieses Paris mit seinen sechs Stock hohen Häusern, seine Palästen und schönen Plätzen, mit seinem Glanz, aber auch seinem Elend, mit seinem unaufhörlichen Gerassel der Tausenden von Mietkutschen und seinem Gedränge in den Straßen! Es war der 16. September und mir fiel ein, dass gerade heute vor drei Jahren Moskau in Flammen stand. Ich dachte unwillkürlich: wenn so einmal Paris in Flammen aufgehen sollte!

Ich ritt Seineabwärts bis Vernon und dann über Evreux und Lisieux. Am 23. lag Caen vor mir. Ich hatte ein angenehmes Quartier und beschloss, hier mein Regiment zu erwarten, dass von St.Lo kommend, am 25. durch Caen marschieren sollte. Inzwischen konnte ich das Meer aufsuchen. Wer an der

Meeresküste seine Jugend verlebt hat, wie ich, der sehnt sich immer wieder nach dem Anblick der unendlichen Wasserfläche.

Nun war der Tag gekommen, an dem ich in das Blüchersche Husaren-Regiment aufgenommen werden sollte. Es gehörte mit drei anderen Regimentern zur Reiter-Division des Generals von Katzeler; ihr Eintreffen in Caen wurde um 10.00 Uhr vormittags erwartet.

Ich hatte mich auf dem Marktplatz aufgestellt, um den Vorbeimarsch meines Regiments zu sehen. Zuerst kam das brandenburgische 3.Husaren-Regiment. Ich war von seinem Anblick schmerzlich berührt. Dieses schöne Regiment, wie anders sah es heute aus, als ich es einst kennen gelernt hatte! Einige Husaren ritten auf Decke ohne Sattel, andere auf bloßem Pferde, einige mit Trense, andere mit Kandare, aber mit starken Bindfäden anstelle der Zügel; einige trugen Tschako, andere Mützen als Kopfbedeckung. Da meinte ich: wenn die Pommern kommen, die werden schon einen besseren Eindruck machen. Indes die Blücherschen sahen womöglich noch betrübender aus! - Trotz allem aber war die Haltung der Leute in beiden Regimentern ganz vortrefflich. Stolz von ihren Pferden herabblickend ritten sie durch die Stadt. Hatten auch diese Regimentern das überaus unglückliche Gefecht bei Versailles[58] gehabt, nie hatten sie tapferer gefochten als dort, und das drückte sich auch in den selbstbewussten Mienen aus.

Ich folgte meinem Regiment nach Thiberville, wo der Stab ins Quartier kam. Der damalige interimistische Regimentsführer, Major von Wins, nahm meine Meldung zwar etwas reserviert, aber doch nicht unfreundlich entgegen. Ich wurde zunächst beim Stabe untergebracht, am nächsten Morgen dem Offizierskorps des Regiments vorgestellt und der 2.Eskadron zugeteilt.

Wir setzten den Marsch nach Osten fort und mein alter Bekannter im Regiment, Leutnant von Dantzen, erzählte mir unterwegs von der Versailler Affäre und wie er sich durchgehauen und vor der Gefangenschaft gerettet hatte. Ich konnte mir das recht gut ausmalen; denn Ferdinand von Dantzen war ein großer, starker Mann und ein tapferer Haudegen.

Am 01.Oktober hatten wir bei Damville südlich von Evreux Divisionsparade vor dem General von Zieten[59]. Ich notierte am Abend in mein Tagebuch:

---

[58] Oberstleutnant von Sohr machte mit den beiden Husaren-Regimentern am 01. Juli 1815 einen Streifzug auf dem linken Seineufer. In dem sehr unübersichtlichen Gelände von Versailles wurde er durch 12 französische Reiter-Regimenter und ein Infanterie-Regiment in Front, Flanke und später auch im Rücken angegriffen. Nach mehreren heldenmütigen Attacken unterlagen die preußischen Husaren. Sie hatten weit über die Hälfte ihrer Männer verloren.

[59] Hans Ernst Karl von Zieten befehligte 1815 das I.preußische Armee-Korps und bis 1817 die Okkupationstruppen in Frankreich. 1817 wurde er in den Grafenstand er-

„Unser pommersches und brandenburgisches Husaren-Regiment stechen in ihrem Aussehen sehr unvorteilhaft gegen die beiden anderen Regimenter ab. Nun, lasst uns nur ein wenig Zeit. Es wird alles ergänzt werden und dann sind die Pommern wieder die Alten!"

---

hoben und war bis 1855, zuletzt als Generalfeldmarschall, kommandierender General in Schlesien.

16. Kapitel
Die gerade Linie zwischen zwei Punkten

Bei der Parade von Damville war es mir peinlich gewesen, im Husaren-Regiment Blücher, das damals blaue Dolmans mit gelben Schnüren trug, noch immer in meiner Uniform von den schwarzen Husaren zu reiten. Ich erbat daher Urlaub nach Evreux, wo ich mir einen blauen Dolman anschaffen zu können hoffte. Der Urlaub wurde mir zu diesem Zweck gern bewilligt, auch eine berittene Ordonnanz mitgegeben und ich trabte nach Evreux, wo ich mich einquartierte.

Ich fand wirklich blaues Tuch in der richtigen Farbe und gelbseidene Schnur zum Besatz; aber kein Tailleur wollte mir den neuen Dolman anfertigen. Die Arbeit, besonders die Schnürenstickerei, war ihnen zu mühsam. Doch nannte man mir eine Dame, die mir vermutlich helfen würde; ich begab mich zu ihr und in der Tat wollte sie sich der Aufgabe unterziehen.

Obgleich ich nun alle Tage zu ihr ging, wollte der Dolman doch nicht fertig werden. Da sprengte, am fünften Tage meines Aufenthalts in Evreux, ein Husar vor mein Quartier und brachte mir die Order, mich unverzüglich zum Regiment zu begeben. Es habe Marschbefehl erhalten und werde morgen früh in Richtung nach Beauvais aufbrechen. Unfehlbar müsse ich wenigstens übermorgen beim Regiment sein. Ich teilte meiner Donna die unerwartete Abberufung mit und bat um Beeilung. Sie lachte aber nur und meinte, es wäre ja kein Krieg mehr und ich müsste geduldig sein!

Wieder vergingen mehrere Tage, in denen ich meine Besuche verdoppelte und auch verlängerte, bis ich endlich den neuen Dolman anziehen konnte. Er passte auf das schönste und war sehr sauber angefertigt. Nicht ohne Dankbarkeit sagte ich der schönen Helferin in der Not Lebewohl.

Ich hatte viel Zeit verloren und konnte das Regiment nicht so leicht einholen. Aber ich wusste, das Montdidier das schließliche Marschziel war und beschloss, auf dem kürzesten Weg dorthin zu reiten. Ich zog auf meiner Karte eine gerade Bleistiftlinie und machte mich in dieser Richtung auf den Weg.

Bei Vernon überschritt ich die Seine. Wie reizend war hier die Gegend! Ich ritt jede seitwärts liegende Anhöhe hinauf, um die schönen Landschaftsbilder zu genießen. Mein alter, mürrischer Husar folgte mir dabei nur ungern; er meinte, das würde seinem Brauner zu sauer. Ich ließ ihn später den geraden Weg reiten.

In Vernon meldete ich mich beim Etappenkommandanten. Von Schreibern umgeben saß er hinter einem großen ovalen Tische. Er erhob sich und sagte: „Herr Kamerad, irre ich mich, so entschuldigen Sie, bitte. Aber - Fritz, bist Du es nicht?"

Augenblicklich erkannte ich auch ihn.

„Ja, Kaspar", rief ich und wir lagen uns in den Armen. Wir hatten unsere Kindheit als Spielkameraden miteinander verlebt und waren sehr gute Freunde. Leutnant von Roell war der dritte Sohn des ehemaligen Ingenieur-Offiziers vom Platz in Kolberg, eines Majors. Seine Eltern waren nun bereits verstorben und seine Brüder vor dem Feinde geblieben, - der Älteste bei der Belagerung unserer Vaterstadt, wie ich seinerzeit berichtet habe.

Kaspar war als vierzehnjähriger Fahnenjunker bei Jena gefangen und lange Zeit in Nancy festgehalten worden. Dies hatte insofern einen Nutzen für ihn gehabt, als er das Französische wie seine Muttersprache beherrschen gelernt hatte. Wir hatten uns seit neun Jahren nicht gesehen und uns darum sehr viel zu erzählen.

„Hör' einmal, Fritz", sagte er, „ich lasse Dich morgen nicht fort. Du musst wenigstens drei Tage hier bleiben und meine Braut kennen lernen. Ich werde Dich in ihr Elternhaus einführen."

Er sprach mit einem seiner Schreiber, ließ ein Quartierbillett ausfertigen und überreichte es mir mit den Worten: „Ein Generalsquartier! Nach Tisch hole ich dich ab, Fritz, und den Abend bringen wir dann bei meinem Bräutchen zu."

Es war allerdings ein „Generalsquartier", das mir mein Freund ausgesucht hatte! Ein stattliches Château mit prachtvoller Einrichtung und zahlreicher Dienerschaft. Ich fühlte mich aber nicht recht behaglich, weil der Schlossbesitzer, ein französischer Baron und seine Familie, namentlich die sehr umfangreiche und unschönen Frau Baronin, mich mit steifer Förmlichkeit empfingen.

Wir dinierten und hierbei wurde die Baronin nicht müde, mich in vorsichtiger Weise über meine Persönlichkeit auszuhorchen. Ich wich indes ihren Fragen mit der größten Unbefangenheit aus und ließ sie im Unklaren darüber, ob ich ein Prinz oder nur ein Graf war. Denn ein anderer konnte als so junger Offizier unmöglich zu ihr ins Quartier kommen! Ich war überzeugt, dass sie so dachte und es belustigte mich, zu beobachten, wie sie immer wieder auf mich und meinen glänzend neuen Dolman ihre musternden Blicke warf. Dass der Etappenkommandant mein Freund war und sich den Spaß gemacht hatte, mich in das vornehmste Haus der Stadt zu legen, ahnte die gute Dame natürlich nicht. - Nach Tisch empfahl ich mich sogleich und fand Roell schon in meinem Zimmer.

„Nun, solche Weintrauben wie bei diesem Herrn von B. hast Du wohl noch nicht gegessen?", rief er mir entgegen.

„Nein", entgegnete ich, „sie korrespondieren an Umfang und Saftfülle mit der Frau Baronin. Aber Du hast mir mit diesem Quartier keinen Gefallen getan, Kaspar: die Trauben sind köstlich; aber die Menschen behagen mir weniger."

Roell lachte: „Komm zu meinen zukünftigen Schwiegereltern und zu meiner Braut, die werden Dir besser zusagen!"

Er nahm mich unter den Arm und wir verließen das Schloss.

Der wohlhabende und gebildete Mittelstand in Frankreich hat mir immer gefallen und auch in dieser Familie, in die mein Freund mich nun einführte, fühlte ich mich so behaglich, dass die Stunden wie Minuten dahineilten. Als Roell mich als „seinen Jugendfreund" vorstellte, wurde ich mit einer Herzlichkeit empfangen, als ob ich schon seit Jahren bekannt gewesen wäre. Das Bräutchen reichte mir die Hand und - ich bemerkte wohl den triumphierenden Blick meines Freundes, als er sah, welchen Eindruck ihr Anblick auf mich machte. Ein blutjunges, schlankes, reizend schönes Mädchen stand vor mir.

Bald überließen wir, die Eltern und ich, das Brautpaar sich selbst; wir unterhielten uns in sehr freundschaftlicher Weise und wurden schnell vertraut miteinander. Die Mutter erzählte mir, dass ihr Sohn im Kriege geblieben sei und dass sie als einziges Kind nur noch ihr Töchterchen besitze.

Als sie bei der Erzählung zu weinen anfing, eilte Roell ans Klavier, schlug einige Akkorde an und sang mit klangvoller Stimme:

> Sie fochten tapfer. - In dem Kampfgewühl
> sah man gar vieler Männer Leichen!
> Es war die Schlacht, da auch mein Bruder fiel;
> starr lag er da, fast ohne Lebenszeichen.
>
> Der Stimme letzter Hauch die Luft durchbebte,
> ein sanftes Lächeln seine Lipp' umschwebte,
> der letzte Ruf zu seinem Ohre drang; -
> Dann aber schlossen seine Augenlider,
> kaum noch geöffnet, sich für immer wieder,
> wie Blumen bei der Sonne Untergang.

So lauteten zu Deutsch etwa die Verse, die er auf Französisch sang und sie passten so gut für ihn selbst wie für seine Braut. Denn in derselben

Schlacht, die ihr den Bruder geraubt hatte, bei Belle-Alliance, war auch sein zweiter Bruder gefallen.

Als er geendigt hatte, umarmte ihn die Braut und ich sah, wie ihre Tränen seine braune Wange benetzten. Das Lied sollte den Schmerz der Frauen besänftigen und tat es auch. Mutter und Tochter trockneten ihre Tränen und wurden allmählich wieder heiter.

Welches ist die stärkere Leidenschaft, die Liebe oder der Hass? Der Bruder des Bräutigams und der Bruder der Braut hatten beide im Kampf einander gegenüber gestanden und beide hatten ihr Leben verloren und nun standen die Geschwister dieser als Feinde gefallenen in liebevollster Umarmung vor mir. Der Verlust ihrer Brüder schien die beiden Liebenden nur noch fester aneinander ketten.

Es war Mitternacht, als wir diese liebenswürdige Familie verließen. Zuvor hatte ich noch den Genuss gehabt, das Klavierspiel und den Gesang der Braut meines Freundes zu hören. Beides war meisterhaft.

„Morgen speist Du bei mir", sagte Roell, als wir uns trennten. „Zu Deinem Regiment kommst Du noch zeitig genug. Nimm die schönen Tage hier mit; es gibt nur ein Vernon." Ich ließ mich bereden und sagte zu.

Der folgende Tag verging aufs angenehmste. Roell hatte einige ihm befreundete junge Bürger der Stadt zu Tisch geladen und fröhlich unterhielten wir uns. Dann holten wir seine Braut und deren Eltern von ihrer Wohnung ab, machten mit ihnen einen Spaziergang in die wunderschöne Umgebung Vernons und kehrten schließlich in ein am Seineufer reizend gelegenes Gasthaus ein, um zu Abend zu essen. Wie lag er so friedlich vor uns, der von der Hauptstadt Frankreichs kommende Strom! Welch Lärmen dort an seinen Ufern und welch labende Stille hier! Es war ein wundervoller Abend!

Wieder wurde es Mitternacht, ehe wir uns trennten. Dann hieß es für mich - Abschied nehmen! Ein herzlicher Dank diesen lieben, sehr lieben Menschen, ein inniges Lebewohl! Roell begleitete mich bis an mein Quartier. Noch einen Händedruck.

„Gute Nacht, Fritz!"

„Habe Dank, leb wohl!"

Am Morgen des 16.Oktober brach ich mit Tagesbeginn auf. Ich ritt langsam; auf der Seinebrücke machte ich Halt und nahm das schöne Landschaftsbild noch einmal in mich auf. Adieu, Vernon! - Aber nun musste der Rappe heran. Allons, Trab! Die schönen Tage sind vorüber, vorwärts!

Über Gisors, Beauvais und Montdidier erreichte ich endlich, am 19. Oktober, das Regiment. Der Stab lag in Vernéville, einem großen Dorf mit prächtigem Schlosse. Ich begab mich also nach Vernéville.

Der Erste, der mir im Dorfe begegnete, war der Regiments-Büchsenmacher Giese, derselbe, dessen alter Gaul die hervorstehenden Zähne hatte.

„Mein Gott, Herr Leutnant, wo kommen Sie her?", so redete er mich an. „Wir glaubten, Sie wären von den Franzosen totgeschlagen worden, weil Sie gar nicht wiederkamen."

Ich lachte und ritt zum Schlosse. Auf dem davor liegenden freien Platz traf ich den Regimentsarzt Dr. David Schiele. Er klatschte in die Hände und rief: „Da sind Sie ja. Willkommen! Nun, das wird eine schöne Geschichte werden. Sie sind heute dem kommandierenden General als verschollen gemeldet worden!"

Im Schlosse, das einem französischen Marquis gehörte, war eben das Diner beendet, als ich in den Speisesaal eintrat, um mich beim Kommandeur zu melden. Die Offiziere umringten mich; Major von Wins aber sah mich zornig an. Sich gegen die Damen verneigend sagte er: „Ich werde gleich wieder erscheinen", sich zu mir wendend: „Folgen Sie mir auf mein Zimmer!"

Dort spielte sich nun unter vier Augen eine recht ernste Szene ab; ich wurde nun wegen meines langen Fortbleibens mit Vorwürfen überhäuft.

„Hätte ich nur noch heute geschwiegen", sagte er, „ich habe dem kommandierenden General eine Litanei über Sie eingeschickt und nun stehen Sie gesund vor mir."

Ich erlaubte mir zu entgegnen: „Herr Oberstwachtmeister, zwischen zwei Punkten ist die gerade Linien die kürzeste Verbindung. Diese Linie, also dem kürzesten Weg, habe ich genommen."

„Was?", rief der Major, „den kürzesten Weg? Sehen Sie, einen solchen Weg haben Sie genommen."

Und dabei lief er in dem großen Zimmer ein paar Mal im Kreise herum.

„Solchen entsetzlich langen Weg sind Sie geritten; denn Sie sind zu spät gekommen."

Meine der Mathematik entlehnte Entschuldigung mit der „geraden Linie", - ich wusste ja keine andere vorzutragen - schien ihm indes trotz allem Spaß zu machen. Ein Lächeln umspielte seinen Mund, und ziemlich gnädig entließ er mich.

Nun begab ich mich nach Ignaucourt, wo der Rittmeister im Quartier lag. Ich beging dabei die Dummheit, meine Ordonnanz vorauszuschicken und der Unglücksmann hatte nichts eiligeres zu tun als alles auszuplaudern und zu erzählen, sein armer Brauner hätte mit mir auf alle Berge klettern müssen, weil der Herr Leutnant immer die schöne Aussicht genießen wollte!

In Ignaucourt war ein ebenso stattliches Schloss wie in Vernéville. Der Besitzer, ein alter französischer General, empfing mich und führte mich in einen hell erleuchteten Saal, wo die Damen mit unseren Offizieren Federball spielten.

Mein Rittmeister von Rudorff aber nahm mich sofort in ein Seitenkabinett und eine neue Strafpredigt begann. Der Braune, das königliche Dienstpferd! Es sollte heruntergekommen und daran nur „das ewige Klettern auf die Berge" schuld sein! Ich war ganz still und das war auch das Beste; denn Rittmeister von Rudorff war kein Major von Wins. Beide waren ehrenhafte, vortreffliche Männer. Aber Wins war lebhaft, witzig, aufbrausend und gleich wieder gut; Rudorff war kalt und streng.

Die Eskadron hatte noch drei andere, kleine Dörfer belegt; ich war nach Aubercourt bestimmt und machte mich gleich dorthin auf den Weg. Es war 11.00 Uhr abends, als ich mein Quartier, einen großen Pachthof, betrat. Außer mir war der Portepeefähnrich Messerschmidt genannt von Arnim dort untergebracht. Diesen kannte ich noch nicht; er war erst vor zwei Tagen zu uns gekommen. Und jetzt lag er schon im Nebenzimmer zu Bette, war aber noch wach und wir begrüßten uns.

Seit dem frühen Morgen hatte ich heute nichts genossen, außer zwei Strafpredigten, daher grimmigen Hunger und - Ärger!

„*Manger, manger!*", rief ich zur Stubentür hinaus.

„*Dépêchez vous!*" - Verdrießlich kam endlich ein Mann herein und schob mir einen schadhaften Teller mit einer Art ungenießbaren Brei unter die Nase. Ich geduldete mich noch eine halbe Stunde; aber es kam nichts weiter. Dabei schienen meine Wirte keineswegs arm zu sein; wenigstens hatten sie zahlreiches Gesinde.

Das schlechte Licht auf dem noch schlechteren Leuchter war beinahe heruntergebrannt; mein Hunger wurde immer größer und meine Laune immer schlechter. Endlich sprang ich auf; ich musste meinem Zorn Luft machen. Also ergriff ich meinen russischen Kantschu. Am Kaminfeuer im Flur saßen etwa ein halbes Dutzend Kerle in blauen Blusen, die bekamen sämtlich etwas ab. Sie sprangen auf und liefen durcheinander; die Frauen kreischten; das ganze Haus geriet in Aufruhr; es war ein Zetermordio. Ich aber rief bei jedem Schlag mit lauter Stimme: „*Manger, manger!*"

Dann ging ich in meine Stube zurück. Ich hatte mich ausgetobt und nun das Gefühl, eine Rohheit begangen zu haben; ich kann aber versichern, dass es auch in Feindesland das einzige Mal gewesen ist. Arnim brüllte in seinem Bett vor Lachen; ich saß ganz ruhig an meinem Tisch und wartete der Dinge, die da kommen würden.

Es vergingen nicht zehn Minuten, da stürzten zwei Mädchen ins Zimmer. Fast konnten sie die Teller nicht auf den Tisch setzen, so flogen die Hände. Sie zitterten am ganzen Leibe, die armen Geschöpfe. Und bald hatte mein Tisch keinen Raum mehr für all die Speisen, die vor mich hingestellt wurden. Ich rief: „Zum Teufel, es ist ja längst genug!", aber es kam immer mehr, Pasteten und Braten. Auch vier Flaschen roten und weißen Weines lächelten mir entgegen!

Messerschmidt von Arnim war aus dem Bett gesprungen; ein junger Herkules im Nachthemd stand vor mir.

„Göttlich, einfach himmlisch!", rief er, „Herr Leutnant, ich habe hier auch nichts zu Essen bekommen; es ist ein geiziges Pack. Nun aber wird es besser werden."

Im Nachthemde nahm er neben mir Platz und an meiner Mahlzeit teil und ein Stück Pastete und ein Glas Wein nach dem anderen schlüpften hinunter. Sehr befriedigt begaben wir uns zur Ruhe und waren bald sanft entschlummert.

Gern hätte ich am folgenden Morgen noch etwas länger geschlafen. Aber der Trompeter hatte schon zum Satteln geblasen und wir mussten uns beeilen, um fertig zu werden. Das Regiment wurde heute zusammenzogen. Aus dem Exerzieren wurde freilich nicht viel; es war mehr eine Vereinigung des Regiments zur Besprechung im Offizierskorps.

Es war herrliches Wetter; wir umringten unseren Major, der nun wieder, wie fast immer, liebenswürdig, geistreich und witzig war. Alle waren heiter und vergnügt. Mit einem Male trat Graf Wedel an mich heran, der Rittmeister von der 1. Eskadron und die Zierde des Regiments.

„Nun, lieber Lietzmann, die armen Franzosen in Ihrer Ferme haben wohl die gerade Linie zwischen zwei Punkten entgelten müssen?"

Alles lachte, der Major am meisten, und ich mit. Der Fähnrich hatte also geplaudert. Später nahm mich Leutnant von Kleist beiseite und erzählte: „Als der Major gestern in den Speisesaal zurückkam, wo wir anderen noch beisammen waren, sagte er: Ich hatte mir fest vorgenommen, dem Lietzmann wegen seines langen Ausbleibens wenigstens einen Tag Arrest zu geben. Aber anstatt sich zu entschuldigen, hat er mir doch, glaube ich, den Pythagoreischen Lehrsatz beweisen wollen. Jedenfalls stellte er die Behauptung auf, dass die gerade Linie zwischen zwei Punkten der nächste Weg sein und dagegen lässt sich am Ende nichts einwenden. Arnim, schreiben Sie dem kommandierenden General, der Leutnant Lietzmann wäre beim Regiment eingetroffen und nur durch allerlei Widerwärtigkeiten aufgehalten worden. Er hätte nicht früher kommen können."

Noch heute bin ich dankbar, lieber, herrlicher Wins, für Deine Kameradschaft. Und wie aus weiter Ferne glaube ich noch heute die wundervollen Töne zu vernehmen, die Du mit sicherem Bogenstrich Deiner Amatigeige entlocktest, noch heute den treffenden, nie verletzenden Witz, der aus Deinem lächelnden Munde sprudelte. Sanft ruhe Deine Asche!

17. Kapitel
Der Kommandeur
Ein Miniaturhof - Husarenstreiche

Am 01. November 1815 verließen wir die Gegend von Montdidier, nachdem das Regiment einige Tage vorher aus den Händen des Generals von Katzeler eine neue Standarte empfangen hatte.

Wir standen in Parade zur Linie aufmarschiert und als uns die Standarte übergeben worden war, hatten die Stabsoffiziere und von jeder Eskadron der Rittmeister, der Premierleutnant, der älteste Sekondleutnant, der Wachtmeister, ein Unteroffizier, ein Gefreiter und ein Husar jeder einen gelben Nagel in die Stange einzuschlagen, zum Zeichen, dass diese Standarte in Not und Gefahr niemals verlassen werden sollte. Es war eine erhebende Feier.

Wir marschierten nun über Péronne, Cambrai, Valenciennes aus dem schönen Frankreich hinaus. Lebe wohl, Belle France, auf Nimmerwiedersehen! - Und noch einmal durchzog ich Belgien und war dann wieder im teuren, deutschen Vaterland. Es war bereits Dezember geworden.

Bei Orsoy setzte die Kavallerie des Generals von Katzeler unter großen Schwierigkeiten über den mit Eis gehenden Rhein. Leider schlug dabei eine Fähre um und 17 Ulanen nebst ihren Pferden fanden den Tod in des Stromes Fluten.

In Dorsten, an der Grenze Westfalens, erwartete uns unser eigentlicher Regimentskommandeur, Oberstleutnant von Arnim. Alles bereitete sich sorglich darauf vor, von seinen Augen gemustert zu werden und Kleist sagte zu mir: „Nehmen Sie sich nur zusammen, er ist entsetzlich grob."

Ich hatte noch nicht die Ehre gehabt, den Oberstleutnant zu sehen, aber desto mehr von ihm gehört und was über ihn berichtet wurde, flößte mir einen gewaltigen Respekt ein. Arnim hatte niemals in einem anderen Regiment gestanden als bei den Blücherschen Husaren.

Vierzehn Jahre alt war er eingetreten und durch seinen Diensteifer und seine ausgezeichnete Tapferkeit der Liebling Blüchers geworden. Nachdem er sich bis zum Stabsoffizier aufgeschwungen hatte und bald hoffen durfte, Kommandeur des Regiments zu werden, wurde ein älterer, sehr verdienter Offizier, der Oberst von Thümen, mit dem Kommando betraut. Das war wohl eine Enttäuschung für Arnim; doch obendrein hatte er noch das Unglück, beim Sturz mit dem Pferde seinen rechten Fuß zu brechen. Der Fuß wurde fehlerhaft und schief geheilt. Voll Zorn auf die Heilkünstler presste Arnim den Fuß zwischen Tür und Zarge, bricht ihn selber aufs Neue und ruft den herbeieilenden Ärzten zu: „Nun heilt meinen Knochen aber gerade!"

Inzwischen war Oberst von Thümen Brigadekommandeur geworden und bei Ligny an der Spitze seiner Brigade gefallen. Der König gab das Regiment nun an Arnim, der die Order auf dem Schmerzenslager empfing. Er war auch jetzt noch nicht völlig genesen und stützte sich auf einen starken Krückstock, sobald er vom Pferde stieg.

Wir näherten uns dem Marktplatz von Dorsten.

„Stillgesessen! Gewehr auf!", erscholl das Kommando des Majors von Wins.

Richtig, da hielt der Oberstleutnant, um sein Regiment an sie vorbeimarschieren zu lassen. Ich saß fest, wie aus Erz gegossen im Sattel und kam mit dem ersten Zug der 2.Eskadron unangefochten vorüber. Da hörte ich plötzlich eine laute, herrische Kommandostimme hinter mir: „Will der verteufelte Kerl in der dritten Rotte des zweiten Zuges das Säbelgefäß herannehmen! - Mohrenbataillon!"

Da dachte ich, das fängt gut an. Hinter der Stadt wurde abgesessen. Das Offizierskorps umringte seinen geliebten Kommandeur und begrüßte ihn. Ich freute mich über seine stattliche Gestalt und sein ausdrucksvolles, kriegerisches Antlitz, das bei aller Würde doch auch milde Züge aufwies. Dann trat ich vor ihn hin und meldete mich dem Regimente zugeteilt. Sein Adlerblick überflog mich, als wollte er fragen: Bist Du ein tüchtiger Kerl oder nicht? - Er lächelte und schenkte mir einige freundliche Worte.

Aber ehe wir noch aufgesessen waren, kam der Adjutant zu mir: Der Oberstleutnant ließe mir sagen, vor einer Meldung möchte ich doch meine Knöpfe am Dolman revidieren. - Blitzschnell sah ich an mir hinunter. Richtig, ein Knopf war aufgegangen.

„Ja, ja, lieber Lietzmann, das kommt jetzt anders", meinte der Adjutant.

Den heiligen Weihnachtsabend des Jahres 1815 verbrachte ich im Dorfe Borghorst bei Burgsteinfurt. Hier im katholischen Lande ist es nicht Sitte, die lieben Kindern an diesem Abend zu bescheren; das geschieht stattdessen am Niklastage. Kleist und ich saßen trübselig beieinander und rauchten aus unseren Meerschaumköpfen. Wir sprachen von unserer pommerschen Heimat. Wären wir doch heute bei den Unsrigen! - Um 10.00 Uhr legten wir uns zur Ruhe nieder und entschlummerten im Gedanken an den heimatlichen Weihnachtsbaum.

Gegen Schluss des Jahres rückten wir in Burgsteinfurt ein, wo wir einige Zeit verbleiben sollten. Es ist der Hauptort der standesherrlichen Besitzungen der Grafen von Bentheim-Steinfurt, hat ein Schloss und einen wunderschönen großen Park, Bagno genannt. Schade nur, dass wir ihn nicht zur Sommerzeit kennen lernten!

„Meine Herren, wir müssen dem regierenden Herren Grafen unsere Aufwartung machen", so sprach unser würdiger Rittmeister zu uns, „ich werde uns anmelden lassen."

Einige Tage später sagte er: „Denken Sie sich nur, ich habe vom Grafen den Bescheid erhalten, ich möchte wegen der gewünschten Vorstellung im Schlosse eine schriftliche Eingabe machen!"

„Ach, tun Sie es doch, Herr Rittmeister", baten wir und der Rittmeister gab unseren wiederholten Bitten endlich nach.

Einen Tag darauf wurde ihm schriftlich der Tag kundgegeben, an welchem die Audienz stattfinden könne. Dieser Tag erschien und pünktlich um 11.00 Uhr vormittags, wie vorgeschrieben, begaben wir uns in unserer Paradeuniform zum Schlosse. Bei unserem Eintreffen wurde die bis dahin aufgezogene Zugbrücke niedergelassen und wir überschritten den das ganze Schloss umgebenden Wassergraben.

Wir gelangten auf den Schlosshof, wo eine Wache unter Gewehr stand. Die Leute waren eigentümlich, aber nicht ohne Geschmack bekleidet. Von der linken Schulter hing ihnen ein kurzer, spanischer Mantel herab. Auf dem Schlosshofe empfing uns der Zeremonienmeister in schwarzem Frack und seidenen kurzen Beinkleidern und Strümpfen von gleicher Farbe. Den Hut in der Hand, führte er uns zum Schlossportal. Dort wurden wir vom Bruder des „regierenden Grafen" begrüßt, der die Uniform eines dänischen Obersten trug; er geleitete uns zum Empfangssaal.

Am Eingang zu diesem Saale stand ein anderer Bruder in der Uniform eines österreichischen Generals. Von ihm wurden wir den Damen entgegengeführt. Sie saßen im Halbkreis und auf dem rechten Flügel dieser schönen Gruppe stand der regierende Graf, in Zivilkleidern, einen Stern auf der Brust. Wir ordneten uns nach dem Range und nun begann die Vorstellung. Der dänische Oberst trat vor und sagte: „Mein Bruder, der Graf. Die Gräfin. Meine Schwestern, die Fürstin L., Komtesse Klotilde, Komtesse Amalie; mein Bruder, der General."

Hierauf stellte sich unser Rittmeister in Positur und nannte uns, jeden Dienstrang weglassend, „Herr von M., Herr von B." und so weiter. Auch meinem Namen wurde das „von" vorgesetzt; der gute Rittmeister wollte den gräflichen Herrschaften vermutlich die peinliche Empfindung ersparen, dass sie mit einem Bürgerlichen in gesellschaftlichen Verkehr treten würden!

Es wurden noch einige Worte gewechselt und die Audienz war beendet. Wir wurden in derselben Weise, wie wir empfangen worden waren, auch wieder hinausbegleitet und als wir die Zugbrücke überschritten hatten, wurde diese wieder aufgezogen. Ich dachte dabei an die Ritterzeit des Mittelalters; wollte man einen Vergleich aus der Neuzeit haben, so konnte man auch an chinesischen Tempeldienst denken.

Einige Tage darauf waren wir zum Souper und Ball aufs Schloss geladen. Wir versammelten uns beim Rittmeister, diesmal im Ballanzuge, das heißt in eng anschließenden, so genannten ungarischen Beinkleidern, kornblumenblau mit Goldstickerei, in Korduanstiefeln mit goldener Tresseneinfassung und Troddel.

Wir hielten zunächst gegenseitige Musterung und waren dabei von den Waden des Herrn von N. nicht ganz befriedigt; es fehlte ihnen die so beliebte Rundung. Dann zogen wir zusammen ins Schloss, wo diesmal die zeremoniöse Etikette völlig verschwunden war. Wir wurden auf diesem Balle beinahe ausgelassen fröhlich.

Noch mehrere angenehme Wochen wurden uns in Burgsteinfurt zuteil. Die Teiche des Bagno waren fest zugefroren und das Eis spiegelblank. Da liefen wir jeden Nachmittag Schlittschuh und auch die Komtessen fanden sich zu diesem Vergnügen regelmäßig auf eine Stunde ein. Sobald die Gräfinnen sich zurückgezogen hatten, erschienen andere junge Damen aus der Stadt und zuweilen leuchtete uns bereits der Mond, während wir noch auf der glatten Fläche dahinflogen.

Nun aber lebe wohl, Burgsteinfurt und du, schöner Bagno; wir marschieren nach Coesfeld, unserem nunmehrigen Standquartier. Ein gräulicher Marsch; denn infolge eingetretenen Tauwetters war der tiefe Schnee zur Schlammpampe geworden. Wir kamen schließlich doch an und wurden gleich durch eine überraschende Neuigkeit erfreut: in Coesfeld gab es zur Zeit Theater! Gleich den ersten Abend waren wir da. Es wurden „Die Negersklaven" gegeben; das Spiel war nach unserer Ansicht vortrefflich und namentlich die erste Liebhaberin, ein Fräulein Holtmann, entzückte uns. Wir waren nun so oft, wie die Truppe spielte, in der Komödie. Inzwischen wurden auch die pflichtgemäßen Visiten abgestattet: beim Herrn Rheingrafen von Salm-Horstmar, beim Geheimrat von Riese und dem Stiftsherrn von Amelunxen.

Entsetzliche Geldverlegenheit! Meine neue Uniform war von Berlin angekommen und ich konnte das, in damaliger Zeit allerdings recht hohe, Porto nicht bezahlen. Der Postbote war schon wiederholt bei mir gewesen, hatte auch in meinem Quartier auf mich gewartet; ich war aber nur des Nachts dort. Am Tage hielt ich mich bei meinen Kameraden auf; denn ich mochte mir vor dem Beamten nicht solche Blöße geben. Keiner von uns Leutnants hatte Geld; es war rein alle geworden. Der Rittmeister war zu eigen, dem durfte man damit nicht kommen und der gute Wachtmeister Schneider war schon über Gebühr angepumpt. Dieses schauderhafte Bedrängnis währte schon drei volle Tage, da stürzte ganz früh morgens Graf Krockow zu mir ins Zimmer und rief: „Viktoria! Geld! Geld! - Kleist hatte eine Ordonnanz geschickt und sagen lassen, dass er von zu Hause eine Rolle harter Taler bekommen hat. Wir beide sollen augenblicklich zu ihm kommen."

Sofort bestiegen wir unsere Pferde und jagten zu Kleist, der mit einem Teil unserer Eskadron in einer Bauernschaft, eine halbe Meile von Coesfeld, kantonierte. Als wir bei ihm eintraten, hielt er uns die Talerrolle entgegen und sagte:

„Ich weiß, Ihr seid in Verlegenheit. Fasst jeder ein Ende der Rolle an, ich schneide sie mit dem Säbel durch. Was auf die Erde fällt, ist meins, was jeder in der Hand behält, ist das Eurige. Nun macht, dass Ihr das Meiste bekommt!"

Natürlich bekamen wir das Meiste. Aber so war Kleist nun einmal; er gab uns das Hemde vom Leibe, wenn es darauf ankam, einem zu helfen. Nun konnte ich meine Uniformstücke auf der Post einlösen.

Unser Rittmeister ist auf acht Tage nach Münster beurlaubt. Wäre er nur erst wieder zurück! Wir Leutnants werden zu übermütig. Zwei von uns setzten sich auf ein Pferd, mit dem Rücken gegeneinander, der eine hält eine Zeitung, der andere ein Glas Wasser in der Hand und so reiten sie durch die Straßen.

Wir wollen uns in unserem Gasthofe beim Herrn Wessendorff eben zu Tische setzen, da kommt von B. ins Zimmer gesprungen, eine Dormeuse[60] auf dem Kopf.

„Lauft geschwinde, Mutter Wessendorff kramt in ihrer Truhe!"

Wir hin. Die liebe alte Matrone schreit; aber ein jeder hat sich schon ein Kopfzeug erobert und setzt es sich auf. Wir sind unserer acht und bilden nun, Arm in Arm, vier Paare.

„Auf den Markt, auf den Markt", heißt es und dort wird eine Quadrille getanzt! Dieses Jauchzen der lieben Straßenjugend! Auch Herrschaften umringen uns. - Die Quadrille ist beendet, die sämtlichen Touren sind erschöpft. Arm in Arm kehren wir unter dem Hurra unserer Zuschauer in den Gasthof zurück.

---

[60] Dormeuse - (veraltet) Schlafmütze für Frauen

Ein anderes Mal wird Nachts die Hauptstraße durch eine Wagenbarrikade versperrt. - Rittmeister von Rudorf kehrt zum Glück zurück und dieser Spuk hat ein Ende.

Der in der Bauernschaft liegende Teil unserer Eskadron soll nun auch nach Coesfeld kommen; Kleist musste also seine hübsche Landwohnung verlassen. Er beschloss, den Honoratioren der Stadt zuvor dort ein Fest zu geben. Die Anstalten dazu wurden getroffen, wobei Graf K. und ich ihm halfen. Wassendorff lieferte ein Fass Wein und die Gäste fanden sich an dem herrlichen Sommernachmittage zahlreich ein. Es tanzte sich gut auf dem geschorenen, von Bäumen beschatteten Rasen und gegen Abend zündeten wir ein großes Feuer an, um das wir im Kreise herumtanzten.

Dann wurde zur Stadt aufgebrochen, wo noch ein Ball arrangiert war. Sämtliche Offiziere fuhren in Damengesellschaft; nur Graf K. und ich waren zu Pferde. Er hatte zu viel getrunken und wollte den Herrschaften in den Wagen ein Schauspiel geben. So forderte er mich nun zu einem Kampfspiele heraus. Wir zogen die Säbel und das Gefecht begann. Er wurde sehr ausfallend und ich sah mich genötigt, ihm zu entschlüpfen, indem ich durch die Wagenreihe hin und her flog, während er mich wütend verfolgte. Die Damen schrieen auf und der Bürgermeister von Coesfeld stand aufrecht in seinem Wagen, blass wie der Tod: „Um Gottes Willen, wie wird das enden!"

Ich nahm den Kampf wieder auf und versetzte meinem Gegner eine flachen Hieb über die Schulter; der angetrunkene Graf K. aber hieb nun scharf auf mich ein. Zum Glück parierte ich seinen Hieb, der eine tiefe Scharte in meinem Säbel zurückließ. Die Offiziere riefen: „K., was machen Sie denn, sind Sie verrückt?"

Der hörte indes auf niemand. - Ich war ihm als Reiter überlegen und hatte meinen gewandten kleinen Schweißfuchs ganz und gar in der Hand, was bei ihm, mit seinem sehr schönen, aber etwas schweren normannischen Rappen nicht der Fall war. Die Volten meines Pferdes, seine Biegungen und Seitensprünge wurden so kurz und so schnell, dass mir der Wütende nichts anhaben konnte. So tummelten wir uns einige Minuten herum; da wurde dem Normannen die Sache zu bunt. Er ging durch, warf beinahe noch einen Wagen über den Haufen und lief dann geradeswegs in einen nahe gelegenen Sumpf, wo Reiter und Pferd bis an den Hals einsanken.

„Nun kommen Sie mit uns und lassen Sie ihn im Dreck!", rief nun von B.

Das ging denn doch nicht. Während der Wagenzug nun zur Stadt fuhr, trabte ich an die Stätte des Unglücks, band meinen Schweißfuchs an einen Strauch und watete in den Sumpf hinein. Merkwürdigerweise war der Graf mit einem Male ganz nüchtern geworden. Er bat mich, doch erst seinem Pferde herauszuhelfen. Das brachte ich auch mit vieler Mühe zustande, während er selbst auch allmählich aufs Trockene gelangte. Von dem schlammigen Torfmoore war er ganz schwarz im Gesicht, so dass ich mein Taschentuch aus der Säbeltasche zog, um ihn einigermaßen zu säubern.

Auf einem Umwege, um nicht gesehen zu werden, begaben wir uns zu seinem, unmittelbar am Tore liegenden Quartier. Da übergab ich ihn seinem Burschen und mit einem Händedruck trennten wir uns.

Ich kleidete mich rasch um, fand aber, als ich den Ballsaal betrat, schon alles beim fröhlichen Tanze. Damen und Herren umringten mich, um vom Ausgang des Abenteuers zu hören und waren sehr erstaunt, als ich ihnen versicherte, auch der Graf würde in Bälde erscheinen. Er kam auch wirklich und wir blieben bis zum hellen Morgen vergnügt beieinander.

18. Kapitel
Liebesidyll

Die rege Geselligkeit in Coesfeld gab mir häufig Gelegenheit, mit Marianne zusammenzutreffen. Namentlich führten uns auch unsere Liebhaberkonzerte zusammen, bei denen sie als fertige Klavierspielerin und ich im Orchester als Geiger mitwirkte. Endlich gab ich dem Empfinden meines Herzens Worte und erhielt das Eingeständnis ihrer Gegenliebe.

Mariannes Vater war Hofrat außer Dienst, ein stattlicher, schöner alter Mann mit schneeweißem Haar, ihre Mutter klein und beweglich, von Geburt und von Charakter Französin. Ich machte meine Visite und ich selbst weiß nicht, wie es kam, bald war ich der tägliche Gast im Hause des Hofrats C.

Die Familie bewohnte ein ehemaliges Kloster, ein altes massives Gebäude, dessen Garten von einer Mauer umschlossen war. An ihr entlang führte der Weg, den ich regelmäßig ritt, wenn ich vom Exerzieren kam. Winkte mir dann Marianne aus ihrem im Oberstock gelegenen Fenster zu, so war ich von Herzen fröhlich.

Sie war von mittlerer Größe und schlank; das herrliche Köpfchen mit den großen braunen Augen und dem reichen schwarzen Haar thronte auf zierlichem Halse.

Der Winter ging vorüber und man betrachtete uns in der Stadt schon als Brautpaar. Noch zwei andere Offiziere der Eskadron, die Leutnants von D. und von B., hatten ihre Wahl getroffen und sich mit den reizenden Schwestern von H. verlobt. Das war unserem verehrten Rittmeister von Rudorff zu viel: „Von dem L., von dem D. und B. hat man nun gar nichts mehr; die hocken immer bei ihren Mädchen", sagte er einmal bei Tisch, „es ist zum Verzweifeln."

Leider schien meine Liebe auf absehbare Zeit ganz hoffnungslos zu sein; denn sowohl Marianne wie ich waren ohne Vermögen. Was hätte ich auf die Frage des Hofrats: „Womit wollen Sie meine Tochter ernähren?", wohl antworten können!

Der Leutnantssold reichte nicht einmal zu meinem eigenen Unterhalt aus. Ich war arm wie eine Kirchenmaus, wenn ich auch noch so stolz auf meinem Kosakenross paradierte. Mein Asiate hatte bei sonst rötlichbrauner Farbe eine prachtvolle weiße Mähne, die fast bis zur Erde hinabhing und mit Streifen aus scharlachrotem Tuch durchflochten war. Das kecke niedliche Pferdchen passte so recht zu einem leichten, beweglichen Husaren. Es wusste recht gut, wann es bei einem von mir abgestatteten Gruß einen Satz machen sollte; es warf sich lediglich so in Positur und machte eine so kunstgerechte Lancarde, dass es allgemein Beifall fand.

Ob nun die Eltern Marianne entfernen wollten, ich weiß es nicht; genug, sie zeigte mir an, dass sie auf mehrere Wochen zum Besuch einer Freundin des Hauses nach Dülmen verreisen müsse. Das war ein Donnerschlag aus heiterem Himmel; denn wir hatten uns in letzter Zeit alle Abende unter vier Augen gesprochen. An einer ganz einsamen Stelle konnte man die Gartenmauer des Geheimrats von R. übersteigen, dann einen dunklen Laubengang durchschreiten, endlich über eine zweite Mauer hinweg in Mariannes Garten gelangen. Dort, in einer stillen Laube, drückte ich mein Mädchen an die Brust. Niemand hat je von diesen stillen Zusammenkünften etwas geahnt; nur du, lieber Mond, hast uns beobachtet.

Nun aber wurde eines Morgens in der Frühe mein Liebchen von einer eleganten Equipage abgeholt. Ich war indes noch früher vor die Stadt geritten und hatte an der Straße nach Dülmen Posto gefasst. Als der Wagen heranrollte, bat ich den Kutscher anzuhalten und dann, mein Pferd neben den seinigen anbinden zu dürfen; ich wolle in den Wagen steigen und eine kurze Strecke mitfahren, weil ich das Fräulein zu sprechen hätte. Der gute Mann sah mich groß an; da aber die Dame am Kutschenfenster mir die Erlaubnis zum Einsteigen gewährte, so sprang er vom Bock und half mein Pferd anbinden.

„Lieber Kutscher", rief ich ihm bald darauf zu, „ach, fahren Sie langsam, dem Fräulein wird unwohl!"

Er fuhr langsam und ich hätte Hunderte von Meilen so reisen mögen. Leider waren die paar Meilen nach Dülmen bald zurückgelegt und ich musste aussteigen. Ich gab dem Kutscher 2 Taler und bat ihn, nichts auszuplaudern. Er versprach es und hat auch Wort gehalten.

Mir aber wurde der Rückweg unendlich lang. Ich blieb auch am nächsten Tage missgestimmt und kam sogar meinem besten Freunde, Leutnant von Dantzen, in Streit. Er forderte mich auf Säbel

Das Duell wurde auf den frühen Morgens eines Sonntags anberaumt; damit wir um 11.00 Uhr zur Parade zurück wären, begaben wir uns zu Pferde nach dem gewählten Kampfplatz. Mögen die Götter wissen, wie die Coesfelder Buben es erfahren hatten; aber als wir ankamen, fanden wir dort eine Menge von Junge, die den Tanz mit ansehen wollten. Wir schickten nun zum Besitzer des nächsten Gartens, erbaten die Schlüssel zur Gartentür und zum Gartenhause und erhielten sie auch. Doch die neugierige Jugend überkletterte den Zaun und sah durch die Fenster des Lusthauses unserem Kampfe zu.

Dantzen war ein großer, starker Mann und ein guter Schläger; ich hatte es nicht leicht. Wir hatten den Dolman ausgezogen, legten uns aus und begannen den ersten Gang. Da fiel ein so kräftiger Hieb auf meinen Tschako, dass das Leder durchhauen wurde. Zugleich war der Tschako so tief heruntergetrieben, dass ich nichts mehr sehen konnte und der Schirm meine Nase blutig schlug. Mein Sekundant sprang zwischen uns und rief mit Donnerstimme: „Halt!"

Wir schöpften Atem und legten uns zum zweiten Male aus. Gleich darauf rief meines Gegners Sekundant „Halt!" Rot strömte das Blut auf den Boden, - ich hatte Dantzen den Zeigefinger der rechten Hand durchhauen. Ich ließ sofort meinen Säbel fallen, stürzte zugleich mit dem anwesenden Doktor Lemke auf den Verletzten zu und half beim Anlegen des Verbandes.

Siebzehn Nächte wachte ich hintereinander an meines Freundes Bett; da erst ließen die Schmerzen nach und der Finger heilte.

Marianne kehrte zurück nach Coesfeld und nun dufteten mir wieder die Blumen und es lachte die Sonne wieder. Da kam aus Berlin der Befehl, das Regiment solle Westfalen verlassen und in seine alte pommerschen Garnisonen Stolp, Schlawe und Belard zurückkehren! Diese Kunde wirkte niederschmetternd auf mich. Und doch konnte ich mich nicht entschließen, meine Versetzung in ein anderes Kavallerie-Regiment zu erbitten, um in Westfalen zu bleiben. Es verlangte mich so sehr, mein Vaterland, mein Pommern wieder zu sehen und - einmal Soldat - mochte ich auch keiner anderen Waffe angehören, als den Husaren. So blieb ich meinem Regimente getreu.

Dass freilich die schönste Zeit meines Lebens nun zu Ende gehen würde, das ahnte ich wohl und war betrübt bis in den Tod. Freilich hofften wir trotz allem auf ein Wiedersehen und auf die Erfüllung unseres sehnlichsten Wunsches, dereinst unsere Verbindung zu ermöglichen und uns fürs Leben angehören zu können. Aber ach, dieser Wunsch, diese Hoffnung sollte unerfüllt bleiben!

Ich hielt es für meine Pflicht, vor dem Abmarsch den Eltern Mariannes offen und wahrheitsgetreu meine Verhältnisse darzulegen. Als ich erwähnte, dass ich Beistand von meinen wohlhabenden Verwandten erhoffte, da schüttelten die beiden alten Leute die Köpfe und riefen: „Nie, niemals darf man auf Verwandte rechnen."

Mein Plan war nun, den Abschied zu nehmen und eine kleine ländliche Besitzung zu erwerben, die uns bei Fleiß und Sparsamkeit ernähren könne. Zum Ankauf eines solchen Grundstücks hoffte ich von Verwandten das nötige Kapital geliehen zu erhalten. Mich in meiner augenblicklichen Stellung als armer Husarenleutnant mit Marianne zu verheiraten, lag ganz außer dem Bereich der Möglichkeiten.

Noch sahen, noch sprachen wir uns, noch hielten wir uns umschlungen; aber die Trennung stand wie ein widerlicher schwarzer Unhold vor uns. Die Zeit enteilte uns und ehe wir es selbst noch wussten, hatte die Abschiedsstunde geschlagen. Heute reiste Marianne zur Herzogin von Croy nach Schloss Bentlage bei Rheine; morgen früh sollte unsere Eskadron von Coesfeld abmarschieren. Das war ein sehr schmerzlicher Abschied.

Als wir erst Coesfeld im Rücken hatten und das Blasen der Trompeten verstummte, füllten sich meine Augen mit Tränen. Ich wünschte mir, wieder in den Krieg ziehen zu können ...

Wir hatten in den Dörfern bei Münster Quartiere bezogen. Es war im Juni 1817, mein Dorf prangte im vollen Blütenschmuck. Im einem nahen Busch hatte ich eine einsame Stelle ausersehen; dort war ich allein mit den Briefen meiner Marianne.

Am 26.Juni - der 27. war mein Geburtstag - ließ ich den ältesten Unteroffizier meines Kommandos zu mir kommen und eröffnete ihm, dass ich vor Mitternacht fortreiten und erst am 28. früh zurückkehren würde. Zur geplanten Zeit trabte ich auf meinem kleinen Asiaten aus dem Dorf. Die Nacht war köstlich, mein Kosak musste ausgreifen: „Tummle Dich, Fuchs, es geht zur Geliebten!"

Bei Sonnenaufgang ließ ich meinem Pferde in Emsdetten Hafer und Wasser reichen; ich trank meinen Kaffee in Rheine. Mit dem Wirte, einem freundlichen Alten, ließ ich mich in ein Gespräch ein und brachte in unauffälliger Weise die Rede auf das nahe gelegene herzogliche Schloss Bentlage und seine Bewohner. So erhielt ich die gewünschte Auskunft. Ich überlegte mir, was zu tun sei. Ich schrieb einen Brief an Marianne. Dem Boten, der ihn nach dem Schlosse bringen sollte, trug ich auf, zu sagen, ein durchreisender Kaufmann habe einen Brief von Herrn C., dem Bruder des Fräuleins, aus Münster mitgebracht. Der Reisende würde sich bis zum Abend in Rheine aufhalten und gern eine Antwort mitnehmen.

Mit klopfendem Herzen erwartete ich des Boten Rückkehr. Die Zeit wurde mit entsetzlich lang. Es war Sonntag und die Glocken läuteten. Ich lehnte am offenen Fenster und sah die Leute zum Gottesdienst schreiten. Dann las ich Mariannes Briefe und die Lieder, die sie mir öfters gesungen hatte. Endlich, endlich erschien mein Bote und übergab mir ein versiegeltes Papier. Es enthielt nur wenige Zeilen: „Ich kann jetzt nicht antworten; nach 03.00 Uhr könnte ich es wohl. In der Nähe vom Schloss ist eine Allee."

Aber auch diese kurze Botschaft war mir so wertvoll! Ich beschenkte den Überbringer reichlich und forderte ihn auf, sich am Nachmittage wieder einzufinden und auf mich zu warten, da ich ihn vielleicht noch brauchen würde. Der junge, nette Bursche versprach es.

Ich ließ mir schon um 12.00 Uhr das Mittagessen bringen, war aber zu aufgeregt, um essen zu können. Um 02.00 Uhr war ich in der Allee und rekognoszierte von dort aus das Terrain, das Schloss in sicherer Entfernung umkreisend. Meine Uhr zeigte auf 03.00, die mir verheißene Stunde und ich suchte mich dem Schlosse nun immer mehr zu nähern. So entdeckte ich in seiner Nähe einen ovalrunden Platz, der mit Tischen und Bänken besetzt war und in den die Allee mündete.

Es war schon nahe an 04.00, da hörte ich Stimmen von Damen und Herren, die sich meinem Versteck näherten. Ich sah eine fröhliche Gesellschaft den ovalrunden Platz betreten und sich dort niederlassen und nun entdeckte ich auch das dunkle Köpfchen meiner Marianne. Ich hätte die ganze Gesellschaft über den Haufen werfen und die Eine an mein Herz drücken mögen!

Marianne kam nicht in die Allee. Ich sah ein, es war ihr nicht möglich und mit den Gefühlen eines geschlagenen Feldherrn trat ich den Rückzug an, nachdem die Gesellschaft in das Schloss zurückgekehrt war.

Ich schrieb in meinem Gasthofe abermals an Marianne, drückte ihr meinen Schmerz darüber aus, sie nicht gesprochen zu haben und wiederholte meine Bitte, mir noch einen Abschiedskuss zu gewähren. Den Boten instruierte ich dahin, dass er den Brief nur dann der Dame einhändigen solle, wenn er sie allein sprechen könne. Er erschien mir ganz geeignet als Zwischenträger in Liebesangelegenheiten.

Mit größter Spannung erwartete ich seine Rückkehr. Endlich, nach Verlauf einer langen Stunde, traf er wieder ins Zimmer und übergab mir einen Brief folgenden Inhalts: „Komme diesen Abend gegen 01.00 Uhr zum Schloss. Vielleicht hörst Du uns noch singen. Wenn dies beendigt ist, begibt sich alles zur Ruhe. Nähere Dich erst, wenn Du oben im Schloss kein Licht mehr bemerkst. Ich wohne unten, neben der Kirche. Du wirst dort zwei vergitterte Fenster bemerken, das sind die meinigen. Ach, nimm Dich in Acht! Du musst längs der Ems nach dem Schloss zu gelangen suchen."

Diese Instruktion genügte und mein Herz jauchzte vor Freude.

Der Abend des 27. Juni 1817 war köstlich. Ich wanderte am Ufer der Ems entlang, bis ich an die Einfriedung des Schlossgartens gelangte, drang in den Garten ein und erwartete, hinter Gesträuch verborgen, die einbrechende Nacht. Nur in Sichelform grüßte der liebe Mond vom Himmel.

Vom Schlossturm hatte die Glocke gerade die zehnte Stunde ausgeschlagen, als ich Männerstimmen im Garten vernahm. Ich näherte mich durch einen tiefdunklen Laubengang bis auf wenige Schritte. Drei Männer waren es, die sich in französischer Sprache unterhielten, offenbar herzogliche Diener. Ich hatte nie Begeisterung für unsere deutschen Miniaturfürsten empfunden und nun gar der Gedanke, von den französischen Dienern eines solchen möglicherweise festgenommen zu werden und obendrein vielleicht Marianne zu kompromittieren; dieser Gedanke erbitterte mich. Endlich verließen die Männer ihren Platz und entfernten sich, ohne mich bemerkt zu haben. Es wurde ganz stille. Über mir glühten die Sterne, in meinem Herzen die Liebe.

Ich ging nun auf das Schloss zu und beschritt ein von hohen Hecken umgebenes Rondell, wo zwei große Sandsteinfiguren mich wie unheimliche Gespenster anstarrten. Klopfenden Herzens drang ich weiter vor und gelangte zwischen süß duftenden Blumenrabatten hindurch bis an den freien Platz, von dem das Schloss sich erhob. Oben war noch ein Licht zu erblicken; also musste ich warten, wie Marianne es befohlen hatte. Endlich verlosch auch dieses Licht.

Zur Linken erkannte ich die Schlosskirche; dort mussten Mariannes Fenster sein. Ich überschritt dreist den kiesbestreuten Platz ... Da vernahm ich meines Mädchens Silberstimme und gleich war ich am Fenster. Meine Feder ist zu schwach, um die Seligkeit dieses Augenblicks zu schildern. Wir hatten uns wieder!

Der Morgen graute. Wir mussten scheiden und das war schwer. Die schmerzlichen Gefühle, mit denen ich den Rückweg antrat, vermag ich nicht zu schildern. Der Tag erwachte so schön, die Lerchen erhoben sich und jauchzten ihr Morgenlied; aber in meinem Herzen war die schwarze Nacht. Das Leben hatte für mich jeden Reiz verloren. Selbst das Bewusstsein vermochte mich nicht zu trösten, dass ich mich ehrenhaft und ritterlich benommen hatte und dass wir uns nach diesem seligen Wiedersehen nur um so mehr achten und in unwandelbarer Treue lieben konnten.

Eine schmerzliche Ahnung sagte mir jedoch: es ist vorbei; du wirst sie nie mehr erblicken. Und wenn uns auch noch Jahre hindurch ein ununterbrochener inniger Briefwechsel verband, wir haben uns niemals wiedergesehen. In einem lieblichen Tal im Odenwald, beim Städtchen Amorbach, - da liegt ihr Grab!

19. Kapitel
Zurück in die pommersche Heimat

Am 05. Juli 1817 früh 07.00 Uhr hielt das Blücher-Husaren-Regiment vor dem Tore von Münster im Paradeanzuge, die Pelze über die linke Schulter gehängt, zum Abmarsch bereit. Das Wetter war herrlich und die halbe Stadt auf den Beinen, um uns noch einmal zu sehen. Unser Trompeterkorps blies einen fröhlichen Marsch und unter seinen Klängen rückten wir vor den ehemaligen bischöflichen Palast, der jetzt vom kommandierenden General und Militär-Gouverneur von Westfalen, Freiherrn von Thielmann, bewohnt wurde. Der General sprach noch Worte warmer Anerkennung und herzlichen Abschieds zu uns; wir brachten ihm ein Hurra und dann setzte er sich an die Spitze des Regiments und gab ihm bis vor die Stadt Geleit. Wir ritten von dannen.

An einem Sonntage lagen wir nahe der Porta Westfalica. Wir hatten bisher während des ganzen Marsches große Hitze gehabt. Heute bezog sich der Himmel mit drohenden Wolken; aber das hielt mich nicht ab, den Wanderstab zu ergreifen. Ich war etwa eine Stunde gegangen, da ereilte mich das Gewitter, der Platzregen übergoss mich; doch erreichte ich das nächste Dörfchen und sprang in eine offene Scheune, in die sich schon zahlreiche Landleute geflüchtet hatten. Es war eine furchtbare Aufruhr in der Natur. Das nahe Gebirge gab das Echo des Donners wieder, die Blitze zuckten und die Frauen jammerten „Jesus, Maria!"

Aber das Unwetter ging rasch vorüber und herrlich trat die Sonne hervor und überstrahlte die erfrischte Erde. Ach, nun wurde es über alle Beschreibung schön! Ich erstieg die Wittekindsburg und blickte über das Wesertal und den glänzenden Strom zum Jakobsberg hinüber.

Dichter und Maler lieben es, einen Sommerabend nach dem Gewitter zu schildern; einen solchen erlebte ich heute. Die Vögel jauchzten im Walde; Strauch, Baum und Blume prangten, nach einer langen Dürre durch Regen erquickt, in zauberischer Frische. Ich schaute weit hinein in das geliebte Westfalenland, das paradiesisch zu meinen Füßen lag, an dessen Grenzen ich mich jetzt befand und dem ich nun Lebewohl sagen musste. Es war ja die Heimat meiner Marianne!

Über Wolfenbüttel und Magdeburg ritten wir nach Berlin. Dort, während eines gemeinschaftlichen Mahles unseres Offizierskorps, erhielt ich die erschütternde Nachricht vom Tode meines geliebten Vaters. Er war, 69 Jahre alt, am 22. Juni in Kolberg gestorben. Ich hatte mich so innig darauf gefreut, ihn nach zweijähriger Trennung wieder zu sehen und nun hatte ich ihn nicht einmal zu Grabe geleiten können.

Am 08.August rückte die 2.Eskadron, bei der ich stand, in ihre Garnison Belgard ein. Eine halbe Meile vor der Stadt empfing uns der Landrat, der Oberamtmann und der Forstmeister. Die Persantebrücke war von der Bürgergarde besetzt und wurde erst freigegeben, nachdem der Herr Bürgermeister uns in feierlicher Rede den Dank seiner Stadt für die dem Vaterlande geleisteten Dienste ausgesprochen hatte. Die Glocken ertönten vom Turme und wir zogen durch eine Ehrenpforte in das Städtchen. Weißgekleidete Mädchen schritten vor uns her und streuten Blumen. Überall in den Straßen sah man Laub- und Blumengebinde.

Als wir auf dem Marktplatz abgesessen waren, näherte sich jedem Offizier eine Dame und schmückte ihn mit einem Blumenkranz. Damit stolzierte ich in mein Quartier. Draußen krachten die Böller. Um 07.00 Uhr begann ein festlicher Ball. Ich mochte nicht tanzen und schützte einen beschädigten Fuß vor. Trotz allen Schmuckes im Saal und auf der Tafel und trotz der schönen Damen war ich mit meinen Gedanken doch im Westfalenland und am frischen Grabe meines teuren Vaters.

Ich hatte den Tagesdienst und verließ mehrere Male den Ballsaal, um bei den Husaren nachzusehen, ob sie mit ihren Mädchen etwa nicht zu lustig wurden; denn die Stadt hatte auch ihnen einen Ball gegeben. Es war ein schöner Tag und wir empfanden, wie herrlich es für eine tapfere Truppe ist, nach ruhmvoll beendetem Feldzuge in die liebe Heimat zurückzukehren.

Eine Reihe von Jahren nach dem Kriege lebte es sich schön im Vaterlande. Eines Jeden Brust war von dem gleichen erhebenden Bewusstsein erfüllt, in gemeinsamer Anstrengung die Fremdherrschaft gebrochen zu haben. Es gab damals keine Spaltung; wir waren ein Volk von Brüdern, ohne Unterschied von Adel und Bürgerstand, von Uniform und Zivilrock. Die Sonne ging auf über einem Lande, wo Friede und Eintracht herrschten.

Seit meinem Abschied von Westfalen sind fünf Jahre ruhigen Garnisonslebens dahingegangen. Ich darf wohl sagen, dass ich in dieser Zeit fleißig war. Ich tat treu meinen Dienst und trieb daneben Studien in Französisch, Italienisch und Musik. Zweimal in der Woche kamen die Offiziere der Eskadron auf meine Stube, um sich mit mir im Säbelfechten zu üben.

Marianne hatte ich nicht vergessen. Um wieder in ihre Nähe zu gelangen, bat ich um meine Versetzung zu den grünen 11.Husaren, die jetzt in Westfalen standen. Aber das Gesuch wurde abgelehnt. Mein Regimentskommandeur hatte es nicht befürwortet. Er sagte mir, dass er es nur gut mit mir meine und mich behalten wolle.

Die lange Trennung und die Hoffnungslosigkeit unseres Verhältnisses, auch der Unterschied in der Konfession und daraus erwachsende Bedenken ihrer Familie führten im Laufe der Jahre ein Kälter- werden in unserem Briefwechsel herbei und schließlich wurde ein Liebesband gelöst, das für die Ewigkeit fest und dauerhaft zu sein schien! Wir sagten uns auf immer Lebewohl ..

Ein ehemaliger freiwilliger Jäger von der Garde zu Fuß, der Kaufmann Schmidt in Belgard, spielte vortrefflich Cello. Wir wurden näher bekannt und vereinigten uns mit meinem Sprachlehrer und dem Stadtmusikus zu Streichquartetten. Regelmäßig an einem Abend der Woche kamen wir zu vierstündigem Musizieren zusammen.

Bald machte mir Schmidt den Vorschlag zu ihm ins Haus zu ziehen; wir waren Freunde geworden. Seine jüngste Schwester Ulrike verheiratete sich damals mit dem Prediger Korb in Küstrin. Sie war eine schöne Braut, ein schlankes, blühendes Mädchen von 19 Jahren, mit seelenvollen, großen blauen Augen.

Nach drei Monaten kam ein Brief, dass Korb am Nervenfieber erkrankt sei; ein zweiter Brief meldete die Verschlimmerung, ein dritter seinen Tod. Da war großer Jammer in meines Freundes Hause; die alte Mutter zerfloss in Tränen.

Ein Jahr darauf kehrte die junge Witwe mit ihrem Töchterchen nach Belgard zurück. Im schlichten dunklen Gewande, das Kindchen auf den Armen, wäre sie ein herrliches Modell zu einer Madonna gewesen. Sie wurde meine Braut.

Meine Verbindung mit ihr war nicht leicht zu erreichen. Ich hatte lediglich ein Kapital von 600 Talern jährlicher Rente nachzuweisen und konnte mir nur durch eine Anleihe helfen. Schließlich erhielt ich aber den Konsens und konnte heiraten.

20. Kapitel
Familienleben in kleiner Garnison

Es gibt wohl viele schönere und großartigere Städte als das kleine Belgard, wo ich jetzt mit Frau und Kindern lebte. Aber jedenfalls hat dieses Städtchen dich eine recht hübsche Lage, im freundlichen Wiesental, an den zwei kleinen Flüssen Persante und Leitznitz, die sich dort vereinigen, um dann in sehr gekrümmtem Lauf dem Meer zuzufließen. Belgard, das ist auf wendisch „Weiße Burg", hat seinen Namen von einer Veste, die vor langen, langen Jahren dort auf einer Anhöhe gestanden hat. Von dieser Burg ist keine Spur mehr zu sehen; an ihrer Stelle erhebt sich jetzt das Amtshaus, worin der Domänen-Rentmeister seinen Sitz hat. Die mit großen Bäumen bestandene Anhöhe bietet einen hübschen Blick, zur Rechten auf die Persante mit ihrer Brücke, üppige Getreidefelder und einige Dörfer mit ihren Baumgärten. Der Hügel heißt noch heute der Schlossberg und der an ihm liegende Garten der Schlossgarten. In seiner Laube haben wir öfters das gute Bier der Amtsbrauerei getrunken. In einer halben Stunde konnte man bequem zu dem nordwestlich von Belgard gelegenen „Stadtholz" gelangen, einem gern besuchten Ausflugsort. Die Honoratioren der Stadt, zu denen auch wir Offiziere gehörten, nahmen zur lieben Sommerszeit, dort im kühlen Laubschatten, häufig den Nachmittagskaffee.

Im Winter, wenn auf den überschwemmten Wiesen die glatte Eisfläche lag und sich bis in den Wald erstreckte, konnten wir den Weg dorthin auf Schlittschuhen zurücklegen und die gut eingehüllten Damen im Stuhlschlitten nach dem im Walde gelegenen Hause befördern, wo der Kaffee nun im warmen Zimmer getrunken wurde.

Bei der Heimkehr von einer solchen Schlittenfahrt, im Lichte des Vollmonds, habe ich von meiner Ulrike den ersten Kuss erhalten. Sie wurde an diesem Tage meine Braut, dann meine Frau. Auf unsere Verbindung folgten zwölf glückliche Jahre, bis ihr Tod mich in tiefe Trauer versetzte - für immer!

Wenn wir von den Herbstübungen in unsere Garnison zurückgekehrt waren, pflegte ich auf einem von mir erpachteten Revier, eine Meile vor der Stadt, der Jagd zu obliegen. Meine Frau kam dann mit den Kindern im Wagen heraus, um mich nach Hause zu fahren. Der Wagen hielt gewöhnlich am Rande eines Bekassinenbruchs und seine Insassen schenkten mir und meinem weißlockigen Hühnerhund die größte Aufmerksamkeit. Sobald eine Bekassine fiel, klatschte mein Ältester in die Hände und trat ich schließlich mit der ganzen Jagdbeute an den Wagen, dann jauchzte der liebe Fritz: „Wenn ich groß bin, will ich auch auf die Jagd gehen!"

Ich hatte auch einen vor der Stadt gelegenen Garten mit kleinem Gartenhaus gemietet, der uns Obst und Gemüse brachte und wo wir in der guten Jahreszeit viele Stunden verweilten.

Meine Vorliebe für Wanderungen hatte ich mir bewahrt. Im Uniformüberrock, mit Mütze und Stock, schweifte ich häufig ganz allein durch Wiesen, Feld und Wald. Mein liebstes Wanderziel war aber der eine Stunde weit im Südosten von Belgard gelegene Niefkenberg, von wo man eine schöne Fernsicht hatte. Ein Fußweg, der so genannte Poetensteig, führte dorthin, meist am Wiesenufer des Leitznitzbaches entlang. Hier blühten unendlich viele Vergissmeinnicht und grüßten den Wanderer. Nun, ich habe Euch und jene Zeit, da ich neben Euch hinschritt nicht vergessen ...

Eines Tages schickte ich einige Leute meiner Schwadron nach dem Berge und ließ Pfähle und Bretter dorthin fahren. Bald war oben auf dem Gipfel, unter schönen alten Bäumen, ein Platz geebnet, die Pfähle wurden eingegraben und die Bretter darauf genagelt. So entstanden Tische und Bänke. Als die Arbeit fertig war, belohnte ich meine Husaren für ihre Mühe und zum Dank stimmten sie noch ein Lied an, das ich, als ihr Gesanglehrer, ihnen vierstimmig eingeübt hatte.

Am darauf folgenden Sonntage entsandte ich meinen Burschen nach dem Dorfe, das unmittelbar am Fuße des Berges liegt. Er hatte in unserem Wagen alles Nötige für den Kaffee und das Abendessen mitzunehmen. Meine Frau aber erfuhr nichts davon.

Nach Tisch beredete ich sie, mich mit den Kindern auf meinem Spaziergange zu begleiten. Wir hatten uns kaum dem Berge genähert, da sagte ich: „Kommt, lasst uns doch einmal dort hinaufsteigen."

Ulrike willigte ein und als wir nun den so hübsch hergerichteten Platz auf dem Gipfel erreicht hatten und meine Frau die Blumen erblickte, die ich ihr dort zum Willkommen hatte auf den Tisch legen lassen, da fiel sie mir um den Hals und weinte vor freudiger Überraschung. Unsere beiden ältesten Kinder tanzten jubelnd um uns herum. Wir blieben lange auf dem Berge und selbst nach Sonnenuntergang konnten wir uns kaum von ihm trennen. Der im Dorf bereitete Kaffee und das einfache Abendbrot, alles schmeckte unter Gottes freiem Himmel so vortrefflich.

„Ach Mutter, noch ein Brot, noch einen Schluck Wein", riefen die Kinder. Ich musste an mein Biwakleben im Kriege zurückdenken. Oh sei gesegnet, Du stiller, häuslicher Friede!

Der 09.Juli 1829 war wieder ein Sonntag und auf den Vorschlag meines geliebten Weibes brachen wir gleich nach dem Mittagessen auf, um unsere

Burg zu besuchen. Auch unsere beiden Kleinsten wurden, von den Mägden getragen, mitgenommen. Als wir eine Stelle erreicht hatten, wo die Stadt eben durch Wald verdeckt wurde, sahen wir schwarzen Rauch über den Bäumen aufsteigen.

Ulrike meinte: „Das sind die Brennöfen der Töpfer", und wir setzten unsere Wanderung fort, ohne uns weiter um die Erscheinung zu bekümmern. Wir verlebten ein paar sorglose, frohe Stunden.

Auf dem Heimwege traten wir, da die Kinder durstig waren, in eine am Poetenstieg gelegene Milchhütte und waren gerade dabei, uns an der schönen dicken Milch zu erquicken, als ich von draußen her den Ruf „Feuer, Feuer!" vernahm. Ich eilte aus der Hütte und sah einen Menschen in Richtung auf das seitwärts gelegene Dorf laufen.

Wieder rief er „Feuer, Feuer!"

So schnell ich konnte, rannte ich auf ihn zu und schrie ihn an: „Ist denn das Feuer in der Stadt?"

Ganz außer Atem rief er: „Ein fürchterliches - ein gar schreckliches Feuer! - Ihr Haus ist auch schon herunter!"

Dann rannte er weiter. Ich erschrak heftig, lief nach der Milchhütte und erblickte beim Eintreten meine Frau, die gerade unseren kleinsten, wohl recht durstigen Sprössling an der Brust hatte. Schnell gefasst sagte ich so ruhig, wie es nur möglich war: „Es ist doch Feuer in der Stadt."

„Wo denn", fragte Ulrike, „doch nicht bei uns im Hause?"

„Nein, aber nicht weit davon."

„Mein Gott, mein Gott!"

„Beruhige dich, Ulrike; denke an unser Kind, das Du nährst; dieser Schreck könnte Euch beiden schaden."

„Ja, Fritz, ich will auch; aber wenn unsere schönen Sachen verbrennen sollten - und Du hast nichts versichert ..."

Das fiel mir schwer aufs Herz; denn ich dachte bei mir, die Sachen sind wohl alle verbrannt.

Ich sagte: „Geh' mit den Kindern ruhig nach unserem Gartenhaus.", gab ihr einen Kuss und rannte in vollem Lauf zur Stadt. In Schweiß gebadet erreichte ich den Marktplatz. Unser Haus war das mittelste von fünfen, die den Platz auf einer Seite begrenzten und alle fünf lagen in Schutt und Asche!

Nur bei dieser großen Dürre, die seit vier Wochen herrschte, war es möglich gewesen, dass diese Fachwerkgebäude so unglaublich schnell vom Feuer verzehrt werden konnten. Über die Hintergebäude hatte sich das Feuermeer weiter verbreitet; ein ganzes Häuserviereck sank bis zum Abend in Trümmer.

In dem allgemeinen Gewühl und Geschrei hatte ich mich auf einen mit anderen Sachen auf dem Markt stehenden Stuhl geworfen. So starrte ich auf die Brandstelle. Noch vor wenigen Stunden hatte ich dort mit den Meinigen fröhlich am Tisch gesessen; Jahre des Glücks hatte ich in diesem Hause genossen und nun - aber, dachte ich, getröste Dich, Dir fehlt kein teures Haupt!

Ich war zu erschöpft, um mich fortzubewegen und irgendwo noch Hand anlegen zu können; ich blieb auf dem Stuhle sitzen. Da trat ein ärmlich gekleideter Mann an mich heran und überreichte mir ein kleines Kästchen: „Dies habe ich in Ihrer Wohnung gefunden."

Ich öffnete es und erkannte die wertvollen Ohrringe meiner Frau. „Ich danke Ihnen; kommen Sie morgen zu mir."

Er nickte mit dem Kopf und verschwand in der Menge. Ich habe aber diesen ehrlichen Mann nie wiedergesehen; er entzog sich der verdienten Belohnung.

Viele aus den abgebrannten Häusern gerettete Dinge standen und lagen auf dem Marktplatz. Plötzlich schrie ein Halunke: „Die Sachen verbrennen!"

Ich sprang sogleich auf und rief: „Die Sachen sind in keiner Gefahr, sie können ruhig stehen bleiben."

Um so lauter schrie der Kerl: „Schnell, fort damit in die große Kirche", und ehe ich es verhindern konnte, stürzten sich die Menschen auf die umherliegenden Gegenstände und nun griff ein Jeder zu und lief mit seiner Beute, wohin er wollte; der Ehrliche brachte sie in die Kirche, der Spitzbube in irgendein Versteck.

Mit einem Male hörte ich eine unserer Mägde schreien: „Das sind unsere Betten, das sind unsere Kinderbetten!"

Ich eilte dorthin und das war gut; denn sonst wäre unsere treue Charlotte vielleicht im Kampfe unterlegen. Im Flur eines Hauses war sie im heftigsten Handgemenge mit einem Weibe, das immerfort schrie: „Nein, das sind meine Betten!"

Als ich hinzutrat und das Weib auf unseren Namenszug in den Bettstücken aufmerksam machte, verschwand sie augenblicklich.

Ich half Charlotte, die geretteten Betten nach unserem Garten zu tragen. Dort stürzten meine Frau auf mich zu und umarmte mich unter Tränen.

Ich sagte: „Ulrike, Gott wird weiter helfen."

Wir waren froh, den kleinen Kindern auf der Diele des Gartenhauses nun doch ein leidliches Nachtlager bereiten zu können.

Den Sommer über bewohnten wir das Gartenhäuschen, zum Winter hin zogen wir wieder in die Stadt. Das Haus meines guten Schwagers Schmidt war gleichfalls abgebrannt; aber unsere Instrumente waren gerettet und sobald wir mit Violoncello und Geige unsere musikalischen Übungen wieder aufnehmen konnten, vergaßen wir den sonst erlittenen Verlust.

21. Kapitel
Aus meinem Dienstleben

Im Jahre 1830 verloren wir unseren Regimentskommandeur, Oberst von Arnim, der zum Brigadekommandeur aufstieg. Er hatte 15 Jahre lang an der Spitze des Regiments gestanden und erfreute sich allgemeiner Verehrung. Denn wenn er auch im Dienst sehr strenge war und leicht heftig wurde, so war er im Grunde doch wohlwollend und hatte ein warmes Herz für seine Untergebenen.

Gelegentlich der Frühjahrsübungen im Regiment, die regelmäßig in Stolp abgehalten wurden, hatte er sich einmal dazu hinreißen lassen, den alten Premierleutnant von Lilienthal in seiner Reiterehre zu verletzen. Arrest hätte er ihm geben können; aber er durfte nicht sagen: „Herr Leutnant, ich lasse Sie mit Ihrem ganzen Zuge absitzen und zu Fuß exerzieren."

Wegen dieser Drohung wurde eine Beschwerdeschrift an die vorgesetzte Brigade verfasst und so versammelte sich das Offizierskorps zur Unterschrift. Lilienthal war mein Freund; er hatte meinen ältesten Jungen über die Taufe gehalten. Dennoch trat ich vor und sagte, dass man einen so würdigen Offizier, wie unseren Kommandeur, wegen einer Übereilung, die ihm wohl im nächsten Augenblick wieder Leid getan hätte, nicht gleich verklagen solle; ich würde die Beschwerde nicht unterschreiben.

Nun erhob aber Rittmeister von T. seine Stimme: „Wenn Leutnant Lietzmann nicht unterschreibt, so beantrage ich, dass wir uns seiner auch nicht annehmen wollen, falls ihm je etwas ähnliches begegnet." T. fand die Majorität für seine Meinung und so blieb mir nichts anderes übrig, als auch meinen Namen unter das Schriftstück zu setzen.

Kurz darauf, als das Regiment wieder exerzierte, war der Oberst gleichfalls übelgelaunt und mit einem Male schwang er seinen Säbel und schrie mich an: „Herr, Sie haben Arrest!"

Es war ein eigentümliches Gefühl für mich, so vor der Front des ganzen Regiments bestraft zu werden und nun vom Platz weg nach meinem, eine Viertelmeile entfernten Dorf abreiten zu müssen. Kaum hatte mein Brauner 50 Schritte zurückgelegt, da schrie der Alte: „Wird denn kein Mann sich aus dem Glieder herausscheren? Soll der Leutnant sein Pferd allein in den Stall bringen?"

Der Ausbruch seiner Heftigkeit tat ihm wohl gleich wieder Leid. Doch als nun wenigstens zehn Leute auf einmal vorsprengten, da blitzte sein Säbel über den Häuptern dieser Diensteifrigen.

„Zurück", schrie er, „einer ist genug!"

Zwei Stunden später bat sich der Adjutant meinen Säbel aus. Vor meinem Quartier stand ein in der herrlichsten Blüte prangender Apfelbaum, der seine Zweige bis in mein offenes Fenster hinabsenkte. Zu meiner Überraschung bemerkte ich, dass einige Husaren mit Hilfe zweier netter Bauernmädchen einen großen Tisch und Bänke unter dem Apfelbaum aufstellten. Und gleichzeitig mit dem Kaffee fanden sich die Eskadronskameraden ein. Sie führten mich, trotz meines Einwandes, dass ich Stubenarrest habe, mit der lachenden Entgegnung: „Der Baum gehört zur Stube!", hinaus an den Tisch.

Wie schön schmeckte dieser Kaffee mit dem frischen Landbrot und der gelben Maibutter! Ein herrlicher Abend, der sich bei einer Kardinalbowle bis Mitternacht ausdehnte, beschloss meinen Arresttag. Zum Abendbrot hatten wir Madüe-Maränen verzehrt.

Am folgenden Morgen wurde mir der Säbel zurückgegeben und ich hatte mich nun beim Kommandeur aus dem Arrest zurückzumelden. Er schien sich inzwischen überzeugt zu haben, dass ich nicht aus bösem Willen gefehlt hatte und dass meine Bestrafung nicht nötig gewesen wäre.

„Nun", sagte er, „in die Konduitenliste kommt Ihr Arrest nicht."

Ich trat einen Schritt vor: „Herr Oberst, in Westfalen bezogen drei Leutnants das halbe Gehalt. Ich, der Unbemitteltste, erhielt drei Monate früher, als die beiden anderen, das volle. Herr Oberst verkennen mich, wenn Sie mich für undankbar halten."

Als das Regiment wenige Tage darauf ins Lager gerückt war, konnte ich am ersten gemeinsamen Mittagstisch nicht teilnehmen. Der Oberst fragte: „Wo ist denn der Lietzmann?"

Als man ihm antwortete, dass ich den Lagerdienst hätte, sagte er: „Ich weiß nicht, was ihm neulich in den Kopf gefahren war, mir so entgegen zu treten, dass ich ihm Arrest geben musste!"

„Oh", sagte der Leutnant von Kleist, „der tritt nicht gegen den Herrn Oberst auf. Es ist vielleicht kein Offizier im Regiment, der Sie so verehrt, als gerade der Lietzmann."

„Wieso?"

Und nun erzählte Kleist, wie ich allein mich geweigert hatte, die gegen den Oberst gerichtete Beschwerde zu unterschreiben. Ein langgedehntes „So" war die Antwort. Seitdem hatte sein Wohlwollen gegen mich noch zugenommen. Ich bedauerte es schmerzlich, dass er von uns ging.

Unser neuer Regimentskommandeur wurde der Oberst Graf zu Münster-Meinhövel, ein liebenswürdiger und schöner Mann.

Wieder war ein Frühling mit seinen Blüten und seinem Nachtigallenschlag, ein Sommer mit seinem Erntesegen und seinen lieblichen Abenden, ein Herbst mit seinen Früchten und seinen Jagdfreuden ins Land gegangen. Es kam die Zeit der trüben Tage und der Stürme. Eine gefahrvolle Zeit für die da draußen auf den Meereswogen.

Aber auch das feste Land wurde vom Sturm erfasst: in der polnischen Hauptstadt stürmte es unter den Menschen. Ohne dass wir in unserem Städtchen, im stillen Wiesental geahnt hätten, war am 29. November 1830 in Warschau die Revolution ausgebrochen.

Ich hatte nun den Auftrag erhalten, mit einem Kommando nach Kolberg zu reiten, um für das Regiment Pulver zu holen. Als ich durch das Städtchen Körlin kam, eilte ein mir bekannter Kaufmann auf mich zu, reichte mir einen Zettel und sagte sehr aufgeregt: „Da, lesen Sie."

Ich las: „In Warschau ist die Revolution ausgebrochen; Großfürst Konstantin ist geflüchtet."

„Woher stammt der Zettel?", fragte ich.

„Von meinem Schwiegersohn in Danzig; er lag in einem soeben eintreffenden Briefe. - Sie werden marschieren?"

„Sehr wahrscheinlich."

Dann reichten wir uns die Hände zum Abschied und ich trabte von dannen.

Die erhaltene Kunde war allerdings sehr wichtig für mich. Mein stilles häusliches Glück sollte gestört werden! In begreiflicher Unruhe ritt ich weiter nach Kolberg und entledigte mich dort meines Auftrages. Im Artilleriedepot hatte ich es mit einem sehr langweiligen Herrn zu tun, dachte aber: Lebhaftigkeit, rascher Entschluss und energisches Handeln ist eben nicht jedermanns Sache. War mir doch vor Jahren ein anderer vorgekommen, der von viel umständlicher gewesen war.

„Du Geringerer als ich, durchsäusele eilenden Fußes die Lüfte und befreie die Säulen des besseren Ichs von dem lästigen Druck des gegerbten Kalbfelles", so hatte er einst gesprochen und damit doch nur sagen wollen: „Johann, zieh' mir die Stiefel aus!"

22. Kapitel
Zur Grenzbesetzung gegen den polnischen Aufstand 1831

Die Warschauer Revolution hatte sich schnell ausgebreitet und die entlegensten Städte und Dörfer von Russisch-Polen ergriffen. Es war nicht unwahrscheinlich, dass sich auch die polnischen Provinzen Preußens und Österreichs empören würden und die Regierungen dieser beiden Staaten hielten es daher für geboten, ihre Truppenmacht in den gefährdeten Landesteilen zu verstärken.

So empfing denn auch unser Regiment den Befehl, sich für den Abmarsch an die russische Grenze bereit zu machen. Alles war fertig, als die Marschorder eintraf: die 2.Eskadron sollte am 11.Januar Belgard verlassen, um sich zunächst mit dem Regiment zu vereinigen.

Der Morgen des 11.Januar 1831 brach recht kalt und unfreundlich an. Wir waren sehr früh aufgestanden. Als die Trompeter die Reveille bliesen, saß ich mit den Meinigen schon am Kaffeetisch. Als das Kommando zum Sammeln ertönte, sprangen wir auf.

So hart das Eisen an meiner Linken war, so weich wurde mir das Herz, als Ulrike, vom Abschiedsschmerz überwältigt, an meiner Brust in Tränen ausbrach. Der älteste Knabe, unser Fritz, hielt mich und meinen Säbel umfasst.

„Es ist Zeit!", rief mein Husar ins Zimmer. Da musste geschieden sein.

Vor meinem Zuge war ich wieder der Soldat. Vor wenigen Minuten noch hatte ich jedes der Kinder auf meinen Armen geherzt und geküsst und nun brüllte ich einen meiner Husaren an, der mir Grund zu Ausstellungen gab. Übrigens war es mit meiner Härte im Dienst wohl nicht so arg; denn der Rittmeister hatte einmal vor der Schwadron gesagt: „Der Mann, der mir der Leutnant Lietzmann meldet, wird mit doppelter Strenge bestraft, habt Ihr verstanden?"

Freunde und Bekannte aus der Stadt und der Umgebung waren auf den Marktplatz gekommen, wo wir noch einmal abgesessen waren. Aber die Abschiedsszene währte nicht lange, da kommandierte der Rittmeister mit seiner unvergleichlichen Stimme:

„An die Pferde! - Fertig zum Aufsitzen! - Aufgesessen! Richt Euch!"

Er ließ seinen prachtvollen Schimmel rechts anspringen und begab sich im kurzen, wiegenden Galopp auf den Flügel der Schwadron, um die Richtung nachzusehen. Lediglich der Form wegen; denn wir vier Offiziere und die in zwei Gliedern hinter uns haltenden Leute hatten sich schon gleich drei am Lineal gezogenen Linien ausgerichtet. Nun den Schimmel links anspringen lassend, galoppierte der Rittmeister wieder vor die Mitte der Schwadron.

„Gewehr auf!"

Er wandte sein Pferd, nahm dieselbe Front wie wir uns salutierte. Wir Offiziere senkten zugleich mit ihm die Säbel. Dies war nun der Abschiedsgruß für die Stadt, die wir alle so ungern verließen und die auch uns mit Bedauern scheiden sah.

Inzwischen hatte ich, unbeschadet meiner Dienstaufmerksamkeit, die Blicke nach den geöffneten Fenstern im Oberstock des gegenüberliegenden Hauses gesandt. Da stand eine Frau mit einem Knäblein auf den Armen; aus dem zweiten Fenster schauten zwei Knaben von 7 und 4 Jahren, aus dem dritten ein Mädchen mit zwei kleinen Brüdern.

Das war meine Frau und meine Kinder, die unseren Abmarsch mit ansehen wollten. Den auf den Armen seiner Mutter ruhenden Jüngsten sah ich hierbei zum letzten Male; als ich wiederkam, lag der kleine Hermann seit Monaten in der kalten Erde.

„Eskadron zu Dreien rechts brecht ab, Marsch!"

Unter fröhlichem Schmettern der Trompeten setzte wir uns in Bewegung. Bald war das Tor durchschritten, und wir zogen ostwärts durch die öde Winterlandschaft.

Ich dachte an das vor kurzem so froh gefeierte Weihnachtsfest. Wie standen die Kinder voll stummen Erstaunen in der soeben geöffneten Tür zum Festraum; wie jauchzten sie dann in den Saal hinein! Im Hintergrunde strahlte der Baum; davor erblickten sie - Neapel mit dem Kastell San Elmo und mehrere Schiffe auf wirklichem Wasser. Der fast die ganze Breite des Saales einnehmende Aufbau hatte eine ganze Woche in Anspruch genommen; es sollte eben etwas Großartiges werden.

Und das war so etwas für meinen Burschen gewesen; er hatte schon lange vorher, ehe der Schnee fiel, ganze Säcke voller Moos herbeigeschafft, womit später der angehäufte feuchte Sand bedeckt wurde. Ein langer, niedriger Kasten war derart mit Sand und Moos gebettet und dann mit Wasser gefüllt worden. Er stellte das Meer vor. Meine Freunde versicherten mir, es sei ein wahrhaftiges Kunstwerk.

Nun wurde der Saalofen für gewöhnlich nicht geheizt; in den Weihnachtstagen brannte aber ein helles Feuer darin. Es wurde warm und an diesen Temperaturwechsel hatte ich allerdings nicht gedacht. Der Sand trocknete und am dritten Feiertage stürzte das Kastell San Elmo mit seinen Häusern und seinen drei Messingkanonen hernieder in die Stadt, als wenn es von einem furchtbaren Erdbeben vernichtet worden wäre ...

Es war schon 10.00 Uhr abends und ich hatte mich in dem behaglichen Zimmer meines ersten Quartiers auf das Lager gestreckt, als mein Bursche mit dem Freudenruf ins Zimmer trat: „Herr Leutnant, Bellona ist da!"

Es war meine treue Jagdgefährtin, die mir nachgekommen war. Wie freute sich das Tier beim Wiedersehen! Am nächsten Tage wurde sie auf dem Marsche von den Husaren, die sie alle kannten, froh begrüßt und an einem späteren Tage erntete sich noch größeren Beifall, als sie einen erbeuteten Hasen zur Schwadron brachte.

Das Regiment war nun zusammen und zog in langer dunkler Reihe ostwärts über die Schneefelder. In der Gegend von Hammerstein wurde unser Marsch überaus beschwerlich. Der Schnee lag so hoch, dass er bis an den Sattel reichte. Oft konnte man den Weg nur an den hervorragenden Baumkronen erkennen. Die vordersten Pferde mussten sich mit allergrößten Anstrengung hindurchwühlen und selbst die Letzten hatten es immer noch schwer genug.

Dann folgte eine entsetzliche Kälte. Unsere Füße erstarrten zu Eis; die Steigbügel wurden mit Stroh umwickelt; aber es half nichts. Es war ein wirklicher Kampf mit dem Winter; aber ich kann versichern, die gute Stimmung und die Haltung im Regiment litten nicht darunter; wenn auch mehrere Nasen und Ohren erfroren. Nach einem solchen Marsch in ein warmes, freundliches Zimmer zu kommen, ist sehr angenehm; aber dieses behagliche Gefühl ist uns bei der polnischen Bevölkerung selten zuteil geworden.

Die 2. Schwadron, bei der ich stand, bezog eines Tages Nachtquartier in einem kleinen Dorf; ich musste als ältester Leutnant mit zwanzig Pferden in ein Nachbardorf rücken, wo die 1. Eskadron untergebracht war. Was erhielt ich dort aber für ein Unterkommen! In der Mitte des Raumes stand ein rundes Gefäß aus getrocknetem Lehm, etwa 6 Zoll tief und von einem ebenso breiten Rande umgeben, auf dem Boden. Zwei Kinder von drei bis vier Jahren in zerrissenen Hemdchen von unbestimmbarer Farbe hatten sich auf den Rand des Gefäßes gestellt und wärmten ihre nackten Beinchen an den glühenden Kohlen, die in dessen Vertiefung lagen. Sie schienen sich dabei sehr glücklich zu fühlen.

Ihre Mutter war damit beschäftigt, in einer Aushöhlung des Lehmbodens ihr Schwein mit Kartoffelschalen zu füttern. Sie bediente sich dazu eines zerbrochenen Geflechts, das einst einem Korbe ähnlich gewesen sein mochte, war selbst in Hemd und Pelz gehüllt und freute sich offenbar über den Appetit des lieben muntern Schweinchens. In einem Nebenkabinett erblickte ich Kuh und Kalb. Es war recht gemütlich; Menschen und Tiere hausten in nächster Nähe friedlich beieinander.

„Was sagst Du dazu, Friedrich?", fragte ich meinen Burschen.

„Ach, nun erst die armen Pferde in den Stall", erwiderte er, „die hölzernen Balken in der Wand liegen ja gar nicht dicht aufeinander; überall kann man durchsehen und die armen Tiere stehen in fürchterlichem Zug."

„Die Polen meinen, dann bekommen sie nicht den Kropf", sagte ich. Eine arge Verwünschung war des guten Friedrich Antwort.

„Nun", sagte ich, „die Pferde haben ihre Ration; aber was werden wir Essen?"

Auf einem wackeligen Tisch lag ein Brot, welches aber nicht aus Mehl, sondern aus grob zerquetschtem Getreide gebacken war und in einer Art Pfanne dampften Pellkartoffeln. Von Fleisch oder Speck oder Butter war nicht die Rede. Friedrich ging hinaus und als er wiederkam, sagte er: „Herr Leutnant, die ist nun aber die Allerletzte."

In großer Bedrängnis kommt manchmal unverhoffte Hilfe; wir waren für diesmal geborgen. Diese Tafel Schokolade war wirklich die Letzte von dem kleinen Vorrat, den mein Herzensweib mir beim Abschiede mitgegeben hatte. Die Kuh im Nebenkabinett spendete etwas Milch, die Schokolade wurde zerbröckelt und auf dem offenen Herde, in einem zur Not noch brauchbaren Kessel, dem einzigen Kochgerät des Hauses, zubereitet. Sie schmeckte uns köstlich.

Nach Tisch, als es dunkel geworden war und die Stube durch einen trockenen Kienspan kümmerlich erleuchtet wurde, saß ich auf einem Schemel neben der „Baba", dem Kohlengefäß und wärmte mir, wie vorher die beiden Kinderchen, die Füße, als die Tür aufgerissen wurde und vier Gestalten hereinstürmten, bei deren Anblick ich wirklich ein wenig erschrak. Es waren die Offiziere der 1. Schwadron, vom Kopf bis zu den Füßen in Pferdedecken vermummt, so dass nur Augen, Nase und Mund zu sehen waren.

„Brr, ist das eine Kälte!", rief der Erste. „Nehmen Sie schnell Ihre Pferdedecke, kommen Sie mit, wir wollen den Rittmeister besuchen."

Ich ging mit. Der Rittmeister hatte ein nicht ganz so schlechtes Quartier, wie ich. Er saß an einem Tisch, auf dem ein richtiges Licht brannte und bei einem Glase dampfenden Punsches. Er begrüßte uns freundlich, bat Platz zu nehmen und bald saßen wir gemütlich mit unseren Gläsern beieinander. Jeder von uns Leutnants schilderte seine Quartiernot; aber der Rittmeister meinte nur:

„Das ist doch gar nichts. Die Herren hätten den Winter 1812 in Russland mitmachen sollen; da kam es noch ganz anders."

Oh, er hatte recht, das wussten wir; er hatte auf diesem Rückzuge von Moskau viel ausgestanden.

„Schönen Dank für den herrlichen Punsch", damit gingen wir, ein jeder nach seinem Palast. In dem meinigen angelangt, hatte ich Ursache, mich über die Erfindungsgabe meines Burschen zu freuen. Wenn man von der Stube in das Kuh- und Schweinekabinett trat, befand sich zur Linken ein Bretterverschlag, der mit Kartoffeln angefüllt war. Diese hatte mein Bursche gerade geschaufelt, dann eine längliche Höhlung darin gemacht und mit Stroh ausgefüttert. Ich legte mich hinein und er deckte mich mit Mantel und Pferdedecke zu.

„Gute Nacht, Friedrich."
„Gute Nacht, Herr Leutnant."

Ich blieb nur noch ganz kurze Zeit wach. Die Gedanken schweiften zurück in eine längst vergangene Zeit, wo ich als Freiwilliger Jäger in Frankreich, in dem sehr kalten Februar 1814, vor der Schlacht bei Laon, so manche Nacht unter freiem Himmel zugebracht hatte. Da war es hier immer noch etwas besser. Darüber schlief ich ein. Meine Nachtruhe ist von meinen vierfüßigen Schlafkameraden nicht gestört worden.

Ich erwachte, als die Wirtin den Kleinsten dieser Kameraden, das liebe Schweinchen, an die Fußbodenvertiefung der Stube lockte, um ihm sein Frühstück, wieder Kartoffelschalen, vorzuschütten. Bald hielt ich zu Pferde vor meinen Husaren.

„Guten Morgen, nun, wie ist's Euch ergangen?"
„Sehr schlecht, Herr Leutnant."
„Na, es wird schon wieder besser werden; ich habe auch nichts gefrühstückt - Trab!"

Wir erreichten Inowrazlaw, wo das Regiment vorläufig blieb. Ich erhielt ein angenehmes Quartier bei einem jüdischen Kaufherrn, an dem sehr großen Marktplatz, wo Tische mit schönen Thorner Pfefferkuchen zum Verkauf standen.

Einige Tage darauf waren wir von dem Landrat von W., einem vornehmen Polen zur Tafel geladen. Der Wirt umschritt nach polnischer Sitte die Tafel, seine Gäste zum Austrinken nötigend, um ihre Gläser immer wieder mit seinem vortrefflichen Ungarweine zu füllen. Dann ergriff er sein Glas und hielt eine Rede, die mit folgenden Worten schloss: „Und wer unter uns nicht preußisch gesinnt ist, nicht mit ganzer Seele unseren geliebten König verehrt, der sei ausgeschlossen von dem Toast, den ich nun ausbringe: Es lebe Friedrich Wilhelm der Dritte, unser gerechter König!"

Natürlich stießen alle anwesenden Polen mit uns an und tranken bis auf den letzten Tropfen aus. Ob sie es aber mit ihrer „preußischen Gesinnung" ehrlich meinten, war uns mehr als fraglich.

Als wir an einem anderen Abend im Kasino von Inowrazlaw waren, sagte mir unser Major: „Ist man hier nicht wie verraten und verkauft? Die Kerle sprechen alle so gut Deutsch, wie wir und doch reden sie untereinander alle Polnisch, wovon wir kein Wort verstehen. Sehen Sie sich die drei dort einmal an, ihre Mienen und Blicke. Ich bin überzeugt, sie sprechen über uns und nicht Freundliches!"

Unser geschlossenes Offizierskorps speiste mittags im ersten Gasthof der Stadt. Diese Tafelfreuden sollten nun aber zweien von uns entzogen werden, die an die Grenze kommandiert wurden und ich war einer der beiden Auserwählten.

23. Kapitel
Bauernhütte und Grafenschloss

Es war später Abend geworden, als ich in meinem Grenzdorf das für mich bestimmte Quartier betrat. Das Nachsehen der Ställe und der Mannschaftsquartiere hatte viel Zeit in Anspruch genommen. Meine Stube war eng und niedrig; die Lagerstätte befand sich zwischen der Wand und einem großen Fasse mit Kapusti[61]! Es duftete übel. Aber was half's! Ich begab mich zur Ruhe. Vor mir brannte ein Licht, das ich mir vorsorglich mitgebracht hatte. Als ich es nun gerade auslöschen wollte, sah ich oben auf dem riesigen Ofen, dicht unter der Stubendecke, fünf Köpfchen, die mich aus dunklen Augen betrachteten.

„Aha", dachte ich, „das sind die polnischen Sprösslinge, die da oben zur Nacht logieren. Können sie auch nicht herunterfallen? Nein, der Ofen hat einen Rand. - Gute Nacht, ihr Kleinen", rief ich hinauf.

Im diesem Augenblick waren die Köpfchen verschwunden, kamen aber bald wieder zum Vorschein. Wieder sprach ich mit ihnen, wieder verschwanden die Köpfchen, um dann aufs Neue aufzutauchen. So währte unsere Unterhaltung noch eine Zeitlang, bis ich das Licht auslöschte.

Als ich am Morgen erwachte, knieten die Mutter und eine erwachsene Tochter neben meinem Lager und beteten zu Heiligenbildern, die über mir an der Wand hingen. Es war Sonntag. Als Katinka, die Tochter, zur Kirche ging, sah sie in ihrem kurzen hellblauen Mantel mit einem weißem Pelzbesatz recht hübsch aus.

Gegen Mittag vernahm ich ein Geräusch vor meinem Hause; ich trat hinaus. Von einer meiner Patrouillen eskortiert, hielt dort eine mit vier edlen Pferden bespannte Kutsche. Der Patrouillenführer erstattete mir seine Meldung.

„Sprechen Sie Deutsch?", fragte ich die im Wagen sitzenden, vornehm gekleideten beiden Damen.

„Ja."

„Haben Sie einen Regierungspass?"

„Nein."

„Dann darf ich Sie nicht über die Grenze lassen."

„Oh, das wollen wir doch sehen!"

„Alle Reisenden nach Russisch-Polen müssen einen Pass haben und dürfen die Grenze nur auf der großen Straße überschreiten. Meine Patrouille hat Sie aber auf einem Schleichwege getroffen; ich lasse Sie hier nicht durch."

---

[61] Kapusti - ein gesäuertes Gemisch aus gelben und roten Rüben

„Wir nehmen den nächsten Weg, wir wollen unsere Freunde drüben besuchen, Sie sollen uns wahrhaftig darin nicht stören!"
Darauf ein polnischer Befehl, der verdeutscht vermutlich „Fahre zu!" hieß. Der Kutscher schwang die Peitsche...
„Greift in die Zügel der Vorderpferde", rief ich meinen Husaren zu, „schießt sie nötigenfalls nieder!"
Oh, meine Leute brachten den Wagen bald wieder zum Stehen. Die Jüngere der beiden, in kostbare Pelze gehüllten Schönen hatte heftig aufgeschrien, war dann aber nicht etwa in Ohnmacht gefallen; oh nein, sie zerschlug im Zorn den Deckel einer auf ihrem Schoß liegenden hölzernen Schachtel, aus der sich eine zarte Spitzenhaube entpuppte. Die junge Dame war in ihrem Grimme ganz reizend anzusehen.

„Verzeihen Sie mir, es wird mir in der Tat schwer, Ihrem Verlangen entgegentreten zu müssen; aber nach meiner Instruktion geht es nicht anders."
„Ja, Sie, Sie wollen uns die Pferde totschießen lassen!"
Ich zuckte mit den Schultern; die Kutsche machte Kehrt und fuhr zurück.
Es schien, als sollte ich auf meinem Grenzposten mit noch mehr vornehmen Damen in Streit geraten. Am folgenden Morgen meldete mir die eben von der Nachtpatrouille zurückgekehrten Husaren, dass sie auf ihrem Ritt in der Nachbarschaft eines Schlosses von zwei mächtigen Hunden angefallen worden seien. Sie hätten die bissigen Köter mit den Säbeln kaum von den Pferden abhalten können. Ich erfuhr, dass dieses Schloss von einer verwitweten Gräfin von G. bewohnt wurde und schrieb sogleich einen sehr höflichen Brief an die Dame, worin ich sie bat, ihre Hunde nicht frei auf der Landstraße umherlaufen zu lassen. Zum Schluss deutete ich an, dass ich die Hunde nötigenfalls würde totschießen lassen, wenn sie meine Leute bei der Ausübung ihres Dienstes belästigten.
Anderen Tages zeigte mir ein Mann von der Morgenpatrouille den blutenden Schweif seines Pferdes. Einer der gräflichen Köter hatte da hineingebissen. „Wozu habt Ihr denn Eure Pistolen?", bemerkte ich.

Am nächsten Morgen meldete mir ein Husar, dass er einen Hund totgeschossen habe.
„Hast Du ihn gut getroffen?"
„Gerade ins Herz!"
So war es. Als ich später am Schlosse vorbeiritt, sah ich einen sehr großen Wolfshund verendet am Wege liegen. Der zweite zeigte sich da nicht mehr; er war nun wohl angelegt worden.

Ein paar Tage später sandte mir der Regimentskommandeur eine in deutscher Sprache abgefasste Klageschrift der Gräfin, mit dem Befehl, über den Vorgang zu berichten. Ich musste lächeln, als ich die Rache atmenden Zeilen der Dame las. Ich berichtete und der Fall war erledigt.

Eine Woche war vergangen; denn ich hatte die hübsche Katinka wieder in ihrem Sonntagsstaat gesehen. Meine dienstliche Tätigkeit erfüllte mich mit Befriedigung. Ich war sehr selbstständig und hatte für meine Leute gut sorgen können, hatte Schlachtvieh angeschafft und die Husaren bekamen täglich ihre gute Portion Fleisch.

Da kam unser junger Leutnant von Schmude ins Dorf gesprengt, hinter ihm her ein Unteroffizier und vier Mann, auch sein Bursche mit dem Packpferde am Zügel. Ich stand vor meinem Quartier und sah ihn schon von Weitem.

„Guten Morgen, Schmude, was bringen Sie?"

„Ich melde mich als Ihr Stellvertreter", antwortete er und überreichte mir ein Briefpaket. Die Leute mussten absitzen und die Pferde in den Stall führen; Schmude und ich begaben uns in meine Stube.

„Also dies ist Ihr Palast?" Dabei warf er einen sehr freundlichen Blick auf Katinka.

Ich öffnete die Briefschaften. Ein Befehl vom kommandierenden General, das Regiment möge einen Offizier bestimmen, der alle über die Grenze führenden Wege, von meinem Dorfe bis zum Dorfe M. aufzunehmen habe. Die größte Genauigkeit und Beschleunigung der Arbeit seien erforderlich. Zweitens eine Order, in deutscher und polnischer Sprache, wonach mir und meiner Begleitung überall an der Grenze gegen Quittung, Verpflegung und Furage zu liefern war. Drittens eine Order, wonach alle berittenen Gendarmen und Zollbeamte sich auf Verlangen mir anzuschließen und jeden gewünschten Beistand zu leisten hatten.

Eine Stunde später bestieg ich meinen Schimmel und war mit dem Unteroffizier und den vier Husaren bald an der Grenze. Mein Bursche blieb bei meinen zwei anderen Pferden im Quartier zurück.

Die Grenze wird hier nur durch einen breiten und ziemlich tiefen trockenen Graben gebildet. An der preußischen Seite des Grabens stehen Pfähle mit Tafeln, auf denen preußische Adler gemalt sind. Sie blicken ins russische Polen. Jedem preußischen Pfahl gegenüber hatte sich ein russischer erhoben mit dem Doppeladler, der ins Preußische blickte. Aber von den russischen Pfählen waren viele durch die Insurgenten umgerissen und die Doppeladler zerschlagen.

Auf der Strecke, die ich aufnehmen sollte, war viel Tannen- und Kiefernwald und bei dem Schnee war es nicht leicht, alle über die Grenze führenden Wege aufzufinden. Glücklicherweise war klares Wetter und in dem berittenen Gendarmen, den ich gleich zuerst zur Unterstützung heranzog, fand ich einen geschickten und umsichtigen Mann. Er hatte acht Tage früher einen Polen abgefangen, der mit 10.000 Talern gestohlenen Geldes aus einer preußischen Kasse über die Grenze flüchten wollte.

Zwei Tage danach trat ein berittener Grenzaufseher an seine Stelle, ein früherer Wachtmeister vom 7.Husaren-Regiment. Ich hatte schon von ihm als einen energischen, tollkühnen Menschen sprechen hören und war überrascht, einen jungen, wohlerzogenen und gebildeten Menschen in ihm kennen zu lernen. Er leistete mir bei der Aufnahme der Grenzwege vortreffliche Dienste und bald entstand ein freundschaftliches Verhältnis zwischen uns.

Am nächsten Sonntage sagen wir auf unserem Ritte in der Ferne ein großes, weiß schimmerndes Gebäude liegen.

„Dort drüben wollen wir zu Mittag speisen", sagte der ehemalige Wachtmeister. „Ich kenne den Grafen; er hat früher als Rittmeister in Warschau bei den polnischen Ulanen gestanden. Er ist ein echter Pole; aber wir werden gut aufgenommen werden; er ist reich und sehr gastfrei."

Wir trabten auf das weiße Gebäude los. Beim Herankommen war ich angenehm überrascht, auch die neben dem Schloss liegenden Ställe und Scheunen so wohlerhalten und gut aussehend zu finden. Das war selten bei den polnischen Edelleuten.

Wir saßen vor dem Schlosse ab und ich trat mit dem Wachtmeister und meinem Unteroffizier in die Vorhalle. Gleich darauf wechselte ich mit dem Wachtmeister einen vielsagenden Blick; denn vor uns stand eine großen bronzene Turmglocke und es unterlag wohl kein Zweifel, dass sie wohl bei erster Gelegenheit über die Grenze geschafft und zu einer Kanone umgegossen werden sollte.

Ein Diener wies mich in ein geräumiges, mit vielen Ölgemälden reich geschmücktes Zimmer. Hier trat uns ein stattlicher, etwa vierzig Jahre alter Herr entgegen, der sofort eine große Bestürzung erkennen ließ.

„Der Herr Graf", sagte der Wachtmeister zu mir, „sprechen nicht Deutsch."

Schadenfreude gehört nicht zu meinen Fehlern und als ich sah, wie der Schlossherr immer betroffener und bleicher wurde, wollte ich seinem Bangen ein Ende machen und überreichte ihm die polnische Ausfertigung meiner Order. Er las und erkannte - es war kein Verhaltensbefehl! Wie klärte sich da sein Gesicht auf; wie freundlich blickt er mich an!

Der Wachtmeister, der ziemlich geläufig Polnisch sprach, verstand meinen Wink und sagte ihm, dass wir bäten, im Schlosse zu Mittag speisen zu dürfen. Da umfasste mich der Graf und drückte mich voller Freude an seine Brust. Er gab sogleich Befehl, uns vorläufig einen Imbiss vorzusetzen, auch unsere Leute und Pferde zu versorgen. Mit dem Mittagessen bat er, uns gedulden zu wollen, bis seine Gemahlin aus der Kirche zurückgekehrt sei.

Es währte nicht lange, so kam eine vierspännige Kutsche im Galopp vor das Schloss gefahren. Ich entstieg eine mittelgroße, korpulente Dame; es war die Frau Gräfin. Sie kam ins Zimmer und - erschrak gleichfalls bei unserem Anblick. Aber sogleich trat er Graf auf sie zu und verständigte sie mit einigen leisen Worten in polnischer Sprache. Da war sie denn auch beruhigt und mit der größten Liebenswürdigkeit hieß sie uns nun in deutscher Rede willkommen. Bei Tisch hatte ich die Ehre, neben ihr zu sitzen.

„Sind Sie geborene Polin, Frau Gräfin?", redete ich sie an.

„Oh gewiss, das bin ich und ich bin auch mit meinem ganzen Herzen Polin." Das war ehrlich gesprochen.

„Ich hielt Sie Ihrer Sprache nach für eine Deutsche."

„Ich bin in Berlin erzogen worden."

„Sie lieben die deutsche Sprache?"

„Mehr die französische."

Es reizte mich, mein Licht leuchten zu lassen und ich sprach Französisch. Mit welcher Lebhaftigkeit ging sie darauf ein! Ich merkte nur zu bald, dass sie mir im Französischen weit überlegen war; ich sprach also wieder Deutsch.

Oh, über meine Eitelkeit! Ich hatte in Belgard einige Monate italienischen Unterricht genommen und beging nun die Torheit zu äußern, dass mir die italienische Sprache noch besser gefiele als die französische.

Blitzschnell wandte sich die Gräfin zu mir: *„Voi parlate italiano! Io anche parlo un poco questa lingua."*

Ich erschrak; das hatte ich nicht erwartet. *„Un poco, un poco"*, erwiderte ich und um mich nicht noch weiter zu blamieren, sagte ich ihr auf Deutsch, dass ich sehr wenig Italienisch wisse und des der Musik wegen zu lernen angefangen habe.

„Sie sind musikalisch?"

„Ich spiele die Violine."

„Die spiele ich nicht; aber ich werde Ihnen nach Tisch auf meinem Instrument vorspielen. Ich vermute, ein solches Instrument haben Sie noch nicht gehört."

Der prächtige Wachtmeister saß neben dem Grafen und musste ihm verdolmetschen, was seine Gemahlin und ich miteinander sprachen. Der Graf nickte dann immer freundlich mit dem Kopf, als wollte er sagen: Merkst Du wohl, was für eine kluge Frau ich besitze?

Die Gräfin und ich waren im Laufe unserer Unterhaltung auf die schöne Literatur gekommen. Ich fragte sie nach Niemcewicz.

„Oh", sagte sie, „der ist unvergleichlich. Nehmen Sie einen Schiller, einen Fenelon und einen Torquato Tasso zusammen und Sie haben einen Niemcewicz."

Dies erschien mir, indem ich an unseren guten Schiller dachte, ganz unglaublich; aber ich schwieg, da ich von dem polnischen Dichter noch nichts gelesen hatte.

„Seine Gedichte", fuhr sie fort, „sind so ergreifend; sie bekunden die Sehnsucht nach einem freien Vaterlande. Wie Kosciuszko hängt er in glühender Liebe an seinem Polen; aber aus einen Klagen über dessen Schicksale leuchten Hoffnungsblitz. Ja - er hofft auf eine bessere Zeit! Haben unsere Vorfahren durch Mangel an Einigkeit und auch durch Selbstsucht noch so viel verschuldet, die Vaterlandsliebe ist uns geblieben. Das beweisen alle unsere Brüder, die jetzt wieder für Polens Selbstständigkeit freudig in den Tod gehen."

So redete die begeisterte Polin zu mir, einem Offizier des preußischen Korps, das hergekommen war, um den polnischen Aufstand zu überwachen und, wenn er sich über die Grenze ausbreiten sollte, niederzuwerfen. Sie war dabei sehr warm geworden und hatte laut und erregt gesprochen.

Nun trat eine Pause in unsere Unterhaltung ein und plötzlich ergriff sie meine Hand und sagte: „Kommen Sie, wir wollen im anderen Zimmer den Kaffee nehmen und ich werde Ihnen etwas auf meinem Harmonium[62] vorspielen." Die Tafel wurde also aufgehoben.

Ich hatte ein solches Harmonium noch nicht gesehen und wurde von seiner wunderbaren Klangwirkung tief ergriffen; namentlich ein Stück rührte mich zu Tränen.

Die Gräfin sagte: „Das ist die Klage um ein verlorenes Vaterland!" Dabei sah sie mich an und erhob sich.

Der Wachtmeister mahnte zum Aufbruch. Er wollte zu seiner Braut, die in der Nähe wohnte und ich hatte mich auf seine Bitte hin bereit erklärt, ihn dorthin zu begleiten. Unsere Pferde standen schon in der grimmigen Kälte vor dem Schloss. Graf und Gräfin begleiteten mich in die Vorhalle. Bei der großen Glocke blieb ich einen Augenblick stehen und wandte mich an die Gräfin:

„Sie kennen die Glocke von Schiller?"

Sie nickte.

---

[62] das Harmonium war damals noch nicht lange erfunden und in Deutschland noch wenig bekannt

„Nun", sagte ich, „Friede sei ihr erst Geläute!"
Auf die Pferde; fort in Eis und Schnee!

24. Kapitel
Unaufhörlicher Grenzdienst!

Unter unseren Breitengraden sind die Tage des Januar sehr kurz; die liebe Sonne, wenn sie überhaupt scheint, verschwindet bald wieder. Darum mussten wir eilen, um unser Ziel zu erreichen, ehe es völlig dunkel wurde. Ich ließ also meinen Schimmel tüchtig austraben und die Begleiter mussten, um mitzukommen, ihre Pferde in Galopp setzen. Das war nun dem Wachtmeister eben recht; um so früher gelangte er zu seiner Braut.

Wir hielten vor einem hübschen Gutshause, saßen ab und der Wachtmeister sorgte dafür, dass die Pferde gleich in den Stall, der Unteroffizier und die Husaren in eine warme Stube kamen. Dann führte er mich in ein freundliches, behagliches Zimmer.

Ein Mütterchen erhob sich vom Sofa und reichte mir mit einer solchen Freundlichkeit die Hand, dass ich sie hätte umarmen mögen. Eine zweite, jüngere Dame beachtete mich vorläufig nicht; sie lehnte an der Brust des Wachtmeisters. Der aber nahm sein Mädchen bei der Hand und stellte sie mir als seine Braut vor. Nun, ich übertreibe nicht: sie war wohl das schönste Mädchen, dass ich jemals, auch unter den Polinnen, gesehen habe.

„Wachtmeister, ich gratuliere", diese Bemerkung konnte ich nicht unterdrücken.

Die Braut verschwand bald darauf aus dem Zimmer, um für ein Abendessen zu sorgen. Es währte nicht lange, da war der Tisch vor dem Sofa mit Speisen und einer dampfenden Punschbowle besetzt.

Nach der Mahlzeit zogen sich die beiden Liebenden in eine Ecke des Zimmers zurück; sie waren sie selbst völlig genug. Ich saß mit Herzmütterchen auf dem Sofa, nippte in Zwischenräumen von dem herrlich warmen Punsch und vergaß vollkommen, dass ich bis zu meinem Nachtquartier immer noch eine Meile zu reiten hatte und am nächsten Morgen frühzeitig aufbrechen musste, um die Aufnahme der Grenzwege fortzusetzen.

Wenn man lange Soldat gewesen ist und mehrere Länder durchzogen hat, dann hat man sehr mannigfache Quartiere bewohnt und - heute im Schloss, morgen im Hüttlein - die verschiedensten Menschen kennen gelernt. Bei einfachen, biederen und dabei gebildeten Leuten hat es mir immer am besten gefallen und in solcher Umgebung befand ich mich jetzt. Die alte Dame war die Witwe eines polnischen Infanteriemajors, mit dem sie bis zuletzt hier auf dem Gute gelebt hatte. Zu ihrem Kummer hatten sie keine eigenen Kinder und hat darum eine verwaiste Verwandte, die jetzige Braut des Wachtmeisters, an Kindesstatt angenommen.

„Wenn doch erst alles ruhig wäre", äußerte die Majorin, „dann soll gleich die Hochzeit sein und wenn ich sterbe, erben die beiden jungen Leute allein mein kleines Vermögen und das Gut."

Ich erhob mich endlich und sah durchs Fenster. Der Schnee fiel in dichten Flocken; aber es half nichts, wir mussten scheiden. Also begab ich mich in die Stube, wo der Unteroffizier mit den Husaren beim Punsch saß.

„Es ist 11.00 Uhr, bringen Sie die Pferde vor."

Es wurde mir nicht leicht, die beiden Liebenden zu trennen; indes die Pflicht rief. Von der Majorin nahm ich herzlichen Abschied. Bei den Polen war es Sitte, auf die Stirn oder auf die Schulter zu küssen, ich habe aber die alte Dame nach deutscher Art umarmt und auf den Mund geküsst. Auf Nimmerwiedersehen!

Die nun folgende Nacht verbrachte ich in einer ärmlichen Hütte, auf elendem Lager. Am nächsten Morgen trennte ich mich dann vom Wachtmeister; ein anderer Grenzbeamter trat an seine Stelle. Die Sonne stand klar am Himmel und die Kälte hatte nachgelassen. Ich kam an diesem Tage mit meiner Arbeit sehr gut vorwärts; aber das kümmerliche Strohlager im nächsten polnischen Dorfe war wieder ein recht kärglicher Lohn für meine Mühe.

Am folgenden Vormittag hielt ich mit meinem Kommando an dem Grenzgraben und schaute nach Russisch-Polen hinein. Etwa eine Viertelmeile entfernt lag auf ein Anhöhe ein ziemlich großes Gebäude; davor stand ein Haufen von Menschen.

„Was meinen Sie", fragte ich den Grenzbeamten, „wenn wir denen einen Besuch abstatteten?"

„Um Gottes Willen, das ist ja strenge verboten."

„Nun, ich möchte doch gerne hin und denke wohl, meine Husaren lassen mich nicht im Stich, wenn die da drüben über mich herfallen sollten."

Und ohne weiteres sprengte ich im Galopp nach der Anhöhe. Da liefen die Leute alle in das Haus hinein; nur ein alter, in einem Schafpelz und hellblaue Mütze gekleideter Mann blieb zurück.

„Guten Morgen", sprach ich ihn an und zu meiner Überraschung dankte er mir in deutscher Sprache. „Warum sind denn die Leute ins Haus gelaufen?", fragte ich.

„Sie ängstigen sich vor Ihnen."

„Ich komme ja in der friedlichsten Absicht; ich möchte für Geld und gute Worte einen kleinen Schnaps haben."

Der Alte ging ins Haus und kam nach einer Weile mit einer Flasche Branntwein und einem Glase wieder heraus. Die anderen, etwa zehn Personen folgten und umringten mich. Ich trank meinen Schnaps auf die Gesundheit der Anwesenden und belohnte den Alten mit einem Achtgroschenstück. Er dankte mit tiefer Verbeugung, nahm die Mütze ab, trat heran und küsste mir das Knie.

Unter den Umstehenden bemerkte ich einen jungen stattlichen Mann, der einen Hut mit der polnischen Nationalkokarde trug. Sie zeigte den polnischen weißen Adler im roten Felde, das wieder von einem weißen Rand umgeben war. Da nur der Alte Deutsch verstand, fragte ich ihn, warum denn sein junger Landsmann nicht mit in den Krieg gezogen sei. Er habe sich gedrückt, meinte der Alte, er werde wohl aber noch heranmüssen. Es gelang mir indes die Kokarde zu erwerben. Den Abschiedsgruß sagte ich auf Polnisch und sprengte dann zu meinem Kommando zurück.

Endlich hatte ich die Aufnahme beendet und übernahm wieder den Grenzdienst in meinem Dorfe. Die von mir gezeichnete Karte sandte ich an den Regimentskommandeur und fügte die polnische Kokarde bei.

Nach einiger Zeit empfing ich mehrere Dienstbriefe auf einmal. Ich erbrach den ersten und las:

„Befehl des kommandierenden Generals.

Ich habe in Erfahrung gebracht, dass ein Offizier gegen mein Verbot ins russische Polen geritten ist. Sollte dies noch einmal vorkommen, so werde ich es auf das Allerstrengste bestrafen."

Ich war wie versteinert. Dass mein Frevel bis nach Posen zum kommandierenden General gedrungen war, das war mir ein Rätsel. Ich freute mich aber, dass mein Name nicht genannt war und erkannte darin das Wohlwollen des Generals, der ihn jedenfalls wusste.

Ich erbrach den zweiten Brief. Er war vom Regimentskommandeur und lautete:

„Es freut mich, Ihnen mitteilen zu können, dass der kommandierende Herr General an mich geschrieben und gefragt hat, ob das Regiment noch mehr Offiziere hätte, die eine so vortreffliche Terrainaufnahme machen könnten wie die Ihrige. Solches wäre er sonst nur von Generalstabsoffizieren gewöhnt.

Graf zu Münster."

Ein Zettel von des Obersten Hand lag dabei:

„Wie hat es Ihnen denn im russischen Polen gefallen?!"

- Ein gütiger Verweis.

Als ich den Oberst später wiedersah, sagte er: „Ihre Kokarde ist in Seiner Majestät Hände gekommen. Ich hatte sie meiner Frau geschickt und sie hat sie beim Tee dem Könige überreicht."
Die Gräfin war Hofdame und lebte in Berlin.

Ein paar Wochen später erhielt ich den Befehl, mich persönlich nach einem mehr nördlich gelegenen Grenzdorf zu begeben. Mein Husarenkommando sollte abgelöst und durch ein neues ersetzt werden, ich aber sollte zugleich auch den Befehl über ein in dem nördlichen Dorfe stehendes Infanterie-Detachement übernehmen. In mein bisheriges Dorf sollte gleichfalls ein Infanterie-Kommando einrücken, dessen Ankunft ich abzuwarten hatte.

Also, meine Husaren ja, mir aber war es aber nicht vergönnt, zum Regiment zurückzukehren und einige Erholung zu finden. Das war ein großes Unrecht mir gegenüber. Der Herr Regimentskommandeur hätte sich sagen müssen, das es falsch ist, einen Offizier, weil er sich als brauchbar und fleißig bewährt hat, ohne Not zu überbürden, bis er den Anstrengungen erliegt.

Ich war der erste Offizier des Regiments, der an die Grenze geschickt worden war, hatte wochenlang in scheußlichen Quartieren gelegen und bei der Grenzaufnahme große Schwierigkeiten zu überwinden gehabt. Leutnant von Blücher hatte freilich auch aufgenommen, aber bei Inowrazlaw selbst. Er ritt aus seinen guten Quartier zur Grenze und kehrte von dort zum Braten an die Mittagstafel zurück. Ich kam vom Strohlager in der Bauernkate und kehrte zum Grenzsauerkohl zurück.

In Inowrazlaw saßen genug Offiziere des Regiments und ließen es sich wohl sein. Warum wurde ich nicht abgelöst, statt in ein anderes elendes, polnisches Nest geschickt zu werden! Es ist ja richtig: Je mehr Dienst, desto mehr Ehre! Aber der Magen wird von der Ehre allein nicht befriedigt, und der meinige war schon recht herunter.

Die Trommel erschallt. Das Infanterie-Kommando rückt ins Dorf und marschiert vor meine Hütte. Ich gehe hinaus und ein ältlicher Premierleutnant tritt mir entgegen.
„Ist dies Ihr Quartier, Herr Kamerad?"
„Ja."
- Wir gehen zusammen in die Stube.
„Hier soll ich hausen? Aber das ist ja fürchterlich. Wie haben Sie es hier aushalten können! Ich werde mir ein anderes Unterkommen suchen."
Ich zuckte mit den Achseln.
„Was krabbelt den da, auf dem Ungeheuer von Ofen?"
„Das sind die kleineren Kinder, die logieren dort."

„Und hier haben Sie geschlafen?"

Jawohl, hinter dem riesigen Fass, noch halbgefüllt mit Sauerkohl, war meine Lagestelle."

„Unmöglich! Hier bleibe ich nicht!"

Wirt und Wirtin sahen meinen Nachfolger besorgt an. Konnten sie auch seine Worte nicht verstehen, so entnahmen sie doch seiner zornigen Miene, dass er mit dem Quartier nicht zufrieden war. Da ich selbst noch Verschiedenes zu ordnen hatte, so gab ich dem Premierleutnant einen Unteroffizier mit, damit er ihm beim Herausfinden eines besseren Unterkommens behilflich sei. Sie suchten lange und vergebens!

Endlich kehrten sie zurück. Mein Kamerad war empört; so etwas war ihm noch nicht vorgekommen.

„Ich sehe es ein", sagte er, „ich muss hier bleiben."

„Nur Geduld", erwiderte ich, „bei Schnee und Eis ist's hier immer noch besser als im Biwak. Die Wirtsleute sind gut und besonders die Katinka ist freundlich und dienstfertig. Mich erwartet vermutlich ein noch schlechteres Quartier."

Meine Ahnung bestätigte sich. Das Dorf Meczkowo bestand aus ganz elenden Hütten. Mein neues Husaren-Detachement war schon eingetroffen und der Unteroffizier überreichte mir meine Instruktion: ich hatte drei mit Infanterie besetzte Dörfer regelmäßig zu inspizieren und den Patrouillengang zu regeln. Ich konnte nur im Kruge, einer Branntweinschenke, unterkommen und als ich eintrat, fand ich die Wirtsstube ganz angefüllt von meist angetrunkenen Polen in Schafpelzen.

Für mich persönlich fand sich nur eine Häckselkammer, worin zur Not eine Bettstelle, ein kleiner Tisch und ein Stuhl eben noch Platz finden konnten. Die Decke war so niedrig, dass ein größerer Mann als ich nicht hätte aufrecht darin stehen können. Aber die Kammer hatte einen Kamin und zu meiner besonderen Freude ließ sich das ein Quadratfuß große Fenster aufmachen. Der Häcksel wurde hinausgeschafft, eine Art von Bettstelle zusammengenagelt, Tisch und Schemel hineingesetzt und nach kurzer Zeit saß ich am Kaminfeuer und wärmte mir die Füße.

Da hörte ich draußen Lärm. Meine Tür wurde geöffnet und ein Bajonett wurde sichtbar. Der dazu gehörende Infanterist musste sich bücken, um hineinzukommen; zwei Musketiere blieben draußen, weil die Kammer sie nicht mehr aufnehmen konnte. Sie brachten mir einen Polen, den sie auf ihrem Patrouillengang aufgegriffen hatten. Er hatte sich eben ins Preußische hineinschleichen wollen und einen Brief bei sich gehabt. Diesen überreichten sie mir. Ich ließ mir den Schulmeister kommen und bat ihn, mir den Brief zu übersetzen. Er lautete:

„Die Morgenröte ist angebrochen, aber noch steht Diebitsch's auf festen Füßen. Soll auf den herrlichen Morgen wiederum schwarze Nacht folgen? Die Polen haben gesiegt, man sieht nicht mehr Bangigkeit, sondern Freude und Zuversicht in den Mienen unserer Soldaten.

Oh, es ist Gottes Sache, dass Polen wieder frei und selbstständig werden soll! Vor kurzem noch dachte man in Warschau nur an Ergebung; aber dieser Gedanke ist gewichen. Chlopicki und Radziwill sind während der Schlacht von Bataillon zu Bataillon geflogen und haben die Unsrigen angefeuert... usw."

Dann folgte noch die Bitte, einen beigelegten zweiten Brief an seine Adresse zu befördern. Dieser, den ich unerbrochen ließ, war an eine Gräfin in der Nähe von Inowrazlaw, der erste an einen Geistlichen in der Nähe von Meczkowo gerichtet, ohne Angabe von Ort und Datum und nur mit zwei Buchstaben gezeichnet. Nach der Schrift zu urteilen, kam er von Frauenhand.

Der polnische Bote zitterte am ganze Leibe; er befürchtete wohl sofort erschossen zu werden. Ich ließ ihm indes durch den Schulmeister sagen, er möge in sein Polenland zurückkehren, sich aber nicht wieder einfallen lassen, Briefe über die Grenze einzuschmuggeln; wir würden ihn ja doch wieder aufgreifen. Die Briefe schickte ich an meinen Regimentskommandeur.

Ein andermal war ich auf meinem mehr wir dürftigen Lager gerade entschlummert, als ich durch ein Geschrei geweckt wurde. Vor mir stand ein blutender polnischer Mann aus unserem Dorfe und flehte mich um Schutz an. Meine Husaren hatten ihn so zugerichtet! Da musste ich Frieden stiften und ich sah mich genötigt, zwei meiner Leute kurzerhand in einen sonst unbenutzten Schweinestall einzusperren. Danach kam kein Streit mehr vor.

Ich lag ja nicht allzu weit von Thorn und da dachte ich: könntest Du doch den Deinigen einen der berühmten Thorner Pfefferkuchen nach Belgard senden. Aber ich wusste nicht, wie ich das anstellen sollte. Eines Tages traf ich auf meinem Inspektionsritt mit einem Gefährt zusammen, rief „Halt", und aus dem Wagen blickte freundlich ein Herr mit einem kostbaren Pelze hervor. Es war ein Deutscher, ein Justizrat, auf der Reise nach Thorn und es war alles in Ordnung.

Eben wollte ich ihm eine glückliche Reise wünschen, da fiel mir wieder der Pfefferkuchen ein und ich bat den Herrn, mir doch einen solchen zu besorgen.

---

[63] Der russische Feldmarschall Graf von Diebitsch-Sabalkanskij überschritt Anfang Februar 1831 mit etwa 118.000 Mann die polnische Grenze. Am 19. Februar siegten die Polen bei Grochow; am 25. wurden aber sie bei demselben Ort zum Rückzuge genötigt.

„Mit dem größten Vergnügen", erwiderte er und nahm zu diesem Zwecke zwei Taler von mir entgegen. Nach einiger Zeit schrieb mir Ulrike, sie habe eine ganze Kiste mit den herrlichsten Kuchen erhalten, dazu sehr freundliche Zeilen des Justizrats. Nach ihrer Beschreibung musste ich annehmen, dass der ihr übersandte Kuchen mindestens das Doppelte gekostet hatte. Ich freute mich für meine lieben Kinder.

25. Kapitel
Das trauriges Ende meiner Soldatenlaufbahn

Vom Süden kommen sie wieder zu uns, die Zugvögel; hoch oben sieht man die Wildgänse in winkelförmiger Anordnung gen Norden ziehen. Die Saaten grünten und die Wiesen. Der Weizen sprießte hier, aus der fruchtbaren schwarzen Erde, mit viel breiteren Blättern hervor, als in meiner pommerschen Heimat.

Die Dörfer in diesen gesegneten Fluren, dem reichen Kujavien, nehmen sich freilich nicht schön aus mit ihren liederlichen Strohdächern und ohne den uns so gewohnten Schmuck der Bäume und Gärten. Die Lerche aber singt hier gerade so lieblich wie bei uns. Auch hier wird es Frühling. Es ist Ende Mai. Jetzt geht meine Frau mit den Kindern hinaus, um Blumen zu pflücken und sie denken vielleicht an mich dabei, da sie doch wissen, ich bin ein Blumenfreund.

Die Polen kämpfen immer noch; doch, von den russischen Truppen gedrängt, nähern sie sich schon unserer Grenze. So mancher Pole, so mancher Russe sank im Gefecht zur blühenden Erde, um aus seinem Blute nicht wieder aufzustehen und nun haben sich auch Krankheiten, die übliche Geißel kämpfender Truppen, eingestellt und bringen so manchem Krieger, der vom Feinde verschont blieb, einen frühen Tod.[64]

Die Grenzbesetzung wird plötzlich verändert; ich quartiere nach einem anderen Dorfe um. Hier muss ich mir mit Hilfe meines Husaren selber das Essen bereiten; die Leute sind zu unreinlich. Einmal sage ich in meinem Verdruss zum Burschen: „Bei solch unsauberem Volk muss man sich herumtreiben!"

„Was spricht der Herr?", fragte die Wirtin auf polnisch. Da mein Husar beide Sprachen versteht, verdolmetscht er ihr meine Worte.

„Du lieber Gott", sagt sie da, „dafür können wir nichts, das ist doch die Schuld der Edelleute und der Pfaffen."

Da war mein Zorn verflogen; denn diese so einfache und ungebildete Frau hatte ja vollkommen Recht.

Und wieder wurde umquartiert; ich kam in ein neues Grenzdorf und dort warf mich ein heftiges Fieber aufs Krankenlager. Nach einer Menge verschluckten Chinins blieb es endlich aus; aber ein Recken und ein Ziehen in

---

[64] Am 26. Mai war der polnische General Skrzynecki bei Ostrolenka geschlagen worden. Nur der Ausbruch der Cholera im russischen Lager, der auch Diebitsch erlag, verzögerte noch die völlige Niederwerfung des Aufstandes.

den Gliedern konnte ich nicht loswerden und das Gehen wurde mir sehr schwer.

Ob mir nicht ein warmes Bad helfen würde? Aber wie dieses ermöglichen, da im Dorfe natürlich keine Badewanne aufzutreiben war. Nicht einmal ein genügend großer Kessel zum Erwärmen des Wassers war zu haben. Nun hatte ich aber einen sehr findigen älteren Husaren bei mir. Ich bat ihn, mir zu helfen und „Verlassen sich der Herr Leutnant auf mir", war seine Antwort.

Damit galoppierte er fort. Gegen Abend kehrte er vergnügt zurück und meldete, es kämen ein großer Kessel und eine Wanne, worin ich mich bequem ausstrecken könnte. Bald darauf setzten zwei Polen einen eigentlich zum Abbrühen von geschlachteten Schweinen bestimmten Trog vor meiner Haustüre nieder; es war ungewöhnlich lang, breit und tief. Er wurde erst mit heißem Wasser gereinigt und schließlich lag ich anstelle eines abzubrühenden Schweines mit einem Wonnegefühl im warmen Bade, wie ich es in keiner Marmorwanne hätte besser empfinden können. Meine Husaren sahen die Sache verdutzt mit an.

Als ich nun allenfalls wieder Dienst tun konnte, musste ich abermals ein anderes Dorf beziehen; zu meiner Unterstützung wurde mir nun aber ein jüngerer Offizier, der Leutnant von P. zugeteilt. Und endlich erlebte auch ich einmal einen Lichtblick: das Regiment hatte Parade vor dem berühmten Feldmarschall, Grafen von Gneisenau[65] und ich durfte sie mitmachen.

Der Marschall ritt unsere Linie entlang, nahm aber keinen Vorbeimarsch ab, sondern befahl gleich ein Gefechtsexerzieren. Seitdem er vor 24 Jahren meine Vaterstadt verteidigt hatte, war ich nie wieder in seine Nähe gekommen. Nun hielt er dicht vor meinem Zuge. Auch General von Wrangel[66] war zugegen. Als er in der Karriere über den Platz flog, sah ich mich nach meinem Zuge um und nickte den Leuten zu. Ja, die Husaren freuten sich auch: das war ein Reitergeneral!

Nach dem Exerzieren gab der General von Wrangel unserem Offizierskorps ein Mittagsmahl. Schon der bloße Anblick der reich besetzten Tafel erfüllte mich, nur noch an polnischen Grenzsauerkohl gewöhnten, ausgehungerten Menschen, mit Wonne. Für den Augenblick hatte ich die ausgestandenen Entbehrungen vergessen. Ich war ja auch wieder unter meinen so fröhlichen Kameraden! Freilich nur für wenige Stunden.

---

[65] Gneisenau war bei Ausbruch des polnischen Aufstandes Oberbefehlshaber der zum Schutz der preußischen Grenzen aufgestellten vier östlichen Armee-Korps geworden. Er starb in Posen am 24.August 1831 an der Cholera.

[66] Wrangel, der bekannte spätere Generalfeldmarschall (Papa Wrangel), war damals Generalmajor und Kavallerie-Brigadekommandeur.

Die Kunde vom Ausbrechen der Cholera jenseits der Grenze, aber in unserer Nähe, verbreitete allgemeine Beunruhigung. Mancher ängstigte sich ohne Not; beim geringsten Unwohlsein glaubte er, die Cholera hätte ihn gepackt. Die gegen die Einschleppung getroffenen Maßnahmen regten viele Gemüter mehr auf, als dass sie beruhigend gewirkt hätten. Die Grenze wurde noch strenger überwacht als zuvor, und dennoch - kam der unheimliche, unsichtbare Feind herüber!

Ich hatte jetzt eine zwei Meilen lange Grenzstrecke zu überwachen; doch war das Terrain insofern günstig, als ich zwei lange Seen vor meiner Front hatte. Da sich auf ihnen kein Fahrzeug zum Übersetzen befand, bedurften diese Seen keiner besonderen Aufsicht und es handelte sich hierbei hauptsächlich um die neben und zwischen ihnen liegenden kurzen Strecken.

Meine Infanterie wurde von einem recht gewandten Unteroffizier befehligt. Der Mann musste auch bemittelt sein: Am 03.August, dem Geburtstage unseres Königs, prangte vor seiner Hütte ein große, sauber mit Ölfarbe bemalte Tafel, auf der zu lesen war:

Es lebe der König!
Es lebe der General von Wrangel!
Es lebe der Leutnant Lietzmann!

Ich sagte dem Unteroffizier und seinen Leuten: „Wenn man auf Seine Majestät den König ein Hoch ausbringt, darf eben nur der Name des Königs und kein anderer daneben genannt werden und was meinen Namen anbetrifft, so haben Sie ihn in zu vornehme Gesellschaft gebracht."

Der gute Unteroffizier stutzte; aber seine Tafel blieb stehen und als ein paar Tage später General von Wrangel sein Pferd parierte, um sie zu betrachten, da lachte er, sagte aber nichts.

In der bewaldeten Landenge zwischen den beiden Seen, wo die mir zugeteilte Infanterie kampierte, entstand allmählich eine ganze Kolonie von Hütten. Keine Hütte glich der anderen. Die Füsiliere waren bei der Anlage ganz ihrem verschiedenen Geschmack gefolgt und hatten sie dem Terrain angepasst. Man sah auch Blumenbeete, geharkte Gänge und Lauben.

An einer Stelle im Walde, von wo aus man den einen See der Länge nach überblickte, hatten die Leute für mich eine hölzerne Plattform erbaut. Sie hatten es heimlich getan, um mich damit zu überraschen. Als sie mich dann hinführten, war das Geländer der Treppe und Plattform mit Eichenlaub geschmückt. Ich stieg hinauf, blickte über das stille, waldumkränzte Wasser und dankte den Leuten für die große Freude, die sie mir gemacht hatten.

Keiner hatte es mir angemerkt, dass ich kaum eine Stunde vorher eine schmerzliche Trauerkunde empfangen hatte: mein kleiner Hermann war an Zahnkrämpfen gestorben! Der Brief meiner armen Frau wies reichliche Tränenspuren auf.

Die zurückgedrängten Polen schienen unsere Grenze überschreiten zu wollen, um nicht den Russen in die Hände zu fallen. Am Tage, der dem eben erwähnten folgte, kamen zwei polnische Ulanenschwadronen auf mich zu, machten indes noch kurz vor der Grenze wieder Kehrt und verschwanden wieder in einem ostwärts gelegenen Walde.

Als ich mich auf dem Rückwege zu meinem Quartier befand, überfiel mich plötzlich ein Schwindel. Ich ergriff die Mähne meines Pferdes, um nicht herunterzufallen. - Ich war ganz allein und habe darum nicht erfahren, wie ich vom Pferde herab in ein Getreidefeld gekommen bin. Wie im Traum sah ich den Schimmel neben mir stehen und die Ähren abfressen. Es lag sich so schön im Getreidefeld, dass ich dort unbemerkt liegen bleiben und sterben würde, wenn mein Pferd fortliefe. - Ich weiß nicht einmal, wie lange ich so gelegen habe. Das treue Tier hat mich aber nicht verlassen.

Endlich fasste ich den Entschluss, aufzusitzen; aber ich konnte nicht; ich fühlte mich schwach. Und immer wieder versuchte ich es. Zuletzt kam ich wirklich in den Sattel; das war meine Rettung. Jetzt war ich wieder auf der Straße. Die Bäume rechts und links tanzten vor meinen Augen ....

Ich erreichte mein Quartier. Dort empfing mich mein Unteroffizier: „Allmächtiger Gott, wie sehen Sie aus, Herr Leutnant!"

Ich wurde vom Pferde heruntergetragen und in wollene Decken gewickelt. Die Füße wurden mir mit einer Bürste gerieben und mit heißem Rum gewaschen. Oh, die Cholera ist grässlich!

Ich sollte diese schreckliche Krankheit überstehen. Aber nun folgte ein gastrisches Fieber, von dem ich mich nicht wieder erholen konnte. Ich war nun von den Ärzten aufgegeben ....

Mein Regimentskommandeur ließ mich in seinem Wagen sorgfältig in Stroh verpacken und nach Nakel fahren. Von dort reiste ich unter großen Mühen mit Extrapost nach Hause. Meine militärische Laufbahn war nun zu Ende!

26. Kapitel
Schlusswort des Herausgebers

Wie mit einem Aufschrei des Schmerzes reißen die Aufzeichnungen des alten Freiheitskämpfers plötzlich ab. Es ist, als ob es ihm nicht mehr gelohnt hätte, über seine Lebensschicksale zu berichten, nachdem er die Soldatenlaufbahn hatte aufgeben müssen. Aber es mögen noch andere Empfindungen ihn zum Schweigen veranlasst haben.

Die von Schöningsche „Geschichte des 5. Husaren-Regiments" enthält in der Anlage die kurze Notiz: Aggregierter Sekondleutnant Friedrich Lietzmann 1831 als Premierleutnant mit Aussicht auf Zivilversorgung pensioniert. 1842 Steuerkontrolleur in Rügenwaldermünde. - Er hatte also 16 Jahre lang als Offizier treu seinen Dienst getan und war noch nicht einmal in das Offizierskorps seines Regiments wirklich einrangiert worden, sondern blieb bis zuletzt „aggregierter Sekondleutnant"!

Im Laufe dieser langen Jahre mochte er wohl erkannt haben, dass er in der damaligen preußischen Armee als Offizier bürgerlichen Namens keine Berücksichtigung zu gewärtigen hatte.

Als der bereits im 40. Lebensjahr stehende aggregierte Sekondleutnant von seiner im Grenzdienst erworbenen schweren Krankheit endlich genesen war, erbat er darum seinen Abschied. - Wir dürfen annehmen, dass der tapfere Mann mit bitteren Empfindungen aus einem Berufe geschieden ist, den er so leidenschaftlich liebte und worin er dem Königlichen Dienst allezeit mit unbegrenzter Hingabe obgelegen hatte. Seine vornehme Art hat ihn verhindert auch hierüber Aufzeichnungen zu machen. Resigniert hat er seine bescheidene Beamtenlaufbahn angetreten.

Er war im Frühjahr 1813 als begeisterter Jüngling unter den Ersten dem Rufe seines Königs gefolgt und zu den Waffen geeilt. Er hatte sich in den Befreiungskriegen von 1813 und 1814 durch seine unermüdliche Tätigkeit und seine unerschrockene Kühnheit das Eiserne Kreuz, den russischen St. Georg-Orden und das Offizierspatent erworben.

Er hatte dann 16 Jahre hindurch als Friedenssoldat seine volle Schuldigkeit getan und war von seinen Vorgesetzten bis zuletzt mit auffallender Vorliebe überall dort verwendet worden, wo es auf Umsicht, Ausdauer und Geschicklichkeit ankam.

Dass er an geistiger Befähigung und Bildung der Mehrzahl seiner Kameraden überlegen war, kann nach Inhalt und Form der Aufzeichnungen nicht im mindesten bezweifelt werden. Trotzdem kam er als Offizier nicht vorwärts und musste noch zufrieden und dankbar sein, wenn es ihm ermöglicht wurde, als kleiner Beamter Frau und Kinder zu ernähren.

Den schönen Gedanken Scharnhorsts, dass allein Kenntnisse und die Tüchtigkeit für die Offizierslaufbahn den Ausschlag geben sollte, hatte man leider wieder fallen lassen, nachdem die Not des Vaterlandes glücklich überwunden war.

Das Schicksal Fritz Lietzmanns entbehrt also nicht des tragischen Moments. Auch sonst ist der tapfere Mann von schweren Prüfungen heimgesucht worden. In der alten Familienbibel, die schon von seinem Vater zu Aufzeichnungen benutzt worden war, findet sich folgende Eintragung von seiner Hand:

„Am 29.Dezember 1834 beschloss meine liebe Frau Ulrike ihre irdische Laufbahn. Sie stand in ihrem 36.Lebensjahre und wurde früh, allzu früh zu Gott abberufen. Meine treue Gefährtin ist mir durch den unerbittlichen, kalten Tod nur zu bald entrissen wurden!"

Ulrike starb infolge der Geburt ihres achten Kindes und dieses folgte ein halbes Jahr später der Mutter nach. Von den älteren Geschwistern war, wie wir wissen, ein Sohn gestorben, während der Vater an der russisch-polnischen Grenze stand, ein anderer Sohn ertrank als 23-jähriger Jüngling in der Oder, eine Tochter erstickte 27-jährig durch Kohlendampf.

Freilich hatte es im Leben des alten Freiheitskämpfers auch an Lichtblicken nicht ganz gefehlt. Der König verlieh ihm noch den Charakter eines Rittmeisters und vor allem wurde sein treues Soldatenherz dadurch erfreut, dass er seinen ältesten Sohn, wieder ein Fritz, sich zu einem hervorragend tüchtigen Offizier entwickeln sah.

Friedrich Ludwig Lietzmann, geboren 1823 in Belgard, wurde 1840 Sekondleutnant im 30.Infanterie-Regiment und nahm als solcher am badischen Feldzuge von 1849 rühmlich teil. Bei Waghäusel zeichnete er sich als Führer eines Schützenzuges aus, bei Durlach trat er nach dem amtlichen Bericht durch sein „in aller Beziehung wahrhaft tapferes und umsichtiges Benehmen" glänzend hervor, so dass der Großherzog ihm seinen Orden vom Zähringer Löwen verlieh.

Infolge der Strapazen dieses Feldzuges zog er sich ein Brustleiden zu, wurde als Invalide verabschiedet und nun Bürgermeister von Altenkirchen im Westerwald. Das blieb er 35 Jahre lang. Aber als es 1866 und dann wieder 1870 zum Kriege kam, eilte er doch zu den Fahnen; sein Soldatenherz ertrug es nicht, dass er den Kämpfen um Preußens und Deutschlands Macht und Ehre fernblieb.

Im Kriege gegen Frankreich erwarb er sich, wie einst sein Vater, das Eiserne Kreuz. Er war Führer einer Landwehr-Kompanie und bewährte sich nach amtlichem Bericht wieder ganz „als ausgezeichneter Offizier", bis ihn zu Ende des Jahres 1870 die abermals und diesmal noch schwerer auftretende Krankheit zur Heimkehr zwang. Er starb 1888.

Nur fünf Jahre früher war sein Vater, der „Alte Rittmeister", wie ihn die Kolberger nannten, zur Großen Armee abberufen worden. Er war bis 1853 in verschiedenen Orten Pommerns als Steuerbeamter tätig gewesen und dann in seine Vaterstadt zurückgekehrt, deren Entwicklung er noch drei Dezennien hindurch, bis in sein 91.Lebensjahr, mit der größten Aufmerksamkeit verfolgte. Trotz aller Enttäuschungen und Lebenskämpfe hatte er sich den idealen Schwung und das jugendfrische Herz des freiwilligen Jägers bis zum Ende bewahrt.

„Es ist ein köstlich Ding dem Manne, dass er das Joch in seiner Jugend trage", - so lautete das Motto zum ersten Abschnitt seiner „Erinnerungen". Und es scheint wirklich, dass die in den Knabenjahren durchlebte Kolberger Not ihn gegen alle Stürme des Lebens gefeit hatte.

Anlagen zum Text

Anlage 1

Aufruf des Königs von Preußen Friedrich Wilhelm III. "An Mein Volk!" vom 17. März 1813

An Mein Volk!

So wenig für Mein treues Volk, als für Deutsche, bedarf es einer Rechenschaft über die Ursachen des Krieges, welcher jetzt beginnt. Klar liegen dem unverblendeten Europa vor Augen. Wir erlagen der Uebermacht Frankreichs. Der Friede, der die Hälfte Meiner Unterthanen mir entriß, gab uns seine Segnungen nicht; denn er schlug uns tiefere Wunden als selbst der Krieg. Das Mark des Landes ward ausgesogen, die Hauptfestungen blieben vom Feinde besetzt, der Ackerbau ward gelähmt, sowie der sonst so hoch gebrachte Kunstfleiß unserer Städte. Die Freiheit des Handels ward gehemmt und dadurch die Quellen des Erwerbs und des Wohlstandes verstopft. Das Land ward ein Raub der Verarmung. Durch die strengste Erfüllung eingegangener Verbindlichkeiten hoffte Ich Meinem Volk Erleichterung zu bereiten, und den französischen Kaiser endlich überzeugen, daß es sein eigener Vortheil sey, Preußen seine Unabhängigkeit zu lassen. Aber Meine reinsten Absichten wurden durch Uebermuth und Treulosigkeit vereitelt, und nur zu deutlich sahen wir, daß des Kaisers Verträge mehr noch wie seine Kriege uns langsam verderben mußten.

Jetzt ist der Augenblick gekommen, wo alle Täuschung über unsern Zustand aufhört. – Brandenburger, Preußen, Schlesier, Pommern, Litthauer! Ihr wißt, was Ihr seit fast sieben Jahren erduldet habt; Ihr wißt, was euer trauriges Loos ist, wenn wir den beginnenden Kampf nicht ehrenvoll enden. Erinnert Euch an die Vorzeit, an den großen Kurfürsten, den großen Friedrich. Bleibt eingedenk der Güter, die unter Ihnen Unsere Vorfahren blutig erkämpften: Gewissensfreiheit, Ehre, Unabhängigkeit, Handel, Kunstfleiß und Wissenschaft. – Gedenkt des großen Beispiels unserer mächtigen Verbündeten, der Russen; gedenkt der Spanier, der Portugiesen. Selbst kleinere Völker sind für gleiche Güter gegen mächtigere Feinde in den Kampf gezogen und haben den Sieg errungen. Erinnert Euch an die heldenmüthigen Schweizer und Niederländer. –

Große Opfer werden von allen Ständen gefordert werden; denn unser Beginnen ist groß, und nicht geringe die Zahl und die Mittel unserer Feinde. Ihr werdet jene lieber bringen für das Vaterland, für Euern angeborenen König, als für einen fremden Herrscher, der, wie so viele Beispiele lehren, Eure

Söhne und Eure letzten Kräfte Zwecken widmen würde, die Euch ganz fremd sind. Vertrauen auf Gott, Ausdauer, Muth und der mächtige Beistand unserer Bundesgenossen werden unsern redlichen Anstrengungen siegreichen Lohn gewähren. – Aber, welche Opfer auch von Einzelnen gefordert werden mögen, sie wiegen die heiligen Güter nicht auf, für die wir sie hingeben, für die wir streiten und siegen müssen, wenn wir nicht aufhören wollen, Preußen und Deutsche zu seyn.

Es ist der letzte, entscheidende Kampf, den wir bestehen, für unsere Existenz, unsere Unabhängigkeit, unsern Wohlstand. Keinen anderen Ausweg gibt es, als einen ehrenvollen Frieden, oder einen ruhmvollen Untergang. Auch diesem würdet Ihr getrost entgegen gehen, um der Ehre Willen; weil ehrlos der Preuße und der Deutsche nicht zu leben vermag. Allein wir dürfen mit Zuversicht vertrauen: Gott und unser fester Wille werden unserer gerechten Sache den Sieg verleihen, mit ihm einen sichern, glorreichen Frieden und die Wiederkehr einer glücklichen Zeit.

Breslau, den 17. März 1813.

Friedrich Wilhelm

Anlage 2
Zwei Bilder des Autors

Friedrich Christian Johann Lietzmann
Freiwilliger Jäger im Ersten Leibhusaren-Regiment
1813 und 1814
Nach einem Miniaturbilde im Besitz seiner Enkelin.

Rittmeister a. D. Fritz Lietzmann
im neunzigsten Lebensjahre
Nach einer Photographie.

Inhaltsverzeichnis

Vorwort			... 3
1.Kapitel	Aus der Knabenzeit - Kolberg 1807		... 5
2.Kapitel	Bis zum Frühling - 1813, der Sturm bricht los!		... 13
3.Kapitel	Freiwilliger Jäger bei den Totenkopfhusaren		... 18
4.Kapitel	Mai 1813 - Halle und Hoyerswerda		... 23
5.Kapitel	Luckau, 04.Juni 1813		... 30
6.Kapitel	Waffenstillstandsleben		... 39
7.Kapitel	Großbeeren, 23.August 1813		... 47
8.Kapitel	Dennewitz - Leipzig		... 55
9.Kapitel	Durch Nordwest-Deutschland und Holland		... 63
10.Kapitel	Gefecht bei Lier - Ende des Feldzuges von 1814 - für mich		... 67
11.Kapitel	Abtenteuer in Brüssel und Oudenaarde		... 74
12.Kapitel	Eine Duellgeschichte - Auflösung des Jäger-Korps		... 80
13.Kapitel	Heimkehr ins Vaterhaus - Wieder Landwirt und abermals Soldat!		... 88
14.Kapitel	Leutnant bei den Blücher-Husaren		... 93
15.Kapitel	Nach Paris und in die Normandie		... 98
16.Kapitel	Die gerade Linien zwischen zwei Punkten		... 104
17.Kapitel	Der Kommandeur - Ein Miniaturhof - Husarenstreiche		... 112
18.Kapitel	Liebesidyll		... 119
19.Kapitel	Zurück in die pommersche Heimat		... 125
20.Kapitel	Familienleben in kleiner Garnison		... 128
21.Kapitel	Aus meinem Dienstleben		... 132
22.Kapitel	Zur Grenzbesetzung gegen den polnischen Aufstand 1831		... 135
23.Kapitel	Baunerhütte und Grafenschloss		... 141
24.Kapitel	Unaufhörlicher Grenzdienst!		... 148
25.Kapitel	Das traurige Ende meiner Soldatenlaufbahn		... 155
26.Kapitel	Schlusswort des Herausgebers		... 159
Anlagen			
Anlage 1	Aufruf vom 17.März 1813: An mein Volk		... 165
Anlage 2	Zwei Bildes des Autors		... 167

Verlagswerbung

Im Fachverlag AMon - Alexander Monschau - sind bislang folgende Bücher erschienen, bzw. sind in der Vorbereitung:

AMon00001: Des Nürnberger Feldwebels Joseph Schrafel merkwürdige Schicksale im Kriege gegen Tirol 1809, im Feldzuge gegen Russland 1812 und in der Gefangenschaft 1812 - 1814. Von ihm selbst geschrieben.
Softcover, 19 Zeichnungen, 3 Farbtafeln, 100 Seiten   <u>11,95 €</u>

AMon00002: Förster Flecks Erzählung von seinen Schicksalen auf dem Zuge Napoleons nach Russland und von seiner Gefangenschaft 1812 - 1814.
Softcover, 2 Uniformseiten, 108 Seiten   <u>12,95 €</u>

AMon00003: Ein Waterlookämpfer. Erinnerungen eines Soldaten aus den Feldzügen der königlich deutschen Legion von Friedrich Lindau, ehemaliger Schütze des 2.leichten Bataillons, Inhaber der Guelphen-, der Waterloo- und der bronzenen Verdienstmedaille.
Softcover, 1 Zeichnung, 2 Uniformseiten, 132 Seiten   <u>12,95 €</u>

AMon00004: Als freiwilliger Jäger bei den Totenkopfhusaren. Siebzehn Jahre Leutnant im Husaren-Regiment Blücher. Erzählungen aus Kolberger Ruhmestagen, aus dem deutschen Befreiungskrieg, aus einer kleinen pommerschen Garnison und von der Grenzwacht gegen den polnischen Aufstand 1831.
Softcover, 2 Zeichnungen, 172 Seiten   <u>14,99 €</u>

AMon00005:   <u>In Vorbereitung</u>

AMon00006: Seltsame Schicksale eines alten preußischen Soldaten. Die höchst merkwürdige Lebensgeschichte des noch als Postmeister zu Ueckermünde im Königlich Preußischen Postdienst stehenden ehemaligen Premier-Lieutenants, zuletzt im 13.Infanterie-Regiment Friedrich Wilhelm Beeger.
Softcover, 1 Karte, 2 Uniformtafeln, 148 Seiten   <u>14,95 €</u>

AMon00007: Erlebnisse in dem Kriege gegen Russland im Jahre 1812 vom Landbereuter Franz Krollmann, damals Musiker beim 3.westfälischen Chasseur-Bataillon.   <u>In Vorbereitung</u>

Verlagswerbung

AMon00008: Erzählung der Schicksale und Kriegsabenteuer des ehemaligen westfälischen Artillerie-Wachtmeisters Jakob Meyer aus Dransfeld während der Feldzüge in Spanien und Russland von ihm selbst geschrieben.
Softcover, 84 Seiten   11,95 €

AMon00009: Aus schwerer Zeit. Erinnerungen an die Drangsale und Leiden der Stadt und Festung Altdamm aus der Zeit der Franzosenherrschaft in den Jahren 1806 - 1813.
Softcover, 1 Karte, 68 Seiten   10,95 €

AMon00010: Der Galeerensklave des Kaiser. Leben und Schicksal des ehemaligen Musikmeisters im königlich preußischen 24.Infanterie-Regiment August Böck, vormaliger Trompeter im Schillschen Korps. Von ihm selbst geschrieben.
Softcover, 1 Zeichnung, 72 Seiten   10,95 €

AMon00011: „Ich schwöre es!" Unter der Fahne des ersten Napoleon. Jugendgeschichte des Hunsrücker Dorfschullehrers Johann Jakob Röhrig, von ihm selbst erzählt.
Softcover, 152 Seiten   14,95 €

Außerdem in Vorbereitung: weitere interessante und eindrucksvolle Memoiren und Lebensbeschreibungen, Regiments- und Bataillonsgeschichten von ausgesuchten Einheiten der napoleonischen Kriege und der Einigungskriege 1864 bis 1871.

Gerne nehmen wir von Ihnen Anregungen und auch Vorschläge entgegen, um Ihnen auch zukünftig interessante Literatur bieten zu können.

Bestellungen werden ferner gerne unter der Anschrift: Fachverlag AMon - Alexander Monschau - Broicher Weg 16, 51766 Engelskirchen oder der EMail-Adresse: FachverlagAMon@aol.com entgegen genommen.

www.ingramcontent.com/pod-product-compliance
Lightning Source LLC
Chambersburg PA
CBHW070541090426
42735CB00013B/3047